金融前沿

Application of
Machine Learning
in Portfolio Management

机器学习
在投资组合中的应用研究

倪宣明 赵慧敏 钱 龙 沈鑫圆 著

企业管理出版社
ENTERPRISE MANAGEMENT PUBLISHING HOUSE

图书在版编目（CIP）数据

机器学习在投资组合中的应用研究 / 倪宣明等著 .
—北京：企业管理出版社，2023.7

ISBN 978-7-5164-2869-6

Ⅰ . ①机… Ⅱ . ①倪… Ⅲ . ①机器学习－应用－组合投资－研究 Ⅳ . ① F830.59-39

中国国家版本馆 CIP 数据核字（2023）第 125955 号

书　　名：机器学习在投资组合中的应用研究

作　　者：倪宣明　赵慧敏　钱　龙　沈鑫圆

责任编辑：杨向辉　郑小希

书　　号：ISBN 978-7-5164-2869-6

出版发行：企业管理出版社

地　　址：北京市海淀区紫竹院南路17号　　邮编：100048

网　　址：http：//www.emph.cn

电　　话：编辑部（010）68414643　发行部（010）68701816

电子信箱：qiguan1961@163.com

印　　刷：北京明恒达印务有限公司

经　　销：新华书店

规　　格：160毫米×235毫米　16开本　15.25印张　168千字

版　　次：2023年8月第1版　2023年8月第1次印刷

定　　价：72.00元

前　言

如何进行资产配置？这几乎是每个人都会面临的问题。从1952年哈里·马科维茨（Harry Markowitz）发表《投资组合选择》起，投资组合理论的发展已走过半个多世纪。马科维茨注意到，如果资产的收益不包含随机性，那么投资者必然会将所有的资金集中于收益最高的那个资产上，而这显然与现实不符。因此，他假设投资者在进行投资决策时不仅考虑期望，也会考虑风险，由此提出了著名的均值－方差（mean-variance，MV）模型。这一模型不仅回答了分散化投资为何普遍存在的问题，也为后世打开了金融定量分析的大门。从现实的角度来看，MV模型假定投资者只考虑期望和风险，未免有点严苛。因此，在随后的半个世纪里，诸如高阶矩、极端风险、交易成本、流动性等多种因素被逐渐纳入均值－方差模型，时至今日，借助计算机的强大算力，人们已经能够很方便地运用不同版本的均值－方差模型进行投资决策。由于参数估计方面的困难，在实际投资过程中，经典投资组合模型的表现不尽如人意。然而，随着机器学习和大数据理论的发展，有关降低预测误差和应对数据非平稳性的新思想、新方法和新理论不断涌现，在新的时代条件下，投资组合理论正开始重新焕发生命力。本书的写作初衷是梳理投资组合领域的研究现状，随后介绍如何使用机器学习和统计领域的新方法来改进经典模型，使得新模型在高频和高维的市场环境下具有较好的适用性。

本书由倪宣明进行整体构思，第1章、第2章和结语由倪宣明执笔，第3章由赵慧敏执笔，第4章由钱龙执笔，第5章由倪宣明和钱龙共同执笔，第6章由赵慧敏和沈鑫圆共同执笔，最后由倪宣明统稿。

感谢北京大学研究生郑田田对本书写作材料的收集、整理与校稿工作，感谢北京大学黄嵩教授、中山大学彭方平教授、中央财经大学孙会霞副教授、北京大学张俊超博士、清华大学邱语宁博士在本书写作中提供的宝贵意见，感谢企业管理出版社对本书出版的支持！

本书可供从事金融理论、金融科技研究和量化投资的同行参考。由于作者水平有限，疏漏之处在所难免，恳请国内同行及广大读者批评指正！

倪宣明

2023年2月

目 录

第 1 章
投资组合理论

1.1 经典理论发展概述

1952年，哈里·马科维茨（Harry Markowitz）在《投资组合选择》一文中提出了著名的MV模型，首次运用量化分析手段解决投资组合的构造问题，并为世人开启了现代投资组合理论（Modern Portfolio Theory）的大门。精明的投资者往往是以组合的形式进行分散化投资，即把有限的资金同时配置在多个资产上。这种投资理念早在1500多年前的犹太教法集《巴比伦塔木德》（Babylonian Talmud）中就已有所体现①。人们为何会采取分散化投资？早在均值–方差模型之前，诸如约翰·梅纳德·凯恩斯（John Maynard Keynes）、约翰·希克斯（John Hicks）、雅各布·马尔沙克（Jacob Marschak）等著名经济学家均对消费者的投资决策进行过分析，但并未对分散化的现象给出直接且合理的解

① “人应当合理配置其财产，三分之一于土地，三分之一于商品，三分之一留在口袋里。”——《巴比伦塔木德》。

释。当时通行的投资学教材，如约翰·威廉姆斯（John Williams）的《投资价值理论》（*The Theory of Investment Value*），主张通过最大化资产未来收益的折现来进行投资决策，其最后的结果往往是将所有的资金都集中于一个最可能赚钱的资产上，与现实中普遍存在的分散化投资现象相去甚远。马科维茨认为，单纯考虑资产的期望收益必然无法得到分散化的结果，于是在此基础上提出了均值－方差模型，即在给定的方差下，通过最大化组合的期望收益率来确定资产权重，或者在给定的期望收益率下，最小化组合的方差。因此，在任意给定的期望收益率下，方差最小的所有组合形成了最小方差前沿（minimum-variance frontier，MVF）（见图1-1），投资者可以根据自身的风险偏好在MVF上选择不同的资产。由于考虑了资产之间的相关性，该模型不仅输出了分散化的投资权重，也为分散化投资的理念提供了理论上的支撑。马科维茨告诉人们，想要建立一个足够分散化的资产组合，资产的数量只是一方面，更重要的是选择一些相关性较低的资产。

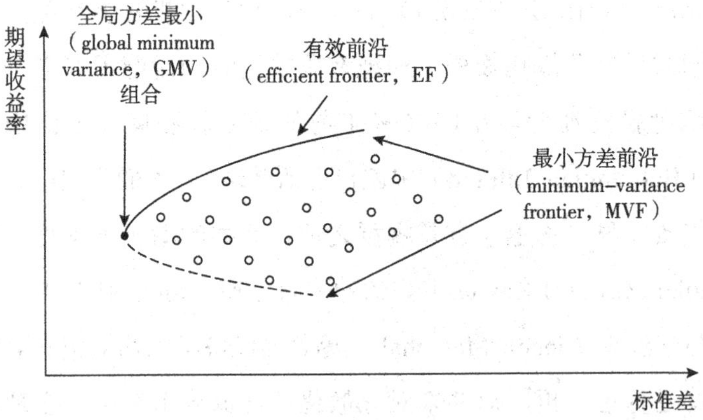

图 1-1　双曲线形式的投资组合

几乎是同时，安德鲁·罗伊（Andrew Roy）在1952年同样将数学期望和方差应用于解决组合投资问题。与马科维茨不同的是，罗伊认为投资者可以提前设定一个收益率的灾难性水平（disaster level），并在均值–方差有效前沿（efficient frontier）上选择使每单位组合方差的超额收益率（相对于灾难性水平）达到最大化的投资组合。在之后的几十年里，罗伊所提出的这种“安全第一准则”（safety-first criterion）对风险管理领域产生了深远的影响。

1958年，詹姆斯·托宾（James Tobin）对凯恩斯提出的消费者流动性偏好（liquidity preference）理论进行了研究。为了表明消费者对持有现金的需求，他假设消费者具有二次型偏好（quadratic preference）的效用函数，并求解了包含两个资产（现金和永久性债券）的投资组合问题，从理论角度证实了凯恩斯对于流动性偏好的猜想。托宾的论文引出了均值–方差模型的一个重要性质——两基金分离（two-fund separation）定理。该定理是说，在所有投资者只关心资产收益率的期望和方差的假设下，如果投资者想要购买任何一个位于最小方差前沿上的组合，那么他总是可以通过购买其他特定两个位于该前沿上的组合来替代，也就是说，位于最小方差前沿的所有组合均可由任意两个最小方差组合来生成。若进一步引入无风险资产（risk-free asset），那么任何投资决策都可以分为两步。第一步，选择由风险资产组成的有效组合（切点组合）；第二步，基于投资者的风险偏好，在无风险资产和风险组合之间进行资产分配。事实上，由于所有投资者均只关心期望和方差，并且只投资于切点组合和无风险资产，那么可以证明这两个资产同样能够生成市场组合（market portfolio）[①]，即所有投资者持有风险组合的加总。根据两基金分离定理，市场组合是有效的，且可以证明市场组合就是切点组合，这为后来资本资产定价模型（capital asset pricing model，CAPM）的诞生奠定了基础。

均值－方差模型虽然具有简洁优美的数学形式，但在1950—1960年要想使用它进行投资并不是一件简单的事情，这其中主要的困难体现在计算复杂度上。假设投资标的为100只证券，那么总共需要估计5150个参数[②]，要在每秒运算仅数千次的大型真空管计算机（例如IBM 709）上使用打孔卡进行编程、输入近10年的历史数据并完成估计，是一件困难且耗时的任务。为此，在马科维茨的指导下，威廉·夏普（William Sharpe）提出可以使用单因子的对角模型（the diagonal model）来大大降低均值－方差模型的计算复杂度[③]。对角模型假设所有证券的收益率均由单一因子模型生成，证券之间的相关性仅取决于其各自与因子的相关程度（即因子载荷）以及因子的方差，因此只需提前估计因子载荷和因子的方差，就能够计算所有股票的协方差阵，这样一来，100只证券所需估计的参数个数就下降为302个。

随后在1964年，夏普在均值－方差的投资偏好假设下引入

---

① 市场组合的定义如下：假设市场中存在两个投资者（1和2）和两个风险资产（A和B），投资者1的财富为w1，其持有A的权重为x1，持有B的权重为1-x1；投资者2的财富为w2，其持有A的权重为x2，持有B的权重为1-x2。那么市场组合中A的权重为：x1×w1/(w1+w2)+x2×w2/(w1+w2)，B的权重为：(1-x1)×w1/(w1+w2)+(1-x2)×w2/(w1+w2)。因此，市场组合是对所有投资者持有的风险组合的加总，根据两基金分离定理，其一定也在有效前沿上。

② 5150个参数：4950个协方差+100个方差+100个期望。

③ 夏普在其博士论文中提到，使用IBM 709/7090型计算机求解一次包含100只证券的均值-方差二次规划问题需要33分钟，且最多只能包含249只股票，而求解一次对角模型仅需30秒，且可对多达2000只证券进行分析。

了对于资本市场均衡的讨论，放宽了对角模型关于收益率生成过程的严苛假设，得到了一般化的单因子模型。1965年，约翰·林特纳（John Lintner）也独立推导出与夏普类似的模型结果。该模型后来被尤金·法玛（Eugene Fama）称为资本资产定价模型（CAPM），也称夏普－林特纳模型①。此后，CAPM被逐步完善。简·莫辛（Jan Mossin）于1966年提出了类似的CAPM结构。费舍尔·布莱克（Fischer Black）在1972年推导得到了零贝塔（Beta）的CAPM。由于现实中很难存在一个完全无风险的资产，布莱克在推导CAPM时放宽了这一假设，无风险资产被一个零贝塔或贝塔中性的资产组合所替代，显得更加符合现实。

CAPM主要描述的是，在竞争均衡下，任何资产的超额收益率（相对于无风险资产）与风险呈正相关。所谓的风险就是贝塔，即该资产与市场组合间收益率的协方差除以市场组合收益率的方差。也就是说，如果CAPM是正确的模型，那么购买某一资产所带来的风险，不取决于资产自身的波动性，而应取决于该资产与市场组合之间的相关性。CAPM的重要意义在于可验证性，因此一经提出，就有诸多学者运用各种统计方法对其进行了实证检验。不少研究致力于改进贝塔的估计精度，并成为学界和业界通行的做法，如以投资组合替代个体资产以提升贝塔的估计精度（Black等，1972），通过改进估计流程来解决序列自相关的问题（Fama和MacBeth，1973），等等。令人遗憾的是，早期的检验基本拒绝了CAPM，期望收益率与贝塔的确呈正相关，但这种关系却并不

① 事实上，最早提出CAPM概念的应当是杰克·特雷诺（Jack Treynor），他在1961年的未发表论文中猜想存在一种特殊的投资组合，使得任意证券的期望收益率都可以表示为该特殊组合期望收益率的线性关系，这里的特殊组合就是市场组合的雏形。可惜的是，特雷诺的文章直到1990年代才被公开出版。

显著。

由于市场组合仅在理论上存在，因此在对CAPM进行检验时，需要构建各种代理（proxy）组合来替代市场组合。这也意味着早期的检验并非在验证CAPM是否成立，而是在检验代理组合是否能够足够逼近真正的市场组合。理查德·罗尔（Richard Roll）在1977年对CAPM检验的合理性进行了著名的“罗尔批判”（Roll's critique）。他认为CAPM从未被真正地证伪过，原因是上述这些检验并未包括所有可供交易的资产（如无形资产），一个包括了所有资产的真正市场组合是不可能得到的。

均值－方差理论的诞生，标志着金融学正式从实践走向理论，开始成为一门严谨的学科。马科维茨、罗伊和托宾的主要贡献在于提出了一套基于数理统计工具的严谨金融理论，使金融不再是一门经验学科，而是成为一门可以被精确定量分析的科学。马科维茨等人将均值－方差的定量研究范式引入金融学，为日后诸多资产定价和宏观经济学的理论研究奠定了坚实的基础。斯蒂芬·罗斯（Stephen Ross）在1976年提出了著名的套利定价理论（Arbitrage Pricing Theory，APT）。APT并非CAPM的简单推广，而是一种对资产收益率的全新解释。它所依赖的并不是CAPM所施加的诸如同质偏好等强假设，而是同质期望和线性多因子的收益率生成过程等更加合理且具有现实意义的假设。1977年，理查德·罗尔（Richard Roll）在金融学顶级期刊*Journal of Financial Economics*上发表了一篇名为“A Critique of the Asset Pricing Theory's Tests Part I: On past and potential testability of the theory”的文章。他指出，由于市场组合的不可得性，检验CAPM几乎是不可能完成的学术难题，这就是著名的“罗尔批判”。随后，资产定价领域的学者们不再检验模型和市场有效性，而是聚焦于挖掘市场异象并构造更“有用”的简约（reduced-form）模型来解释资产收益率的变化。APT的提出为法玛和肯尼斯·佛伦齐（Kennth French）所开启的因子定价“热潮”奠定了完善的理论基础。如今，对投资组合的研究更多发表于数学类期刊上，主要讨论如何求解多期或带复杂约束的优化问题。

1.2　经典理论的局限性

马科维茨通过强调在风险（用方差衡量）与收益（用均值衡量）之间取舍（trade-off），强调根据资产之间价格的共同变化（用协方差衡量）进行资产分散化，建立了资产配置的数理化理论体系。在过去的半个世纪内，现代投资组合理论，特别是均值-方差策略及在其基础上演变而来的各种投资组合策略，已取得了长足的理论发展。然而，均值-方差策略在实际投资过程中的普及率不高，应用效果并不理想（Kolm等，2014）。因此，从20世纪90年代开始，大量学者开始研究如何提高均值-方差策略的样本外（out-of-sample）表现。

在利用均值-方差模型进行投资时，关键是要先构造有效前沿。然后，结合效用函数，便能得到各只股票的最优权重。从理论上来说，只需输入市场中所有股票构成的期望收益率向量和协方差矩阵便可得到有效前沿。然而，问题就在于现实中期望收益率向量和协方差矩阵这两个参数是无法观测的，只能通过统计方法进行估计。

一种最简单的估计量就是样本矩，即使用样本收益率均值来估计期望收益率，使用样本协方差矩阵来估计总体协方差矩阵。但是随着市场中可投资的股票数量越来越多，待估参数的数量也会增加，累积的估计误差会越来越大。特别是当市场中股票个数（N）多于样本窗口长度（T）时，样本协方差矩阵将变得不再可逆，估计误差会进一步加大，这时使用样本矩估计量进行投资组合优化会导致非常极端的权重，使其失去了实践应用的价值。于是近年来学者们陆续提出新的估计量，如收缩估计、稳健估计等来代替样本矩，以期能降低估计误差，从而更加逼近真实的有效前沿。

除此之外，Merton（1980），Best和Grauer（1991）研究发现期望收益率的估计误差远大于对协方差矩阵的估计误差，且最优权重对于前者的敏感性远高于后者。学者们发现全局最小方差（global minimum variance，GMV）组合的实证表现优于MV组合，前者不需要估计期望收益率，仅需要输入协方差估计量，而后者则同时需要估计一、二阶矩。Jagannathan和Ma（2003）从理论角度分析了GMV组合的实际表现为何优于MV组合。此外，他们认为加入错误的约束，诸如不允许卖空等限制，虽然得不到理论上位于均值方差前沿的组合，却能抵消样本矩中的估计误差，从而在实际投资中取得较好的表现。除了GMV以外，还有诸如风险平价（risk parity，RP）策略，等风险贡献（equally risk contribution，ERC）策略，最大分散化（maximum diversification，MD）策略，相较于MV策略，虽然这些策略会因为没考虑期望收益而导致输出权重的结果有偏，但同时也避免了估计期望收益带来的巨大误差，因此样本外绩效往往优于MV策略，同时这些策略的构造特点能够保证其得到波动更小或更分散的投资组合。

在以上探讨的基于风险侧构造的策略中，风险的度量指标基本都是协方差矩阵。然而，协方差矩阵真的是衡量风险的最优指标吗？从理论上来看，风险即收益波动的不确定性，在股票收益率满足联合正态分布特征时，协方差矩阵的确可以完全刻画这种风险，但现实中的股票收益率往往不符合正态分布，同时在现实中投资者更关注的“风险”往往是亏损风险，即“坏的”波动率。于是学者们开始将诸如下偏矩、VaR、CVaR等关于下侧风险的度量指标引入投资组合领域。在这些基于损失风险的策略中，投资组合的表现通常更加稳定，在经济环境动荡、不确定性高的时期的损失通常更低。

事实上，无论是同时考虑期望和方差的MV策略，还是仅基于风险侧构造的优化策略，得到的结果与理论最优权重都会存在一定的偏差，这被称为模型设定偏误（specification error）。但许多基于实际结果的研究表明，模型设定偏误最小化和估计误差最小化之间经常存在取舍，“鱼与熊掌不可兼得”。等权重（equally weighting，EW）策略就是一个比较极端的例子。其相对于均值方差模型的设定偏误非常大，但由于不需要输入任何估计参数，只需要将资金等量投资于所有资产上，因此其估计误差为零。DeMiguel等（2007）发现被动的EW策略往往能取得优于很多复杂主动管理策略的绩效表现。因此，EW策略也常常被用来当成一种基准策略。

既然不同策略权重的设定偏误和估计误差大小不一，很多时候甚至具有随机性，那么利用加权的思想将各个策略输出的权重合理组合，或许能在不同误差之间实现合理取舍。基于这方面考虑，近年来将多种策略进行组合成为另一个备受关注的策略优化方向，并且已被很多学者应用尝试。比较典型的解决方案有Tu和Zhou（2007），为了中和设定偏误和估计误差，他们直接将MV策略和等权重策略进行组合，通过期望效用最大化的方式决定加权权重，从而构造了新的混合策略。不过需要注意的是，并非按照任意的权重加权都能取得更好的绩效，不恰当的加权方式甚至会进一步放大估计误差，因此如何选择合适的加权方式是基于加权策略优化方向需要解决的一个关键问题。

1.3 大数据时代的新挑战

在信息技术革命的推动下，计算机和互联网越来越普及，催生了大数据、云计算、人工智能等一系列新兴的现代信息技术，使得各行各业都逐渐开始向“互联网+”模式转换，其中借助计算机和互联网等技术进行金融交易的活动也越来越频繁，这极大地活跃了金融市场中的交易行为，促进了金融交易制度的完善。在此过程中，还产生了大量高维度、高频率、可追踪的交易数据，为市场中的投资者提供丰富的可交易金融资产信息，但错综复杂的数据也为投资者构建投资组合带来了困扰。面临高维高频的数据，经典的投资组合模型及其优化模型的应用效果受到质疑，其中，最大的争议点在于协方差矩阵的估计。从前文的论述中可知，无论是MV

策略、基于风险侧优化的投资组合策略还是基于加权策略的优化策略，协方差矩阵的估计都是不可忽略的环节。然而面对高频高维的数据特征，样本协方差矩阵不再能够作为风险度量指标。除此之外，高频高维的数据往往更具动态时变的特征，而不少基于金融或统计理论得出的估计量都先验地假设数据分布不具有时变性，因此动态时变的数据会给协方差矩阵的预测以及策略权重的调整带来挑战。

具体来看，第一，随着金融市场的不断成熟，投资者可选择的证券种类不断增加，使得现代投资组合的配置空间已经由低维扩展到高维，数据高维问题给投资组合模型输入参数的估计带来了很大挑战，特别是协方差矩阵的估计。当资产个数（N）大于观测数（T）时，样本协方差阵的秩不超过T，即便真实的协方差可逆，此时样本协方差阵也不可逆。如果无法保证观测数远远高于资产个数，二者保持相同的数量级，那么使用样本协方差阵的逆矩阵来估计总体协方差阵的逆是有偏的，而这一逆矩阵是均值方差优化的关键参数。同时，随着资产个数增加，协方差矩阵中的待估参数个数呈指数级别增加。在高维情形下，样本协方差阵存在大量估计误差，它在这种情况下是非常不稳定的。若直接使用它来优化投资组合，会使得输出权重同样变得不稳定，从而带来高昂的换手率，因此在实践中不存在任何可操作性。由此可见，在面对高维资产的情况下，样本协方差矩阵已不再适用。

第二，除了日益丰富的可配置资产种类之外，信息技术革命也给金融市场上高频交易和高频数据的存储提供了方便。高频交易数据是指日内以小时、分钟甚至秒来采集的交易数据，这类数据相较于低频数据而言包含了更多信息，同时能更迅速及时地捕捉到数据结构的变化，进而随时调整仓位，实现日内的资产配置。然而，采样频率的提高也给数据带来了微观结构噪声，市场价格微观结构噪声的积累和交易的非同步性会使样本协方差矩阵估计量的结果有偏，从而失效。

第三，高频高维交易使得金融市场中的数据结构异常复杂，数据分布特征也因此常常具有动态时变性。对于这样的数据，基于先验设定数据分布而形成的金融模型和统计估计量都不再适用，这给协方差矩阵的预测、最优权重的调整以及加权策略中加权比例的确定都带来挑战。

由此可见，在面临高频高维数据情况下，经典的投资组合模型及其优化策略失效。在金融市场和计算机技术不断发展的今天，高频交易和高维资产是当下市场交易数据的两个主要特征，也是未来金融市场的发展趋势。因此，如何针对高频高维数据构造协方差矩阵估计量，如何预测协方差矩阵、调整策略权重以适应动态时变的数据分布特征，是投资组合模型优化面临的重要挑战。

1.4 投资组合与机器学习

随着大数据和人工智能的快速发展，机器学习（machine learning，ML）模型被广泛应用到各类模型预测和模型优化场景中。机器学习通常不依赖于数据分布假设，而是通过数据本身特征训练并进行模型预测和模型优化，这种数据驱动的方式具有很好的动态适应性，在处理包括股票收益率在内的大规模、非结构、动态金融数据时具有极大优势。高频交易和高维资产使得金融市场中的数据分布往往具有动态时变的特征，因此近年来机器学习模型也逐渐被应用到投资组合的优化过程中来，在协方差矩阵的预测、最优权重的动态调整以及加权策略中加权比例的确定方面发挥了很大作用。

其中，在线学习（online learning，OL）、集成学习（ensemble learning，EL）和多任务相关学习（multi-task relationship learning，MTRL）这三种机器学习技术非常适合用来动态调整和优化投资组合。具体来看，在线学习是一种能动态适应数据分布持续变化的技术，其能够根据历史的预测或估计效果动态优化调整训练模型，以更好地适应金融数据中的概念漂移（concept drift）特征①，因此它对高频高维数据环境下的协方差矩阵估计量进行动态预测时具有很大的优势。集成学习的主要思想则是将多个基础模型（弱学习器）进行组合以训练得到效果更好的模型（强学习器），由这个特点便能看出集成学习很适合作为一种数据驱动的策略加权方式，同时在预测方面，其也可以将多个预测模型按照各自在历史样本上的预测效果加权得到整体预测效果更好的强学习器。这里需要特别指出的是，在线加权集成（online weighted ensemble，OWE）是一种通用的集成学习框架，其结合了在线学习和集成学习的特点，是一种可以“在线”更新的集成学习算法，能在有效降低金融数据概念漂移对预测精度影响的同时优化模型整体的预测效果。多任务相关学习则是除集成学习外的另一种适合策略加权的算法框架，其基

① 金融数据的概念漂移即统计特征/分布特征随着时间的推移持续变化的“非平稳性”现象。

本思想是通过引入多个相关任务来提升单个任务的泛化表现，即把多个不同的回归或分类任务的待估系数视为随机变量，并引入这些系数之间的随机度量项来同时实现对各任务系数的更优估计。从投资组合优化的角度来看，不同的投资组合策略，如MV和GMV，就可看成是不同的训练任务；应用多任务相关学习可在没有任何分布假设的前提下直接对两个策略同时估计，以达到一种加权策略的效果。

1.5 本书的主要内容

基于上文的分析，本书主要以解决高频高维数据下各类投资组合模型应用面临的新问题为出发点，对经典的投资组合模型及其优化模型作进一步改进。具体而言，本书主要聚焦于两个优化方向，即基于风险侧的投资组合优化方向和加权策略的投资组合优化方向。

在基于风险侧的投资组合优化方向，本书先从金融逻辑出发，应用数学和统计理论构造高频高维数据下模型重要参数（协方差矩阵）的估计量，然后分别结合RCM算法和OWE算法对高频高维协方差矩阵做出估计与预测，使其识别高维数据的结构特征并适应高频交易和高维资产带来的数据分布动态时变特点。

在加权策略的优化方向，我们主要从基础策略出发，结合MTRL算法实现对多个策略的同步估计，以数据驱动的方式达到一种类似加权的效果，能很好地适应金融数据概念漂移的特点。

综上所述，本书将结合机器学习在模型预测和优化过程中的优势，将三种机器学习算法引入投资组合的优化过程，以更好地适应当前市场上高频、高维、动态的投资特征。本书聚焦基于风险侧的策略优化和加权策略优化这两个方向，分别将OWE算法应用于高频风险度量指标的预测，将RCM算法应用于高频高维协方差矩阵的估计，将MTRL算法应用于策略加权的投资组合优化。

本书的主要贡献在于将投资组合的金融理论、高维高频协方差矩阵估计与预测的统计理论和各类机器算法有机结合在一起，解决了高频交易、高维资产的市场特征下投资组合模型应用面临的挑战。事实上，将机器学习算法应用到金融领域的研究已经非常广泛，但这些应用往往缺乏金融逻辑或者数理模型的解释，更多的是一种数据挖掘的结果，这也是机器学习模型在应用到金融理论中时面临的最大问题。本书不同于这些研究的最大特点就是，本书中提到的所有优化策略都是以金融学理论或逻辑为出发点，以数学和统计学理论为支撑来构造的，机器学习模型的应用仅仅是为了提升模型预测和模型选择的效果，以适应高频高维的数据特征。因此可以说本书既发挥了机器学习模型的优势，又很好地避免了其在金融模型中应用的问题。

在此对本书的研究范围和章节安排作一介绍，以帮助读者理清思路。

第1章为引言，这一章首先向读者介绍了投资组合理论发展脉络，并分析了经典的投资组合模型在实证中遇到的问题以及学者们为改善该模型所提出的两个优化方向。在此基础上，介绍了高频高维数据环境给投资组合模型及其优化策略应用带来的挑战，接着提出了机器学习模型在优化高频高维投资组合时具备的优势，进一步指出了本书为应对高频高维数据带来的挑战而构造的投资组合模型优化思路和贡献，最后对本书的内容安排做了梳理和介绍。

第2章为文献综述，这一章分别就本书聚焦的两个优化方向，即基于风险侧的投资组合优化方向和加权策略的优化方向，以及机器学习模型在投资组合中的应用研究现状进行了梳理与评述。

第3章为投资组合相关理论介绍。这一章首先介绍MV模型以及几种为改善MV模型而提出的常见投资组合策略，如GMV、EW、ERC、BS、TZ策略等。随后介绍夏普率、标准差、换手率、最大回撤率这些常见的绩效评价指标，用于评价各个策略，比较其优劣。最后，本章将介绍几种适用于高频高维情形下的参数估计方法，分高频数据下的协方差矩阵估计量和高维数据下的协方差矩阵估计量两部分介绍。具体而言，高频数据下的协方差矩阵估计量主要包括已实现的协方差矩阵和预平均已实现波动率矩阵；高维数据下的协方差矩阵主要包括对协方差矩阵施加结构性假设的估计量和收缩估计量。读者可以了解在高频高维的交易环境中，协方差矩阵该如何估计，从而为之后理解基于风险侧的优化策略以及机器学习模型在高频高维协方差矩阵估计与预测中的作用奠定理论基础。

第4章介绍如何使用在线集成学习框架来进行投资组合优化。本章的主要内容为结合OWE算法的高频协方差矩阵估计与预测及投资组合优化。这一章是本书聚焦的第一个优化方向，即基于风险侧的投资组合优化，具体而言是在高频数据下对风险度量与预测的改进。由于传统的风险度量方法并未区分资产收益的下侧风险和上侧收益，这一章引入已实现的半协方差（realized semicovariance，RSCOV）矩阵作为风险度量进行波动率预测和投资组合研究，将RSCOV应用于两种常见的风险分散投资策略——ERC和GMV策略，并将OWE算法用于提升已实现波动率预测方法HAR-RV的样本外预测表现。通过研究发现，相比已有的其他风险衡量方式，仅包含负向波动信息的下半RSCOV能够更好地用来平衡组内各资产的风险贡献。基于A股市场2011—2018年的高频数据，通过实证研究发现，OWE-HAR-RV在月度预测步长下的效果优于HAR-RV，而下半RSCOV则能够使ERC策略以及GMV策略在保证一定平均收益的同时，降低组合收益的极端损失。

第5章为结合RCM算法的高频高维协方差矩阵估计与投资组合优化。这一章也属于本书聚焦的第一个优化方向，即基于风险侧的投资组合优化，并在第4章的基础上进一步考虑了数据高维问题。这一章主要是针对高频高维数据下的协方差矩阵的估计问题作了优化。基于因子模型的估计方法是高频数据下高维协方差矩阵估计的一个重要方向。为了解决行业分类门限法的主观性问题，这一章使用RCM算法对剔除了主要成分的残差矩阵进行重新排序并作分块对角化门限处理。首先在数值模拟中设定残差矩阵包含分块对角结构并打乱其顺序，随后使用RCM算法重新排序，结果表明其能够还原乱序残差矩阵中所包含的分块对角结构；然后基于2015年股灾期间和2018年全年的高频数据，将预平均法和使用RCM进行分块对角处理的主成分正交门限（principal orthogonal complement thresholding，POET）方法结合，并在实证研究中对包括该估计量在内的多种协方差估计量进行了样本外预测效果的比较。结果显示，改进后的估计量具有更好的预测能力，进行含总敞口约束的最小方差组合投资时，日内波动率整体较低。

第6章为结合MTRL算法的“加权”策略与投资组合优化。这一章属于本书聚焦的第二个优化方向，即加权策略优化。具体而言是利用MTRL算法实现对多个策略的同时估计，以达到一种类似“加权”的效果，提高单个策略的绩效表现。这一章使用多任务相关学习的算法框架，通过估计GMV和MV切点组合权重之间的相关性矩阵，对GMV和MV切点组合的权重进行了同步估计，从而实现类似加权估计的效果。在实证检验方面，使用A股2000年至2019年的全样本日数据，构建了两个数据集：因子组合以及从沪深300指数成分股中随机抽取的个股组合。基于因子组合数据集的样本外结果，发现基于MTRL的MV切点策略（MTRL-MV）能够在夏普率、标准差和换手率上取得显著优于原MV切点组合策略、等权重以及其他几种加权策略的表现。最后，使用A股的因子组合子样本、随机抽样的个股组合以及美股因子组合共3个数据集进行了稳健性检验，结果表明MTRL-MV相对于基准策略MV具有比较显著的提升。

第2章
投资组合理论的研究现状

2.1　基于风险侧的投资组合优化

在高频高维的数据环境下，投资组合模型输入参数估计量的性质也会发生一些变化。协方差矩阵是度量投资组合风险的一个重要参数，也是MV模型的两个关键输入参数之一。在高维高频的投资环境中，该如何估计与预测协方差矩阵？是否有比它更好的风险度量指标？这两个问题至今仍是学者们十分关注的研究重点。

2.1.1　风险的度量与预测

协方差矩阵是最早被用来度量投资组合风险的指标，但它仅仅衡量了未来收益偏离期望收益的整体波动情况，并未区分亏损和盈利风险。其中，Roy（1952）首次强调了下侧风险的重要性，指出在投资组合的构造过程中，应该把极端风险单独拿出来考虑，因为在极端风险事件面前，投资者往往采取“安全第一”原则并尽可能地避免极端损失发生。此后，一系列针对尾部损失的估计与预测方法相继提出，如在险价值（value-at-risk，VaR）、条件在险价值（conditional value-at-risk，CVaR）。其中在险价值衡量了在一定的置信水平下，投资组合可能遭受的最大损失，用简单的形式描述了极端损失的大小。J.P. Morgan推出了计算VaR的风险控制模型，该模型时效性强，且分析结果很直观，因此为众多金融机构所采用。Jorion（2000）对利用VaR进行风险管理做了综合介绍，Basak（2001）用VaR作为风险管理工具，并且发现使用VaR作为风险度量指标通常会在风险资产上配置更大的权重，因此在股市下跌时会遭受更大损失。Artzner等（1997，1999）发现当收益率不满足正态分布特征时，VaR便不再具备次可加性并且在离散情况时是非凸且非光滑的，因此很难进行优化求解。针对这个问题，Rockafellar和Uryasev（2000）对VaR做出改进并提出了条件在险价值，所谓CVaR是指超过VaR尾部损失的期望值，他们证明对于任何一般分布来说，CVaR是凸且次可加的，接着以最小化CVaR作为目标函数构造投资组合，取得了较好的样本外绩效表现。Krokhmal等（2002）同样考虑了尾部损失，不过他们并非把最小化尾部损失作为目标函数，而是将CVaR作为一个约束条件，考虑在满足尾部损失约束的条件下最大化期望收益，并且使用标准普尔100指数中的股票做实证分析，发现加入了CVaR约束的MV模型的样本有效前沿相比MV基准模型位于更左的位置，这意味着新的有效前沿有着更高的夏普率。近年来考虑到尾部损失的优化研究还有很多，这类考虑尾部损失的优化方法在面临股灾、金融危机或者经济动荡时期的作用非常显著，然而在经济环境相对平稳的时期，考虑极端损失的意义不大，因此这类风险度量方法的适用性有一定局限性

（Rockafellar和Uryasev，2002；叶五一和缪柏其，2012；黄金波等，2016；巢文和邹辉文，2017）。目前学界更主流的想法是，无论经济环境如何，投资者都更关注亏损风险，因此有必要对上侧风险和下侧风险做出区分。此外，上述风险衡量方式都是采用日度或者月度等低频数据，并不适用于日内的高频交易数据。随着计算机处理能力和存储技术的发展，基于高频数据来估计波动率已变得相当普遍，如基于日内收益率平方和对证券的波动率来估计已实现波动率（realized volatility，RV）和已实现的协方差（realized covariance，RCOV）等。随后，有学者在高频数据的基础上进一步将已实现协方差阵分解，以获得估计精度较高的半方差或半协方差估计量。Barndorff-Nielsen等（2010）通过将已实现的方差分解为正向波动和负向波动两部分而得到了已实现半方差（realized semivariance，RSV），Patton和Sheppard（2015）使用已实现半方差来分别衡量正或负收益率的波动程度。Bollerslev等（2020）基于连续多元半鞅的假设，将已实现协方差分解为四个已实现半协方差阵，并研究了不同矩阵的特性和动态结构。这种已实现的半协方差就是基于高频数据提出的一种风险度量指标，并且将风险拆成了上升风险和下降风险两部分，因此可作为高频投资环境中度量风险的一个良好指标。Patton和Sheppard（2015）进一步发现负值收益率对风险预测具有更大的影响。

在投资组合的风险预测方面，学者们多是从时间序列的角度来建模的，将投资组合的收益率看成一个时间序列变量。传统的计量经济学假设变量的波动幅度（方差）是固定的，这并不符合实际，如学者们很早就发现股票收益率的波动幅度是随时间变化的，其中一个特征就是波动的聚集现象，即大的“扰动”之后会倾向于紧接着出现另一个大的“扰动”。因此，学者们后来一直致力于发现股票收益率波动的动态特征，并基于这些特征对股票收益率的方差建模。Engle（1982）在1982年首次提出自回归条件异方差模型（autoregressive conditional heteroskedasticity model，ARCH）来对英国通胀率的波动性建模，尝试解决时间序列的波动性聚集问题，之后有学者尝试将ARCH模型进一步应用到高频数据上，如Blair等（2001）将已实现波动率引入ARCH模型作为解释变量，并发现这种做法有效改善了模型的预测精度。虽然ARCH框架利用一个简单的模型充分刻画了收益率的波动过程，但随着阶数上升，估计参数太多，于是Bollerslev（1986）对ARCH模型做了推广，增加了方差的滞后项，提出了广义自回归条件异方差模型（generalized ARCH，GARCH），从而大大减少了高阶ARCH模型的待估参数数量。冯春山（2005）、江涛（2010）都基于GARCH模型，结合半参数方法对VaR进行度量，并分别使用石油市场数据和上海股票市场日收益率序列的数据做实证研究，结果都验证了这类模型的有效性。Engle和Bollerslev（1986）发现若GARCH表示的AR多项式存在单位根，那么我们就可以得到IGARCH模型（intergrated GARCH），IGARCH模型的特点是过去的平方扰动项的影响具有长期性和持续性特征，像诸如长期期权、远期合同等风险资产的价格受早期价格的影响很大。后来一些研究发现很多金融资产的绝对收益或平方收益的自回归都具有这种明显的长记忆特征，Baillie等（1996）基于这个特征提出了FIGARCH模型（fractionally intergrated GARCH），虽然FIGARCH模型的数学模型形式设定并不复杂，但该模型的设定缺乏经济学解释。Comte和Renault（1998）指出FIGARCH模型中的分数差分滤波器（fractional difference filter）$(1-L)^d$ 将长期特征和短期特征进行了人工混合，导致二者的影响很难分解开来。除此之外，FIGARCH模型很难估计，特别是当滞后阶数比较多的时候更是如此，并且模型也很难扩展到多元过程。基于这些考虑，Corsi（2009）受Müller等（1997）的启发，用另一种方式刻画长记忆特征，该方式根据时区长度定义了不同的波动性成分，并用简单的“AR形式”模型来刻画这种考虑了不同波动性成分的序列，建立了异质自回归模型（heterogeneous autoregression，HAR）模型。这种基于日内交易数据的模型通过设置短、中、长期三种成分的波动率滞后项来对已实现的波动率进行预测建模，能够较好地拟合波动率的长记忆性（倪宣明等，2019；黄嵩等，2020）。后来学者们对该模型的解释变量和模型形式做了拓展，Chiriac和Voev（2011）将HAR模型拓展为多元形式，即vech-HAR。此后，诸如条件WAR（conditional WAR，CWAR）和WAR-HAR等模型又将时变因素和长记忆性因素等引入了已实现波动率预测模型（Gouriéroux等，2009；Golosnoy等，2012；陈声利等，2018；李俊儒等，2018；龚旭等，2020）。

结合已实现波动率预测方法HAR-RV，同时考虑到负向波动对未来的风险具有更大影响，本书第4章介绍如何运用已实现波动率预测方法HAR-RV模型对仅包含负向波动信息的下半RSCOV做出基础预测，后续介绍如何使用机器学习框架来提升基础预测模型的预测效果。

2.1.2 高频高维协方差矩阵估计

当可投资资产数量高于样本区间长度时，我们无法使用样本协方差矩阵估计真实的协方差，否则将带来很大的估计误差，大幅降低投资组合策略的实际表现。基于高频数据进行协方差估计在一定程度上缓解了样本量少的问题，提高了估计精度，但使用高频数据时，市场价格微观噪声的积累和交易的非同步性会使协方差估计量的结果有偏，这也会降低预测精度，进而影响投资组合的表现。

针对高频数据问题，上文中提到的使用日内交易数据构造的已实现方差是一种解决办法。理论上，数据频率越高，对收益率波动的捕捉越精确。但由于市场微观结构噪声的存在，高取样频率会使日内收益率产生自相关，从而增加已实现方差的误差（Zhang等，2005）。目前想要消除这种偏差主要有三种方法：子抽样法（subsampling）、已实现核估计（realized kernel estimation）以及预平均已实现波动率矩阵（pre-averaging realized volatility matrix，PRVM）。除噪声外，交易的非同步性会导致艾普斯（Epps）效应，即频率越高，估计量误差越趋近于零。Christensen等（2010）将预平均方法与Hayashi-Yoshida估计量结合构造了一种无需数据填充的估计量，且在噪声和非同步性存在的情况下均具有一致性。

针对高维问题，一种解决思路就是对矩阵做一定的稀疏结构假设①。其基本逻辑是当市场中的证券过多时，任意两只证券之间都高度相关的可能性是很小的，总会存在一些证券之间不相关或者

① 稀疏矩阵是指数值为0的元素数目远远多于数值非0的元素数目的矩阵。

相关性很小，这时就可以对协方差矩阵做一定处理，使其变得稀疏，从而得到稳健的估计量。门限处理方法是稀疏处理中常用的方法，所谓“门限”即阈值，当矩阵中的元素绝对值小于某一阈值时，则可将其直接收缩到零。Karoui（2008）对协方差矩阵中的各个元素施加硬门限函数（hard thresholding）进而得到了一种高维协方差矩阵的稀疏估计量，并且该估计量的误差在F范数下是收敛的；Rothmanet等（2009）提出了一类广义门限算子，这种方法使得稀疏过程中，矩阵中的零元素被正确识别的可能性依概率收敛到1。Cai和Liu（2011）认为之前的方法默认所有变量都是同方差的，这与实际数据大多为异方差这一现象不符，所以在此基础上对样本协方差阵进行适应性门限处理，根据不同数据选择不同的门限强度，并证明了估计量的收敛性。Wang和Zou（2010）则基于同样的稀疏假设，首次提出了一种能够在资产数和样本长度同时趋于无穷时仍具有一致性的估计量。继续沿着这一思路，Kim等（2018）则通过构造渐进方差估计量对PRVM中的元素做适应性门限处理，对高频交易数据下的高维协方差矩阵进行处理，国内学者也有不少相关的研究（魏凤荣，1999；唐勇等，2006；刘丽萍，2017；赵钊，2017）。除了直接假定协方差矩阵本身稀疏之外，另一种常见做法是先把高维的协方差矩阵做一个分解，分解为代表公共因子的低秩矩阵和残差矩阵的和，再对残差矩阵做稀疏结构假设和门限处理。需要提出的是，这种做法的逻辑是以因子模型为基础的估计方法，即暗含了证券的期望收益率是关于少数几个公共因子的线性函数，这里的公共因子一方面可以指通过市场异象构造出来的已知因子，如三因子模型（Fama和French，1993）中市场因子、规模因子和账面市值比因子；四因子模型（Carhart，1997）

中加入的动量因子；五因子模型（Fama和French，2015）中加入的投资因子、盈利因子等，Fan等（2008）受此启发，基于因子模型对残差矩阵施加门限函数，进而得到了条件稀疏的高维协方差矩阵估计量。另一方面，公共因子也可以是直接基于主成分分析（principal component analysis，PCA）的统计方法利用正交变换降维得到的隐性因子，这时的隐性因子即主成分，这样做的一个好处就是各个隐性因子是相互正交的，但同时也面临着隐性因子很难从经济学角度解释的问题。Fan等（2013）在这一假设的基础上，通过POET方法建立了近似因子模型，并且证明因子分析与高维PCA具有一致性。在已知因子（市场因子、规模因子等）的情形下，Fan等（2016）将各只证券按照一定的行业顺序进行排序，然后依次将每只个股对已知因子做回归并计算协方差阵的残差矩阵，他们发现残差矩阵具有清晰的分块对角结构，因此可以对残差矩阵施加分块对角结构假设，把残差矩阵中远离对角线上的元素收缩到零。须注意到，无论是Fan（2016）还是后来的Ait-Sahalia和Xiu（2017，2019）所发现的残差矩阵分块对角结构都是基于某种行业分类标准排序，而国内外行业分类标准往往不同，即使是在同一个国家，不同机构的行业分类标准也不尽相同，如美国有GICS、ISIC、NAICS等，国内则有证监会、申万、中信等。如果真实的残差矩阵符合分块对角结构，那么绝大多数非零元素必然“聚集”在主对角线附近，基于这种考虑，本书在第5章介绍如何引入机器学习算法来直接“识别”残差矩阵中的分块对角结构，以构造一种数据驱动的识别方法，从而避免了行业分类时的主观因素。

同时结合高频数据特征，本书第5章介绍如何采用PRVM作为高频数据下协方差矩阵的度量指标，然后用POET方法对PRVM降维，识别PRVM中的隐性因子，最后利用机器学习算法来帮助识别残差矩阵中的分块对角结构并相应进行分块对角化门限处理。

2.2　加权投资组合优化

基于MV模型暴露出来的各种问题，学者们从不同角度对原始模型做出优化改进，并提出了一系列新的策略，但无论是哪种策略，都只是真实值的一种逼近，必然会存在一定误差。一般说来，MV的设定偏差最小，但由于该优化本身易放大输入参数估计误差，模型的输出结果往往和理论最优值相去甚远；而诸如加入不允许卖空约束的GMV，1/N等仅基于风险侧进行优化的策略，模型的估计误差通常较小（如1/N策略的估计误差为零），但这类模型本身就存在很大的设定偏差，这也会导致输出结果与真实最优值存在偏差。因此，各类策略的输出结果都会在一定程度上偏离真实最优值，选择不同的模型可看成是在设定偏差和估计误差之间权衡，优化的最终目的在于找到一个最优的权衡比例，使得模型输出结果与真实值之间的距离最小。于是一系列基于加权方法的策略相继提出，这类策略通过调整各个策略的权重，来实现估计误差和设定偏差之间的权衡，最终得到一个最优加权比例，使加权策略的输出结果与真实最优值最接近。

Kan和Zhou（2007）基于收益率服从联合正态分布的假设提出了“三基金”投资组合定理，将MV策略与GMV策略进行加权结合，从而得到了正态分布下更优的样本外效用表现。Tu和Zhou（2011）尝试将等权重策略依次与MV策略、KZ策略、Mackinlay和Pástor策略（2000）、BS策略（1986）结合，发现这种结合不仅能显著提高原来策略的绩效表现，而且在大多数情况下能超越EW策略，并且进一步从理论角度证明了这种结合的合理性。Jiang等（2019）将GMV策略与等权重策略结合，同样实现了更好的样本外表现。类似的在投资组合的过程中运用策略加权的思想还有很多（Brandt等，2009；DeMiguel等，2009）。

虽然策略加权方法的优越性已经在理论和实证层面都得到了证实，但这并不意味着随意找几个策略加权就能取得更好的结果。在中国市场，是否有必要加权取决于主动策略是否优于被动策略。黄琼等（2011）发现MV策略在行业层面的表现优于等权重策略，而在个股层面的结果则正好相反，他们的结果与DeMiguel等（2009）基于美股市场的结论存在较大的差异。吴文生等（2018）则发现经过数据窥查调整后的MV相关策略无法战胜等权重策略。因此，加权策略是否能够具有更优的表现，取决于是否选择了合理的加权方法。

由于数据生成过程的高度时变性，依赖分布假设来确定权重可能存在一定的数据适用性问题。结合机器学习方法将有助于改善这一问题。本书第6章将介绍如何引入机器学习领域一种新的算法框架，在没有任何分布假设的前提下直接且同时对GMV模型和MV模型的权重同步估计，达到一种类似策略“加权”的效果，以在不确定性存在的情况下提升估计量的样本外表现。

2.3　机器学习在投资组合中的应用

大数据时代来临，金融市场上每时每刻都会产生来自各个国家、各个子市场的海量交易数据。体量大、增速快是金融大数据的两个基本特征。传统的数据处理技术以及计量统计模型都无法有效地整合提炼出大数据内部的复杂结构和隐藏的价值信息，因此那些依赖于分布假设或者经典统计模型的金融理论在大数据时代的适用效果也许不佳。Samuel在1959年首次提出机器学习这个名词，它是统计、分析、分类、预测和实时处理大数据的一种有效手段，它不过分依赖于数据分布的先验假设，而是直接利用真实数据本身的特点进行模型训练和模型预测，属于一种由数据驱动的优化、分类和预测框架，在模型优化和序列预测方面具有很大优势。目前比较常用的机器学习算法主要包括：回归树（regression trees）、长短期记忆网络（long short-term memory，LSTM）、自编码器（autoencoder）、集成学习算法、神经网络算法（neural network）、朴素贝叶斯算法（naive Bayesian）、支持向量机（support vector machines）。

总体上，机器学习算法的优势主要体现在三个方面。第一是非线性关系的识别，诸如提升树（boosted tree）、随机森林（random forest）的回归树方法可以很好地刻画变量之间的非线性关系，当面临更复杂的数据结构时还可进一步使用神经网络类算法；第二是降维，正则化（regularization）、主成分回归（principal component regression，PCR）都是机器学习中用来帮助降维、防止过度拟合的常见方法；第三是模型筛选与优化，通过集成学习、多任务学习（multi-task learning，MTL）、在线学习来实现模型的动态适应调整和优化。

具体应用到投资组合中来，期望收益率是投资组合理论中的两个重要输入参数之一，同时也是实证资产定价领域的重中之重。事实上，投资组合和实证资产定价这两个领域联系密切，从某种角度可看成是一枚硬币的两面。Fama和French在1992年所提出的三因子模型是实证资产定价领域的开端，该模型通过捕捉市场定价异象，构造定价因子，用简单的线性形式解释了市场中各类资产的收益，得到实务界和学界的广泛应用，后来学者们一直致力于寻找市场中的定价异象，构造新的因子，以期能更好地解释市场中各类资产的收益。

从时间序列预测角度来看，经典的线性因子模型假设各期的因子载荷不变，而现实金融市场中的数据呈现非线性、动态变化等特征，机器学习算法在动态适应、非线性结构处理方面具有很大优势，可以很好地提升经典金融时间序列的预测效果。Gu等（2020）运用多种机器学习模型对美股市场上的股票做预测，并评价了各类机器学习模型的优劣。Bianchi等（2019）将多种机器学习模型在债券收益率的预测优劣方面做了类似的比较，发现这些算法一定程度上能够有效捕捉债券收益率的变化。在具体的算法应用上，Messmer（2017）和Feng等（2018a）运用神经网络方法预测股票价格，Feng等（2018b）利用已有的资产定价因子来施加无套利约束，然后用深度神经网络（deep neural network）估计因子载荷，均取得了不错的效果。Rossi（2018）将提升回归树（boosted regression trees）算法运用到构造均值－方差有效前沿的过程中，发现预测变量与最优权重之间存在高度非线性关系。Kelly等（2019）利用自动编码神经网络（autoencoder neural network）构建了一个非线性因子模型，相较于线性模型，非线性模型对资产收益的解释效果大大增强。Chen等（2020）在神经网络中加入LSTM用来探究收益率序列的形式，在夏普率、定价误差等指标上取得了比基准策略更好的样本外表现。

从横截面数据角度来看，随着金融市场体系不断完善、金融科技技术不断发展，近年来金融资产的种类越来越丰富，交易频率也越来越高，投资者在构造投资组合时面临着高维资产、高频交易的处理问题。在这样的投资环境下，经典的投资组合模型效果不佳，而诸如正则化、PCA等机器学习或统计学习算法在处理高维高频数据方面具备很大优势，可以较好地达到降维、筛选变量的目的。在正则化算法的应用上，Ao等（2019）将套索回归（least absolute shrinkage and selection operator，Lasso）算法应用于无约束的MV策略中，从而对原策略的权重做了稀疏处理，部分缓解了高维资产组合优化时存在的极端权重问题。Freyberger（2020）运用套索算法来逼近市场中的随机折现因子（stochastic discount factor，SDF）。Kozak等（2020）在均值－方差的优化过程中施加了弹性网络（elastic net）正则项，稀疏处理以筛选对定价有帮助的特征排序组合。倪宣明等（2021）在Ao等（2019）的基础上进一步基于特征排序对个股进行分组，并将组套索回归（Group Lasso）算法引入MV策略，在实现组间稀疏的同时直接估计个股权重，显著提高了MV策略的样本外绩效表现。Kremer（2020）和Chen等（2020）考虑了行业分组特征，并在MV策略的基础上引入稀疏组套索回归（Sparse Group Lasso）算法，达到了组间和组内同时稀疏的效果。除了正则化之外，PCA也是应对高维数据的常见手段，在基于因子模型的资产定价和投资组合问题中，PCA可以直接通过统计手段识别隐性因子，即把协方差矩阵的主成分作为因子，如Kelly等（2019）将PCA方法运用在基于特征的股票收益预测过程中，得到了一个条件多因子模型。Pelger（2020）将PCA与高频数据结合，并通过非参方法来动态估计时变的因子风险。Lettau和Pelger（2020）对PCA进行拓展，在PCA的基础上引入定价误差的惩罚项，并通过这种方法估计得到了具有经济学意义的潜在定价因子，这些因子无论是在时间序列收益率还是在横截面收益率上都取得了很好的定价效果。

上文提到的已有研究仅仅是冰山一角。近两年来，把机器学习算法引入投资组合和资产定价领域的学者越来越多，其研究结果对于当前金融市场中海量交易数据的适应性与预测效果的确好于传统统计模型，引入机器学习算法已经成为量化投资的主流。不过需要指出的是，机器学习算法本质上是一种以数据自身驱动训练模型的算法框架，这类算法的一个明显劣势在于缺乏底层的经济学逻辑，因此机器学习模型虽然可以做出很好的预测，却很难解释。本书注意到了这一点，将投资组合理论模型与机器学习模型算法结合，底层逻辑依然是从投资组合理论模型的优化角度出发，尝试发掘一些适合应用于投资组合优化过程中的算法，并将这些机器学习算法与理论模型结合，以期拓展现有的优化策略。

针对本书聚焦的两个优化方向，即基于风险侧的投资组合优化和加权策略的投资组合优化，时序预测和模型加权是策略优化的关键。如在引言中提到的，OWE算法和MTRL算法对于本书的优化过程很有帮助。其中，OWE算法结合集成学习和在线学习的特点，可以很好地应对金融时间序列的非平稳性，因此本书第4章在运用已实现波动率预测方法HAR-RV模型对仅包含负向波动信息的下半RSCOV做出基础预测之后，使用在线加权集成算法来提升基础预测模型的预测效果。多任务相关学习是在多任务学习的基础上由Zhang和Yeung（2014）提出的，其基本思想是通过引入多个相关任务来提升单个任务的泛化表现。多任务相关学习的具体思路是将多个不同回归或分类任务的待估系数视为随机变量，并引入这些系数之间的随机度量项来同时实现对各任务系数的更优估计，因此很适合用来作为一种数据驱动的加权策略。本书第6章将引入这一算法框架，在没有任何分布假设的前提下直接对GMV模型和MV模型的权重进行同步估计，以在不确定性存在的情况下提升估计量的样本外表现。为了改善高维协方差阵的估计效果，本书第5章将引入RCM算法自动识别残差矩阵中的分块对角结构，并相应地进行分块对角化门限处理，结合机器学习模型，进一步提升投资组合策略的样本外效果。

综上所述，本书将从基于风险侧的投资组合优化和加权策略的投资组合优化这两个方向展开论述，根据每类策略的特点相应地结合机器学习或统计算法，分别在第4、5、6章中向读者展示策略构造过程和策略实证结果。

第 3 章
投资组合相关理论介绍

本章将首先对均值–方差模型做详细介绍，旨在让读者更深刻地理解最优投资组合的构造过程，为进一步理解后文的优化策略奠定理论基础。之后，本章会简要介绍几种常见的投资组合优化策略，如GMV策略、ERC策略、EW策略、BS策略和TZ策略，其中GMV策略和ERC策略均属于仅基于风险侧进行优化的策略，TZ策略和BS策略在某种程度上都是基于加权思想进行优化的策略，EW策略属于被动策略，常被用来衡量所构造的优化策略是否有效。这部分重点在于理解这些策略的优化思想以及数学模型，详细的证明过程不会展开，有兴趣的读者可从参考文献查阅对应的原文，这里是希望通过介绍策略的思想，简要展示数学模型的构造过程，让读者理解经典模型的局限性以及现有改进策略的主要优化角度。之所以选择这些策略，一方面是因为这些策略的优化角度与本书提出的两个优化角度一致，可以为读者理解后文做铺垫，另一方面是因为本书之后提出的策略都是在这些策略的基础上叠加机器学习算法，因此理解这些策略对理解本书提出的优化策略很有必要。最后，本章会介绍几类常见的绩效评价指标，以评价和比较各个策略的优劣。

3.1 经典策略介绍

考虑市场中有 N 只可投资证券，记这 N 只证券的收益率向量为 $R=(R_1,R_2,\cdots,R_N)'$，期望收益率向量为 $\mu=(\mu_1,\mu_2,\cdots,\mu_N)'$，协方差矩阵为 Σ，设投资组合 P 在这 N 只证券上的权重分配为 $w=(w_1,w_2,\cdots,w_N)'$，则投资组合的收益率 R_P 为 $w'R$，期望收益 μ_P 为 $w'\mu$，方差 σ_P 为 $w'\Sigma w$。

3.1.1 均值－方差策略

马科维茨于1952年提出了著名的MV模型，该模型的基本思路是，把市场中的所有可投资证券按照不同的权重向量组合可以得到不同的投资组合，投资者最终的目的就是构造一个投资组合使得自身期望效用最大化。每个投资组合的收益率序列对应于一组均值和方差，一个理性投资者在给定期望收益的条件下会追求方差最小的投资组合，在给定方差的条件下会追求期望收益率最大的投资组合。根据这个原则可以在均值－标准差平面上构造一条有效前沿，理性的投资者应该只会在有效前沿上选择能使其期望效用最大化的那点进行投资。

MV模型由马科维茨在1952年首次提出，为了刻画现实中普遍存在的“分散化投资”现象，其假设投资者均在限定资产组合收益的条件下追求风险最小化，即求解如下优化问题①：

① 目标函数中含有系数1/2只是为了化简求解过程，不影响结果。

$$\begin{aligned} \min_{w} \quad & \frac{1}{2} w' \Sigma w \\ s.t. \quad & w' l = 1, \\ & w' \mu = \mu_P . \end{aligned} \tag{3-1}$$

随后，托宾在1958年提出，若假设投资者拥有二次型（quadratic）效用函数：$u(R_p) = R_p - BR_p^2 / 2$，其中 $R_p < 1/B$，投资者的期望效用为：

$$Eu(R_p) = \mu_p - \frac{1}{2} B({\sigma_p}^2 + {\mu_p}^2), \tag{3-2}$$

可以看出投资者的期望效用仅与期望和方差有关，可以证明最大化 $Eu(R_p)$ 在一定情形下等同于求解以下优化问题：

$$\begin{aligned} \max_{w} \quad & w'\mu - \lambda w' \sum w, \\ s.t. \quad & w' l = 1, \end{aligned} \tag{3-3}$$

其中 λ 为风险规避倾向。

除了明确效用函数的形式之外，托宾还提出可以在经典模型中假设 N 个资产的收益率序列 $(R_1, R_2, \cdots, R_N)$ 服从联合正态分布，即 $R \sim N(\mu, \Sigma)$，因此投资组合收益率 R_P 服从正态分布 $R_P \sim N(w'\mu, w'\Sigma w)$。正态分布仅由期望和方差两个参数和刻画，投资者的期望效用 $Eu(R_p)$ 同样可以表示为一个仅与期望和方差有关的函数，同样等同于求解式（3-3）。以上推导均假设投资者仅关注均值和方差，这样的投资者被称为拥有均值 – 方差偏好（mean-variance preference）。

通过求解式（3-1）或者式（3-2）的规划问题便可得到均值 – 标准差平面里的有效前沿，如求解式（3-1）里的二次规划问题。

首先构造拉格朗日函数：

$$\min_{\{w,\lambda,\gamma\}} L=\frac{1}{2}w'\Sigma w+\lambda(\mu_P-w'\mu)+\gamma(1-w'l), \tag{3-4}$$

其中 λ 和 γ 为拉格朗日乘子，上式的一阶条件为：

$$\begin{cases}\dfrac{\partial L}{\partial w}=\Sigma w-\lambda\mu+\gamma l=0,\\ \dfrac{\partial L}{\partial\lambda}=\mu_P-w'\mu=0,\\ \dfrac{\partial L}{\partial\gamma}=1-w'l=0,\end{cases} \tag{3-5}$$

整理可得：

$$\begin{pmatrix}\mu_P\\ 1\end{pmatrix}=\begin{pmatrix}\mu'\sum^{-1}\mu & \mu'\sum^{-1}l\\ l'\sum^{-1}\mu & l'\sum^{-1}l\end{pmatrix}\begin{pmatrix}\lambda\\ \gamma\end{pmatrix}=\begin{pmatrix}\varepsilon & \alpha\\ \alpha & \delta\end{pmatrix}\begin{pmatrix}\lambda\\ \gamma\end{pmatrix}, \tag{3-6}$$

其中[①] $\varepsilon=\mu'\Sigma^{-1}\mu$， $\alpha=\mu'\Sigma^{-1}l=l'\Sigma^{-1}\mu$， $\delta=l'\Sigma^{-1}l$。于是，可以将 λ 和 γ 求解出来：

$$\begin{cases}\lambda=\dfrac{\delta\mu_P-\alpha}{\varepsilon\delta-\alpha^2},\\ \gamma=\dfrac{\varepsilon-\alpha\mu_P}{\varepsilon\delta-\alpha^2},\end{cases} \tag{3-7}$$

将式（3-7）代入式（3-5）可得：

$$w=\lambda\Sigma^{-1}\mu+\gamma\Sigma^{-1}l=\frac{\varepsilon\Sigma^{-1}l-\alpha\Sigma^{-1}\mu}{\varepsilon\delta-\alpha^2}+\frac{\delta\Sigma^{-1}\mu-\alpha\Sigma^{-1}l}{\varepsilon\delta-\alpha^2}\mu_P. \tag{3-8}$$

由此我们得到了权重向量 w，将该权重向量带入 $\sigma_P^2=w'\Sigma w$ 则可得到投资组合方差 σ_P^2 和期望收益 μ_P 的关系：

---

① 本章提到的 ε、α、δ 指代含义与这里相同。

$$\sigma_P^2-\frac{\delta}{\varepsilon\delta-\alpha^2}(\mu_P-\frac{\alpha}{\delta})^2=\frac{1}{\delta},\ \varepsilon\delta-\alpha^2>0. \tag{3-9}$$

这条线表示的$\mu_P-\sigma_P$关系就是MVF，MVF是双曲线的右支，如图3-1所示，有效前沿即MVF的上半只。

在得到有效前沿之后，通过最大化期望效用，即：

$$\begin{aligned}&\max\ \text{EU}=\mu_P-\frac{A}{2}\sigma_P^2\\ &s.t.\quad \sigma_P^2-\frac{\delta}{\varepsilon\delta-\alpha^2}(\mu_P-\frac{\alpha}{\delta})^2=\frac{1}{\delta}.\end{aligned} \tag{3-10}$$

求解此规划即可得到最优投资组合，进而也可确定最优权重向量：

$$w_{MV}=\frac{\Sigma^{-1}\mu}{A}. \tag{3-11}$$

直接求解式（3-2）也可得到与式（3-11）相同的结果。

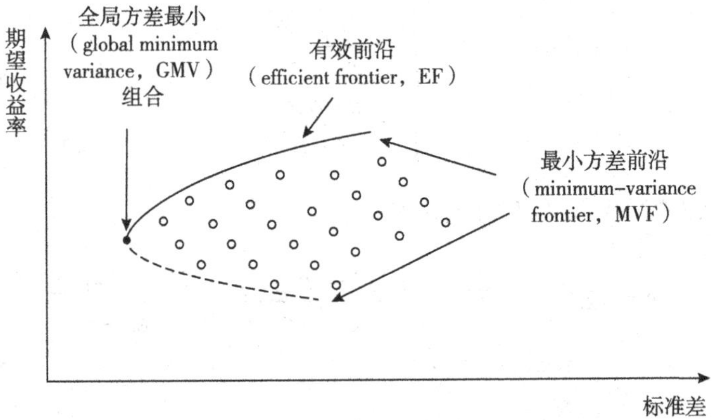

图 3-1 双曲线形式的投资组合前沿

3.1.2 其他常见优化策略

在第1章我们了解到，虽然MV策略从理论上看是严谨且可信的，但实际应用却非常困难，其中最大的问题在于μ和Σ是无法观测的，同时已有研究表明使用样本矩来估计这两个参数的效果并不好。于是，大量学者致力于在MV策略的基础上提出更好的策略。

1. GMV策略

Merton（1980），Best和Grauer（1991）等研究发现，期望收益率的估计误差远大于协方差，且最优权重对前者误差的敏感性远大于后者，于是Green和Hollifi（1992）认为可以直接使用GMV组合来避免对期望收益率向量的估计过程，进而降低误差以实现更好的样本外绩效表现。GMV组合即图3-1中MVF最左端的(μ,σ)组合，该组合是所有可实现的投资组合中方差最小的，对应的规划问题为：

$$\begin{aligned} &\min_{w} w'\Sigma w \\ &s.t. \quad w'l=1. \end{aligned} \tag{3-12}$$

求解此规划即可得到GMV策略的最优权重：

$$w_{GMV}=\frac{\Sigma^{-1}l}{\delta}. \tag{3-13}$$

同时，由式（3-9）我们了解到$\sigma_P=\sqrt{\frac{\delta}{\varepsilon\delta-\alpha^2}(\mu_P-\frac{\alpha}{\delta})^2+\frac{1}{\delta}}$，为了在$\mu_P-\sigma_P$平面上找到全局最小方差的点，只需要求解$\frac{\partial\sigma_P}{\partial\mu_P}=0$即可，易得全局最小方差组合对应的坐标为$(\frac{1}{\sqrt{\delta}},\frac{\alpha}{\delta})$，再根据投资组

合期望收益和方差的计算公式也可得到GMV策略的最优权重，即式（3-13）。

2. ERC策略

ERC策略也是一种不考虑期望收益，仅基于风险进行优化的策略，该策略的出发点是平衡组合内各只证券的权重，在防止资产过分集中的同时平稳组合的波动，主要思想是根据各只证券的波动率分配权重以使得每只证券对投资组合的风险贡献相同。Qian（2006）提出，可以通过平衡组合内各资产对于组合整体风险的贡献，构建一种风险平价（risk parity，RP）的投资组合。RP策略基本思想源自桥水基金的“全天候”投资组合（all-weather portfolio）策略，即通过充分挖掘资产价格的变化与宏观经济之间的关系，确定可投资的资产以及相应的权重，使得投资组合在每个经济情景中分配到的风险相等，实现风险平价。Maillard等（2010）进一步分析了RP策略的性质，并称其为ERC策略。

具体来看，ERC策略平衡了各证券的风险贡献，由上文可知，投资组合 P 的方差 $\sigma_P = w^T \Sigma w$，求边际风险贡献（marginal risk contribution，MRC）为：

$$MRC = \frac{\partial \sigma_P}{\partial w} = \frac{\Sigma w}{\sigma_P},\ MRC_i = \frac{(\Sigma w)_i}{\sigma_P},\ i = 1, 2, \cdots, N. \tag{3-14}$$

于是证券 i 的风险贡献为：

$$RC_i = w_i MRC_i = \frac{w_i (\Sigma w)_i}{\sigma_P}. \tag{3-15}$$

因此ERC策略的优化目标即实现组合内各资产的 RC_i 相等，其优化问题为：

$$\min_{w>0} f(w)=\sum_{i=1}^{n}\sum_{j=1}^{n}\left[w_i(\Sigma w)_i-w_j(\Sigma w)_j\right]^2. \tag{3-16}$$

求解该非凸规划，即可得到最优权重向量。

3. EW策略

EW策略是一种无需管理的被动策略，Brown（1976）最早提出该策略的学术研究；Jobson和Korkie（1980）认为，由于估计误差的存在，EW策略的绩效表现常常优于MV策略；Michaud（2008）进一步注意到EW策略输出的权重或许比基于样本矩的MV策略得到的权重更加接近真实的最优权重向量。基于这些研究，DeMiguel等（2009）进一步将EW策略与大量基于MV策略的优化策略作比较，经过实证研究发现EW策略在实际数据集中的绩效表现要优于其他主动型优化策略，且其本身具有很低的换手率，因此，EW策略常常被用作衡量改进策略是否有效的基准策略。

由策略名称即可看出，对于一个包含N只证券的投资组合，每个资产的投资权重均为$1/N$。

4. TZ策略

TZ策略是一类利用策略加权思想进行优化的策略，由Tu和Zhou（2011）提出，他们将EW策略与MV策略加权进而得到了TZ策略，并且认为这种策略组合的优化思想同时具有经济学和统计学意义。经济学上讲，对于一个效用函数为凹的投资者来说，一好一坏两个策略加权带给投资者的效用会大于其中任何一个策略单独带来的效用；从统计学上讲，EW策略和MV策略的结合可以看成一种以等权重为目标的收缩估计，而收缩估计本质上是一种在偏差（bias）和方差（variance）之间的权衡。EW策略是有偏的，但其方差为零；MV策略在某些条件下虽然满足渐近无偏，但在估计时存在很大方差。二者加权一方面会提高原来MV策略的偏差，但另一方面也会降低方差，因此若能选择一个合适的加权权重，则TZ策略可能实现同时优于这两个策略的绩效表现。

具体来看，考虑将EW策略与MV策略结合：

$$\begin{aligned}\hat{w}_{TZ} &= (1-c)\hat{w}_{EW} + c\hat{w}_{MV}, \\ \hat{w}_{EW} &= 1/n,\ \hat{w}_{MV} = \tilde{\Sigma}^{-1}\mu/A,\end{aligned} \tag{3-17}$$

其中[①] $\tilde{\Sigma} = \left(T/(T-N-2)\right)\hat{\Sigma}$，$\hat{\Sigma}$ 为样本协方差矩阵，$0 \leqslant c \leqslant 1$ 为两个策略加权的权重，其余符号含义与上文一样。

假设市场中的 N 只证券的超额收益满足独立同分布且服从联合正态分布 $R \sim N(\mu, \Sigma)$，效用函数的设定与MV模型一样，设无风险资产收益率为 r_f，那么按照 $\hat{w}_{TZ}$ 构造的投资组合 P 的收益为 $R_p = r_f + w_{TZ}^T R$，期望效用如下：

$$E[U(\hat{w}_{TZ})] = r_f + \hat{w}_{TZ}'\mu - \frac{A}{2}\hat{w}_{TZ}'\Sigma\hat{w}_{TZ}. \tag{3-18}$$

我们的目标就是找到最优的加权权重 c 使得期望效用损失函数最小，即：

$$\min_c L(w^*, \hat{w}_{TZ}) = E[U(w^*)] - E[U(\hat{w}_{TZ})], \tag{3-19}$$

其中 $E[U(w^*)]$ 是真实最优权重 $w^* = \Sigma^{-1}\mu/A$ 时的期望效用。Tu和Zhou（2011）经过证明发现，式（3-19）等价于最小化损失

① 协方差矩阵之所以使用 $\tilde{\Sigma}$ 形式是为了保证 $\hat{w}_{MV}$ 的无偏性。

函数：

$$\min_{c} L(w^*, \hat{w}_{TZ}) = \frac{A}{2}\left[(1-c)^2\pi_1 + c^2\pi_2\right],$$
$$\pi_1 = (\hat{w}_{EW} - w^*)'\Sigma(\hat{w}_{EW} - w^*),\ \pi_2 = E[(\hat{w}_{MV} - w^*)'\Sigma(\hat{w}_{MV} - w^*)], \tag{3-20}$$

注意到，π_1 衡量了EW策略的偏差影响，π_2 衡量了MV策略的方差影响，因此加权权重 c 决定了偏差和方差的权衡。经计算得，最优加权权重：

$$c^* = \frac{\pi_1}{\pi_1 + \pi_2}. \tag{3-21}$$

为了估计 c^*，我们需要对 π_1 和 π_2 做出估计，在原文中：

$$\pi_1 = w_{EW}'\hat{\Sigma} w_{EW} - \frac{2}{A} w_{EW}'\hat{\mu} + \frac{1}{A^2}\tilde{\theta}^2,$$
$$\pi_2 = \frac{1}{A^2}(a_1 - 1)\tilde{\theta}^2 + \frac{a_1}{A^2}\frac{N}{T}, \tag{3-22}$$

其中 $\tilde{\theta}^2$ 是Kan和Zhou（2007）提出的针对参数 $\theta^2 = \mu'\Sigma^{-1}\mu$ 的估计，$a_1 = (T-2)(T-N-2)/((T-N-1)(T-N-4))$，这里需要保证 $T > N+4$。由此便可得到最优加权权重，感兴趣的读者可查阅参考文献来了解更细节的证明过程，在此不再展开。

5. BS策略

Bayes-Stein策略（BS）在James-Stein收缩估计量（JS）的基础上引入了经验贝叶斯框架。收缩估计量将样本估计量与某一其他估计量加权，通过最小化效用损失函数得到最优加权权重，进而构造出一个比二者都更接近真实值的估计量。Jorion（1986）在JS估计量的基础上提出了BS策略，相较于JS估计量，该估计量主要是引入经验贝叶斯（empirical Bayes）框架对期望效用函数做出改进，他指出以往构造最优投资组合的过程中往往假设总体分布参数是已知的，即把基于样本估计得到的总体分布参数视为真实值，他认为这种做法从估计的角度来讲并不能得到最优估计量，并强调在最大化投资者效用的时候需要考虑参数估计风险（estimation risk）。为此，他引入经验贝叶斯框架，考虑存在估计风险时的期望效用函数。

具体来看，投资者的最终目标就是构造投资组合以使自身效用最大化，即：

$$\max_{R_P}\ \mathrm{EU}(R_P)=\int U(R_P)p(R_P\mid\theta)dw, \tag{3-23}$$

其中，$R_P=w'R$ 代表投资组合 P 将来实现的收益率，θ 表示证券市场所有证券总体分布参数集，即 $\theta=(\mu,\Sigma)$。目标函数由两个部分组成，一部分是效用函数 $U(R_P)$，这个取决于投资者自身的风险厌恶程度等参数，另一部分是投资组合 P 的条件分布 $p(R_P\mid\theta)$。

在经典的理论框架下，投资者假定总体分布参数集 θ 就等于基于样本估计得到的 $\hat{\theta}(y)$。因此，在传统的理论框架下，优化问题等价于：

$$\max_{w}\ E_y[U(R_P)\mid\theta=\hat{\theta}(y)]. \tag{3-24}$$

这种方法显然忽略了估计风险，即总体分布参数的不确定性。事实上，在考虑到这种估计风险之后，真实的无条件效用函数最大化应该为：

$$\begin{aligned}&\max_{w}\ \mathrm{E}_{\theta}\left[\mathrm{E}_{y|\theta}[\mathrm{U}(R_P)|\theta]\right],\\&\mathrm{E}_{\theta}\left[\mathrm{E}_{y|\hat{\theta}}[\mathrm{U}(R_P)|\theta]\right]=\int_{\theta}\int_{\mathrm{y}}\mathrm{U}(R_P)p(R_P\mid\theta)dR_P\,p(\theta\mid y,I_0)d\theta\\&\qquad=\int_{\mathrm{y}}\mathrm{U}(R_P)\left[\int_{\theta}p(R_P\mid\theta)p(\theta\mid y,I_0)d\theta\right]dR_P,\end{aligned} \tag{3-25}$$

投资组合 P 的未来收益率 R_P 的预期密度函数（predictive density function）为：

$$p(R_P \mid y) = \int_{\theta} p(R_P \mid \theta) p(\theta \mid y, I_0) d\theta, \qquad (3\text{-}26)$$

其中 I_0 为先验信息，$p(\theta \mid y, I_0)$ 表示 θ 基于先验信息 I_0 和样本数据 y 的后验密度函数（posterior density function）。由此可见，能使效用函数最大化的最优权重向量取决于证券未来收益率向量 R 的预期密度函数。

设证券未来收益率向量 R 的信息先验（informative prior）为：

$$p(R \mid \eta, \lambda) \div \exp\left[-(\frac{1}{2})(R - l\eta)'(\lambda \Sigma^{-1})(R - l\eta)\right], \qquad (3\text{-}27)$$

其中，η 为总体均值（grand mean），λ 为精度（prior precision），在经典贝叶斯推断下，这两个参数都会事先给定作为先验值，Jorion（1986）运用经验贝叶斯方法使得这两个参数可以直接从样本数据得到，并证明基于式（3-27）的信息先验形式，证券未来收益率向量 R 的预期密度函数 $p(R \mid y, \Sigma, \lambda)$ 服从多元正态分布。
其中，期望收益率向量：

$$\begin{gathered} E[R] = (1-k)Y + klY_0, \\ w = \frac{\lambda}{\lambda + T},\ Y_0 \equiv \frac{l'\Sigma^{-1}}{l'\Sigma^{-1} l} Y, \end{gathered} \qquad (3\text{-}28)$$

Y 和 Σ 分别表示在经典模型中使用的期望收益率向量和协方差矩阵估计量，k 为收缩权重系数。

协方差矩阵：

$$V[R] = \Sigma\left(1 + \frac{1}{T + \lambda}\right) + \frac{\lambda}{T(T + 1 + \lambda)} \frac{l\,l'}{l'\Sigma^{-1} l}. \qquad (3\text{-}29)$$

对于式（3-28）和式（3-29），Jorion（1986）使用Zellner和Chetty（1965）中的协方差矩阵估计量$\hat{\Sigma}$，并以样本均值作为Y的估计量，通过最小化效用损失函数得到最优的收缩权重估计量$\hat{k}$：

$$\hat{k}=\frac{N+2}{(N+2)+(\hat{Y}-\hat{Y}_0 l)^T T\hat{\Sigma}^{-1}(\hat{Y}-\hat{Y}_0 l)},$$
$$\hat{\Sigma}=\frac{T-1}{T-N-2}S, \tag{3-30}$$
$$\hat{Y}=\bar{X},$$

其中，$\bar{X}$表示样本收益率均值向量，S表示样本协方差矩阵。以上便是BS策略的基本思想和数学模型，主要摘自Jorion（1986），至于具体的证明推导过程此处不再展开，感兴趣的读者可查阅参考文献进行更深入的学习。

3.2 绩效评价指标

绩效评价指标是指可以用来衡量和比较各个策略优劣的评价指标。一般来说，策略的绩效表现可从收益和风险两方面来衡量。策略在样本外实现的收益越高，风险越小，则表明该策略越好。投资组合的样本外平均收益率是衡量策略收益的一个常见指标，样本外方差是衡量策略风险的常见指标，此外，最大回撤率也是衡量风险的重要指标，其衡量了持有投资组合一段时间内出现的最糟糕表现，对于对冲基金和共同基金来说，该指标衡量了基金经理的风险控制能力，好的基金经理能够在市场行情较差的时候避免给投资者带来很大的损失，因此最大回撤通常比方差更加重要。若需要综合衡量策略优劣，同时考虑风险和收益，那么由Sharpe在1966年提出的夏普比率（Sharpe ratio，SR）是一个比较好的衡量指标。此外，投资组合的绩效评价与单只证券的情况不同，投资组合是多只证券的线性组合，在某一投资期间内，通过模型计算得到的投资组合最优权重向量会不断改变，需要投资者在此期间持续调整各只证券的头寸，因此在频繁买卖中会产生很多交易费用，有时这些交易费用很高以至于调整头寸带来的净收益甚至为负值。由此可见，除了考虑风险和收益之外，换手率也是评价策略优劣的一个重要指标。下面，我们将对常用的绩效评价指标一一介绍。

1. 平均收益率

平均收益率（average rate of return，ARR）表示投资组合 P 在样本外收益率均值，反映了投资组合 P 的平均盈利能力。计算公式为：

$$ARR = \frac{1}{T}\sum_{t=1}^{T} R_P(t) . \qquad (3\text{-}31)$$

2. 标准差

标准差（standard deviation）是方差的算术平方根，该指标通过衡量投资组合 P 在样本外的波动率来反映其在样本外的风险大小，计算公式为：

$$\sigma = \sqrt{\frac{\sum_{t=1}^{T}(R_P(t) - \bar{R}_p)^2}{T-1}} , \qquad (3\text{-}32)$$

其中 $\bar{R}_p$ 表示投资组合 P 在样本外的收益率均值。

3. 最大回撤

最大回撤（maximum drawdown，MD）衡量了一个投资组合在持有期间所遭受过的最大损失，也就是持有该投资组合在给定时期内可能出现的最糟糕的情况，计算公式为：

$$MD = \max_{j\in(0,T)} \{\max_{i\in(0,j)} \frac{P_i - P_j}{P_i}\}, \tag{3-33}$$

其中，P 为资产组合的价值（默认为1），j 为研究时期中的某一天，i 是在该时期内位于 j 之前的某一天。

4. 夏普比率

夏普比率衡量的是投资组合经风险调整后相较于无风险资产的收益表现，计算公式为：

$$SR = \frac{\bar{R}_p - r_f}{\sigma_{R_p}}, \tag{3-34}$$

其中，分子为投资组合 P 样本外超额收益率均值，分母为样本外方差。由该指标的计算公式可以看出，夏普比率代表了投资者承担单位风险所获得的平均超额收益。该指标将超额收益对风险进行调整，使得各个投资组合之间的收益绩效可比。需要注意的是，当超额收益为负时，夏普比率的含义比较难以解释。

5. 特雷诺比率

特雷诺比率（Treynor ratio）以CAPM思想的最早提出者

Treynor命名。其计算公式为：

$$T=\frac{R_i-r_f}{\beta_i}. \tag{3-35}$$

与计算夏普率比率时使用标准差衡量风险不同，特雷诺比率使用贝塔衡量风险，因此二者都衡量了资产的风险报酬，或承受单位风险所获得的风险补偿。

6.詹森阿尔法

詹森阿尔法（Jensen's alpha）由Jensen于1968年提出，衡量一个资产组合在一段时期内相对于CAPM收益率的超额收益率，计算公式为：

$$\alpha=R_i-\left(r_f+\beta(R_m-r_f)\right), \tag{3-36}$$

其中R_i为资产组合在一段时期内已实现的收益率，r_f为无风险收益率，β为资产组合的贝塔系数，R_m为市场组合在同一段时间内的已实现收益率。詹森阿尔法通常用于衡量基金经理进行主动管理以获取超额收益的能力。

7. M2测度

M2测度（M-Squared measure）由诺奖得主佛兰科·莫迪利安尼（Franco Modigliani）于1997年提出，用于衡量资产组合相对于某一基准组合（通常是市场组合）的风险调整收益率，其计算公式为：

$$M^2=SR\cdot\sigma_m+r_f. \tag{3-37}$$

M2测度是风险调整收益率，相较于夏普比率、特雷诺比率等比值（ratio）而言，具有更好的可比较性，可用于评价不同类别资产的优劣。

8. 换手率

换手率（turnover）是衡量投资者调仓频率的指标。在现实市场中，投资者在调整各只证券头寸的时候会根据交易量大小支付一定比例的手续费，因此换手率越高通常意味着交易成本越高。根据DeMiguel等（2009）的定义，投资组合在一定时期内的换手率可以用如下公式计算：

$$\text{Turnover} = \frac{1}{T}\sum_{t=1}^{T}\sum_{j=1}^{N}|\hat{w}_{j,t+1} - \tilde{w}_{j,t}| \tag{3-38}$$

其中，$\tilde{w}_{j,t}$ 表示第 t 期构建的权重为 $\hat{w}_{j,t}$ 的投资组合在第 $t+1$ 期在组内资产价格变化后的新权重。

3.3 参数估计方法

协方差矩阵是经典投资组合模型及其优化模型的重要输入参数，本书将分别对常见的高频协方差矩阵估计量和常见的高维协方差矩阵估计量做介绍。具体而言，高频数据下的协方差矩阵估计量包括RCOV矩阵、PRVM；高维数据下的协方差矩阵包括对协方差矩阵施加结构性假设的估计量以及收缩（shrinkage）估计量。基于风险侧的投资组合优化是本书聚焦的一个优化方向，后面的章节也将在这些已有研究的基础上提出新的适用于高频高维投资环境的风险度量指标，来代替样本协方差矩阵估计量。本章介绍这些估计方法的目的是让读者了解在高频、高维的交易环境中，投资组合模型的应用会面临什么问题，以及为应对这样的问题，该如何对模型的参数估计量做出改进，从而有助于读者在本章之后更好地理解基于风险侧的优化策略。

3.3.1 已实现波动率估计

Andersen等（2003）指出传统的金融资产定价和投资组合权重分配都是基于日度甚至月度等低频数据，这类数据通常只适用于中长期投资而无法实现短期的资产配置。随着计算机算力和存储技术的进步，高频交易数据的获取和处理已不再是一件令人头疼的事情。基于日内高频交易数据进行资产配置可以更有效地利用日内的价格信息，进而实现更短期的资产配置，同时为预测中长期变化提供有用的信息。一般而言，经济变量的短期变化相较于长期变化要更容易预测，而Andersen等（2003）进一步证明即使是在月度或者季度等更长期的预测中，使用高频数据依然更有效。出于这样的考虑，他们使用高频数据来估计（协）波动率，其在高频环境下被称为已实现的协方差矩阵。

Andersen等（2003）构建了基于高频数据的协方差估计量，在给定日内获取样本数 m 时，第 i 只证券和第 j 只证券在第 t 天的已实现协方差如下：

$$RCOV_{ij}^{(m)}(t)=\sum_{k=1}^{m}r_i^{(k)}(t)r_j^{(k)}(t)=\sum_{k=1}^{m}(p_i^k(t)-p_i^{k-1}(t))(p_j^k(t)-p_j^{k-1}(t)),\tag{3-39}$$

进一步得到 n 维资产在第 t 天的已实现协方差矩阵：

$$\mathbf{RCOV}(t)=\begin{bmatrix}RCOV_{11}(t) & \cdots & RCOV_{1n}(t)\\ \vdots & \ddots & \vdots\\ RCOV_{n1}(t) & \cdots & RCOV_{nn}(t)\end{bmatrix},\tag{3-40}$$

该已实现的协方差矩阵就是应用最广泛的基于高频数据的协方差矩阵度量指标。

Jacod等（2009）发现已实现波动率会受到微观结构（microstructure）噪声的影响，因此，采样频率过高会极大增加已实现波动率的误差。具体来看，他们指出在无套利假设下可以证明证券的真实对数价格过程一定是半鞅，但是实际观测到的证券价格过程往往不会满足半鞅，而是存在额外的误差，即市场中的观测价格等于真实价格加上微观噪声。为了减少误差，Jacod等（2009）提出使用预平均方法（pre-averaging）对已实现波动率进行处理。

具体来说，与上文基本条件一样，假设在时区 $[0,t]$ 上，一维证券的真实对数价格过程 $X=(X_t)_{t\geqslant0}$ 是连续半鞅过程，市场观测得到的对数价格过程记为 $Z=(Z_t)_{t\geqslant0}$，观测的采样点为 t_i，$i=0,1,\cdots,k,\cdots$，在 t_i 时刻证券对数价格观测值为 Z_{t_i}，真实值为 X_{t_i}，那么根据上文的内容可知，真实价格 X_{t_i} 和观测价格 Z_{t_i} 的关系为：

$$Z_{t_i}=X_{t_i}+\epsilon_{t_i},\tag{3-41}$$

其中，噪音 ϵ_{t_i} 可以独立于对数价格过程 X，也可以具有更加复杂的结构。现对证券对数价格过程X做等步长移动平均处理，得到经处理后的过程为$\breve{Z}=(\breve{Z}_t)_{t\geq 0}$，其中$\breve{Z}_{t_i}$是$Z_{t_{i+j}}$的平均值，$j=0,\cdots,k-1$，经预平均处理，过程$\breve{Z}$中包含的误差比过程$Z$更小，即更接近真实对数价格过程$X$。

将预平均方法作用于多维过程，则可得到PRVM。

现假设市场中有p只证券，其真实的对数价格向量过程为$\mathbf{X}=(\mathbf{X}_t)_{t\geq 0}$，市场观测得到的对数价格向量过程记为$\mathbf{Z}=(\mathbf{Z}_t)_{t\geq 0}$，则在$t_i$时刻观测到的第$j$只证券的真实对数价格$X_{t_i}^j$和观测对数价格$Z_{t_i}^j$满足：

$$Z_{t_i}^j = X_{t_i}^j + \epsilon_{t_i}^j, \tag{3-42}$$

对市场观测得到的对数价格向量过程$\mathbf{Z}=(\mathbf{Z}_t)_{t\geq 0}$做预平均处理以减少误差：

$$\breve{\mathbf{Z}}_{t_i} = \sum_{l=1}^{k_n-1} g(\frac{l}{k_n})[\mathbf{Z}_{t_{i+l+1}} - \mathbf{Z}_{t_{i+l}}],\ i=0,1,\cdots,n-k_n+1, \tag{3-43}$$

其中$g(\cdot)$为连续的权重函数，满足$g(0)=g(1)=0$，$\int_0^1 g^2(t)dt>0$，k_n为步长，满足$k_n=\lfloor \phi_k n^{0.5} \rfloor$①，$\phi_k$为某给定的常数。由此可定义PRVM估计量如下：

$$\hat{\Sigma}^{PRVM} = \frac{1}{\phi k_n}\sum_{i=1}^{n-k_n+1}[\breve{\mathbf{Z}}_{t_i}\breve{\mathbf{Z}}_{t_i}^T - \varsigma\hat{\boldsymbol{\eta}}], \tag{3-44}$$

其中，$\varsigma=\sum_{i=1}^{k_n-1}\left[g(\frac{i}{k_n})-g(\frac{i+1}{k_n})\right]^2$，$\phi=\int_0^1 g^2(t)dt$，$\hat{\boldsymbol{\eta}}=diag(\hat{\eta}_1,\hat{\eta}_2,\cdots,\hat{\eta}_p)$，$\hat{\eta}_j=\frac{1}{2n}\sum_{i=1}^{n}[Z_{t_i}^j - Z_{t_{i-1}}^j]^2$。

---

① $\lfloor\cdot\rfloor$表示向下取整。

3.3.2 稀疏估计

当市场中的证券过多时，任意两只证券之间都高度相关的可能性是很小的，总会存在一些证券之间不相关或者相关性很小，这时就可以对协方差矩阵做一定处理，使其变得稀疏，从而得到稳健的估计量。除了直接对协方差矩阵施加稀疏性假设之外，还有学者提出了基于因子模型的条件稀疏估计量。这类估计量从因子模型出发，即认为所有证券的收益率都会受到共同因子的作用，因此可以先把收益率拆解成公共因子和残差两部分，然后对剔除共同因子之后的残差矩阵做稀疏处理。基于公共因子的构造方式不同，该模型又进一步细化为传统因子模型和隐性因子模型。

门限处理方法是稀疏处理中常用的方法，“门限”即阈值。当矩阵中的元素绝对值小于某一阈值时，则可将其直接取为零。

1. 稀疏性假设

在对协方差矩阵做稀疏处理时，不同学者采取的门限处理方式不同，大体有4类：硬门限处理、软门限（soft thresholding）处理、SCAD（smoothly clipped absolute deviation，SCAD）门限处理、基于适应性Lasso（adaptive Lasso，AL）惩罚项的门限处理。

此外，Antoniadis和Fan（2001）指出了门限处理方式（thresholding rule）和惩罚项（penalty）之间的关系满足：

$$s_\lambda = arg\min_\theta\left\{\frac{1}{2}(\theta - z)^2 + p_\lambda(\theta)\right\}, \qquad (3\text{-}45)$$

其中，s_λ为门限处理方式，p_λ为惩罚函数。

具体来看，最简单的门限处理方式就是硬门限，处理规则为：

$$s_\lambda^H(z)=z(|z|-\lambda)_+. \tag{3-46}$$

当式（3-46）中的惩罚项为Lasso，即$p_\lambda(\theta)=\lambda|\theta|$时，求解该问题得到的结果就是软门限函数，即：

$$s_\lambda^S(z)=sign(z)(|z|-\lambda)_+. \tag{3-47}$$

该方法在小波收缩（Donoho和Johnstone，1994；Donoho等，1995）以及带惩罚项的回归过程（Tibshirani，1996）中都有应用。

SCAD门限可以看作硬门限和软门限的结合。与软门限类似，SCAD门限函数关于z连续，但不同的是收缩量随着$|z|$上升而下降，并且在某一特定阈值之后就不再收缩，这在一定程度上减少了偏差。SCAD门限函数就是一个介于软门限2λ和硬门限$a\lambda$之间的线性插值，其中$a>2$，具体形式见式（3-48），Fan和Li（2001）认为$a=3.7$是合适的。因此，SCAD和软硬门限之间满足关系：$\left|s^S(|z|)\right|\leqslant\left|s^{SC}(|z|)\right|\leqslant\left|s^H(|z|)\right|$。

$$s_\lambda^{SC}(z)=\begin{cases}\mathrm{sgn}(|z|-\lambda)_+, & |z|\leqslant 2\lambda,\\ \dfrac{(a-1)z-\mathrm{sgn}(z)a\lambda}{a-2}, & 2\lambda<|z|<a\lambda,\\ z, & |z|\geqslant a\lambda.\end{cases} \tag{3-48}$$

适应性Lasso惩罚项是在Lasso的基础上，给Lasso中的每一项$|\beta_j|$施加一个权重w_j，其中，$w_j=|\hat{\beta}_j|^{-\eta}$，即初始的估计系数$\hat{\beta}_j$越大，权重越小。Rothman等（2009）将适应性Lasso惩罚函数，即$p_\lambda(\theta)=\lambda w(z)|\theta|$，其中$w=\lambda^{-\eta}|z|^{-\eta}$，$\eta\geqslant 0$，代入式

（3-46），得到了适应性Lasso所对应的门限函数：

$$s_{\lambda}^{AL}(z)=\operatorname{sgn}(z)(|z|-\lambda^{\eta+1}|z|^{-\eta})_{+}, \quad (3\text{-}49)$$

可以得到，基于适应性Lasso惩罚项的门限函数同样介于硬门限和软门限之间。

Rothman等（2009）在上述门限函数的基础上，提出了一种广义门限算子（generalized thresholding operator），并且证明以上四类门限函数都是广义门限算子的特殊情况。在广义门限算子中，对于任意 $\lambda \geqslant 0$，定义广义门限算子 s_{λ}：$\mathbb{R} \to \mathbb{R}$ 满足以下条件：

$$\begin{aligned} &|s_{\lambda}(z)| \leqslant |z|; \\ &s_{\lambda}(z)=0,\ |z| \leqslant \lambda; \\ &|s_{\lambda}(z)-z| \leqslant \lambda. \end{aligned} \quad (3\text{-}50)$$

其中，$z \in \mathbb{R}$。式（3-50）指出了广义门限算子的三个作用，第一个条件表示收缩处理，第二个条件表示门限处理，第三个条件表示限制收缩程度不超过 λ。满足以上条件的函数 s_{λ} 就是广义门限算子，Rothman等（2009）进一步证明只要证券维度 p 和样本容量 n 满足 $log\, p/n \to 0$，则该广义门限算子处理后的协方差矩阵就能保证一致性，并且还证明广义门限算子可以正确识别矩阵中0元素的概率为1。

2. 条件稀疏假设

在基于因子模型的条件系数假设处理方法中，按照因子的构造方式不同，可分为基于已知因子模型的条件稀疏假设和基于潜在因子模型的条件稀疏假设两大类。二者都以因子模型为基础。

假设市场中有 N 只证券，每只证券的收益率均满足因子模型：

$$R_{it} = \sum_{k=1}^{N} B_{ik} F_{kt} + e_{it}, \tag{3-51}$$

其中，R_{it} 为资产 i 在时刻 t 处的收益，$i = 1, 2, \cdots, N$，$t = 1, 2, \cdots, T$。改写成矩阵模式，即：

$$\mathbf{R}_t = \mathbf{B}\mathbf{F}_t + \mathbf{e}_t, \tag{3-52}$$

其中，$\mathbf{R}_t = (R_{1t}, \cdots, R_{Nt})'$，$\mathbf{F}_t = (F_{1t}, \cdots, F_{Kt})'$，$\mathbf{B}$ 是一个 $N \times K$ 维矩阵，$\mathbf{e}_t = (e_{1t}, \cdots, e_{Nt})'$。进一步假设误差项和公共因子之间不相关，于是可以得到协方差矩阵为：

$$\mathbf{\Sigma} = \mathbf{B} Cov(\mathbf{F}_t) \mathbf{B}' + \mathbf{\Sigma}_{\mathbf{e}}, \tag{3-53}$$

注意到，在经典模型中，一般假定各只证券的特质波动是不相关的，即假定误差协方差矩阵 $\mathbf{\Sigma}_{\mathbf{e}}$ 是对角阵；但现实数据却并非如此，所以在这里只假定误差协方差矩阵 $\mathbf{\Sigma}_{\mathbf{e}}$ 为稀疏矩阵，保留 $\mathbf{\Sigma}_{\mathbf{e}}$ 的对角线元素的同时，对 $\mathbf{\Sigma}_{\mathbf{e}}$ 的非对角线元素施加门限处理得到误差协方差矩阵的估计量 $\hat{\mathbf{\Sigma}}_{\mathbf{e}}$。对应于样本数据，也就是对残差协方差矩阵 $\mathbf{S}_e$ 的非对角线元素进行调整，即：

$$\hat{\mathbf{\Sigma}}_e = (\hat{\sigma}_{e,ij})_{N \times N}, \ \hat{\sigma}_{e,ij} = \begin{cases} S_{e,ij}, & \mathrm{i=j}, \\ s_{\lambda_{ij}}(S_{e,ij}), & \mathrm{i \neq j}, \end{cases} \tag{3-54}$$

其中，$s_{\lambda_{ij}}(S_{e,ij})$ 为门限函数，λ_{ij} 为门限阈值。

当 $(\mathbf{F})_{T \times K}$ 已知时，可先将每只证券 i 的收益率 $(\mathbf{R}_i)_{T \times 1}$ 对 $(\mathbf{F})_{T \times K}$ 做回归，得到因子载荷向量估计量 $(\hat{\mathbf{B}}_i)_{K \times 1}$，$\hat{\mathbf{B}}_i = arg \min_{\mathbf{B}_i} (1/T) \sum_{t=1}^{T} (R_{it} - \mathbf{B}_i^T \mathbf{F}_t)^2$，由此可得到因子载荷矩阵估计量 $\hat{\mathbf{B}} = (\hat{\mathbf{B}}_1, \cdots, \hat{\mathbf{B}}_N)'$，

进一步得到残差项 $\hat{\mathbf{e}}_t = \mathbf{R}_t - \hat{\mathbf{B}}\mathbf{F}_t$，于是残差协方差矩阵为：

$$\mathbf{S}_e = \frac{1}{T}\sum_{t=1}^{T}\hat{\mathbf{e}}_t\hat{\mathbf{e}}_t'. \tag{3-55}$$

当 $(\mathbf{F})_{T\times K}$ 未知时，可利用统计方法构造潜在因子模型。其中，PCA方法是最常用来估计潜在因子的方法。Fan等（2013）基于PCA提出了POET方法，与已知因子模型的思路相同，先将协方差矩阵分解成公共因子和误差项两部分，然后再对误差协方差矩阵施加门限处理。具体地，令 $\hat{\lambda}_1 > \hat{\lambda}_2 > \cdots > \hat{\lambda}_p$ 为样本协方差矩阵的特征根，$\hat{\boldsymbol{\xi}}_1, \hat{\boldsymbol{\xi}}_2, \cdots, \hat{\boldsymbol{\xi}}_p$ 为对应的特征向量，那么可以对协方差矩阵进行谱分解来估计协方差矩阵：

$$\hat{\boldsymbol{\Sigma}} = \sum_{j=1}^{k}\hat{\lambda}_j\hat{\boldsymbol{\xi}}_j\hat{\boldsymbol{\xi}}_j' + \hat{\boldsymbol{\Sigma}}_e, \tag{3-56}$$

于是，可得到残差协方差矩阵 $\hat{\boldsymbol{\Sigma}}_e = \sum_{j=k+1}^{p}\hat{\lambda}_j\hat{\boldsymbol{\xi}}_j\hat{\boldsymbol{\xi}}_j'$，在此基础上可进一步对 $\hat{\boldsymbol{\Sigma}}_e$ 做门限稀疏处理。

3.3.3 收缩估计

当资产维度 N 远小于样本容量 T 时，使用样本协方差矩阵估计量能够满足渐进无偏性与一致性；但当资产维度 N 很大时，该估计量会产生很大的误差且一致性无法保证，因此需要对样本协方差矩阵进行修正。与上文提到的各种估计量不同，收缩估计不需要对协方差矩阵施加任何结构性假设，其思想是将样本协方差矩阵与具备某些良好性质的其他矩阵（目标矩阵）加权进而得到新的估计量，该过程类似于将样本协方差矩阵向目标矩阵“收缩”。样本协方差矩阵的设定偏误较小，但估计误差很大；而目标矩阵可能本身的设定偏误较大，但估计误差较小。将二者加权，可以实现设定偏误和估计误差之间的权衡。通过最小化二次损失函数，可得到二者的最优加权权重。按照加权的方式不同，可将收缩估计进一步分为线性收缩估计量和非线性收缩估计量。

1. 线性收缩估计量

在线性收缩估计量中，设有N只证券，记样本协方差矩阵为$\mathbf{S}$，总体协方差矩阵为$\mathbf{\Sigma}$，目标矩阵为$\mathbf{G}$，经收缩估计得到的协方差矩阵估计量为$\widehat{\mathbf{\Sigma}} = w\mathbf{G} + (1-w)\mathbf{S}$，其中$w$为最优加权权重。求解该估计量就是求解最优加权权重，考虑二次损失函数：

$$L(w) = \| w\mathbf{G} + (1-w)\mathbf{S} - \mathbf{\Sigma} \|^2, \tag{3-57}$$

最优权重就是能使得二次损失函数最小的权重，即：

$$w^* = \min_w E(L(w)). \tag{3-58}$$

目标矩阵不同，其所对应的二次损失函数也不同，最终得到的收缩估计量也各不相同。Ledoit和Wolf（2003）将目标矩阵设为基于单因子模型的协方差矩阵估计量，即假设证券收益率满足：

$$R_{it} = \alpha_i + \beta_i R_{0t} + e_{it}, \tag{3-59}$$

其中假设误差项e_{it}和市场收益率R_{0t}无关，且各只证券的误差项也不相关，记误差项e_{it}的方差为σ_{ii}^2，且不随时间变化，记市场收益率的方差为σ_0^2，由此可得到证券之间的协方差矩阵为：

$$\mathbf{G} = \sigma_0^2 \boldsymbol{\beta}\boldsymbol{\beta}' + \mathbf{D}, \tag{3-60}$$

其中 **D** 为由各只证券误差方差构成的对角阵，对每只股票做单因子模型回归，可得到目标矩阵的估计量：

$$\hat{\mathbf{G}} = s_0^2 \hat{\boldsymbol{\beta}}\hat{\boldsymbol{\beta}}' + \hat{\mathbf{D}}, \tag{3-61}$$

其中，式（3-61）中的变量均是式（3-60）的样本估计量。将该目标矩阵代入式（3-58）求解即可得到最优加权权重，具体求解过程此处不再展开。

Ledoit和Wolf（2004a）将目标矩阵设为常相关系数协方差矩阵估计量，即把证券收益率的相关系数矩阵 **C** 设置为全部由某一相同元素组成的矩阵，该元素为原相关系数矩阵的均值。即：对于常相关系数矩阵 **C** 中的任何一个元素 C_{ij}：

$$\begin{aligned} C_{ij} &= \bar{\rho} = \frac{2}{N(N-2)} \sum_{i=1}^{N-1} \sum_{j=i+1}^{N} \rho_{ij}, \\ \rho_{ij} &= \frac{\sigma_{ij}}{\sqrt{\sigma_{ii}\sigma_{jj}}}, \end{aligned} \tag{3-62}$$

由此，可以计算得到，对于目标矩阵 **G** 中的每一个元素 g_{ij}：

$$g_{ij} = C_{ij}\sqrt{\sigma_{ii}\sigma_{jj}} = \bar{\rho}\sqrt{\sigma_{ii}\sigma_{jj}}, \tag{3-63}$$

总体方差不可知，因此将式（3-62）和式（3-63）中的方差（协方差）替换成样本方差（协方差）即可得到目标矩阵 **G** 的估计量 $\hat{\mathbf{G}}$：

$$\begin{aligned} \hat{g}_{ij} &= \hat{C}_{ij}\sqrt{s_{ii}s_{jj}} = \bar{r}\sqrt{s_{ii}s_{jj}}, \\ \hat{C}_{ij} &= \bar{r} = \frac{2}{N(N-2)} \sum_{i=1}^{N-1} \sum_{j=i+1}^{N} r_{ij}, \\ r_{ij} &= \frac{s_{ij}}{\sqrt{s_{ii}s_{jj}}}, \end{aligned} \tag{3-64}$$

其中，s_{ii}、s_{jj}、s_{ij}分别表示证券i的样本方差、证券i的样本方差以及证券i和j的样本协方差。将该目标矩阵$\hat{\mathbf{G}}$代入式（3-58）求解即可得到最优加权权重，具体求解过程此处不再展开。

Ledoit和Wolf（2004b）考虑了一种极端情况，将目标矩阵设为估计误差为0的单位矩阵I，然后对单位矩阵I和样本协方差矩阵加权，通过最小化二次损失函数求得最优加权权重。将该目标矩阵I代入式（3-58）求解即可得到最优加权权重，具体求解过程此处不再展开。

2. 非线性收缩估计量

线性收缩估计量的核心就是确定目标矩阵，然后将其与样本协方差加权并通过最小化二次损失函数得到最优的加权权重，进而实现将样本协方差矩阵向目标矩阵收缩的目的。非线性收缩估计，则是从收缩样本协方差矩阵的特征根入手，对不同的样本协方差矩阵特征根施加不同的压缩强度，将小的特征根放大，将大的特征根缩小，通过最小化二次损失函数，使得样本特征根向均值收缩。

设有N只证券，样本容量为T，记样本协方差矩阵为$\mathbf{S}$，特征根为$\hat{\lambda}_1 > \hat{\lambda}_2 > \cdots > \hat{\lambda}_N$，对应的特征向量$\hat{\xi}_1, \hat{\xi}_2, \cdots, \hat{\xi}_N$。记总体协方差矩阵为$\mathbf{\Sigma}$，特征根为$\lambda_1 > \lambda_2 > \cdots > \lambda_N$，对应的特征向量$\xi_1, \xi_2, \cdots, \xi_N$。设有对角矩阵$\mathbf{D} = diag(d_1, \cdots, d_N)$，样本协方差矩阵$\mathbf{S}$的“旋转等变”估计量：

$$\hat{\xi}\mathbf{D}\hat{\xi}' = \sum_{i=1}^{N} d_i \hat{\xi}_i \hat{\xi}_i', \tag{3-65}$$

非线性收缩估计的目标就是求解对角矩阵$\mathbf{D} = diag(d_1, \cdots, d_N)$，

使得“旋转等变”估计量与总体协方差矩阵 $\boldsymbol{\Sigma}$ 的Frobenius范数（$\|\mathbf{A}\|=\sqrt{trace(\mathbf{A}'\mathbf{A})}$）最小。即求解：

$$\mathbf{D}^{\star}=diag(d_1^{\star},\cdots,d_N^{\star})=\min_{\mathbf{D}}\left\|\hat{\boldsymbol{\xi}}\mathbf{D}\hat{\boldsymbol{\xi}}^T-\boldsymbol{\Sigma}\right\|, \qquad (3\text{-}66)$$

求解该问题得到的最优解 $\mathbf{D}^{\star}$ 依赖于总体协方差矩阵 $\boldsymbol{\Sigma}$，于是Ledoit和Wolf（2012，2015，2017，2018）后来又探讨如何利用样本协方差矩阵的特征根和特征向量来代替总体，进而使得最优解不依赖于总体协方差矩阵这一不可观测量。

第4章
投资组合优化与在线集成学习

本章考虑到高频交易这一市场特征，对样本协方差矩阵估计量做出改进，提出适合高频交易数据的风险度量指标，从风险的度量和预测方面入手改进ERC策略和GMV策略。具体来看，本章引入第3章中介绍的RSCOV矩阵作为高频交易数据的风险度量，引入HAR-RV模型作为RSCOV的预测方法，并将机器学习中的OWE算法用于提升HAR-RV的预测效果，最终把结合OWE改进预测的RSCOV应用于ERC策略和GMV策略以提高这两种基础策略的样本外绩效表现。

4.1 在线集成学习

在线加权集成学习是为处理模型估计与预测中概念漂移问题而提出的一种机器学习模型（Soares和Araújo，2015）。所谓概念漂移，是指数据序列分布特征的时变性，即同一组变量在不同的时间窗口下可能会有不同的数据分布。如果所研究的数据具有这种动态时变特征，那么基于历史观测样本训练得到的模型就很可能不适合预测样本外的数据。在线加权集成学习属于一种适应性的集成学习算法，作为集成学习算法的一种，其基本逻辑也是通过集成几个弱模型（弱学习器）的预测误差更新训练得到强模型（强学习器）。除此之外，该算法在集成学习框架的基础上还具有“在线”更新的适应性特点，通过不断地滚动窗口更新样本，并根据更新后的样本对集成模型进行调整，进而适应数据序列的概念漂移特征，提高估计和预测的精度。使用这一算法能够更好地在瞬息万变的金融市场中进行投资。

下面参考Soares和Araújo（2015）的论述对OWE做一介绍。具体来看，OWE算法需要先设置几个初始参数。数据集 $\mathbf{D}=\{(\mathbf{x_i},y_i)\mid\mathbf{x_i}\in\mathbb{R}^{r\times1},y_i\in\mathbb{R},i=1,\cdots,M\}$，其中 $\mathbf{x_i}$ 代表第 i 个样本的输入，是一个 r 维的列向量，y_i 表示第 i 个样本对应的输出，$(\mathbf{x_i},y_i)$ 表示一个样本。窗口样本容量 m，即每个滚动窗口包含的最大样本数量。参数 θ，用来判断各个样本是否被正确预测。参数 α，用于判断当前的集成框架中是否需要添加新的弱学习器。折现因子 κ，用于将各个窗口的误差折现到同一时点以加总。其中 $\theta>0$，$\alpha<1$，$0\leqslant\kappa<1$。同时设定一个弱学习器，如最基础的最小二乘回归，激活因子为 ρ，弱学习器最大数量为 B。

设定完这些初始参数，便可以开始OWE算法的训练过程。遍历数据集中的所有样本 $\mathbf{D}=\{(\mathbf{x_i},y_i)\mid\mathbf{x_i}\in\mathbb{R}^{r\times1},y_i\in\mathbb{R},i=1,\cdots,M\}$，以样本 $(\mathbf{x}_t,y_t)$ 为例，整个训练过程大体可以分为几个步骤。

第1步，计算集成模型输出的预测值 y_t^P。设当前集成模型是由

k个弱学习器组成的，在这一步，依次向这k个弱学习器模型中输入$\mathbf{x}_t$，将各个弱学习器的模型输出$\{f_1(\mathbf{x}_t), f_2(\mathbf{x}_t),\cdots, f_k(\mathbf{x}_t)\}$按照各自之前的预测误差表现加权得到集成模型的预测值$y_t^P = F(\mathbf{x}_t)$。

第2步，计算在当前数据窗口$\mathbf{D}^t$中集成模型对每个样本i的预测误差$ARE_i^F =|(F(\mathbf{x}_i)-y_i)/y_i|$。每个数据窗口的样本容量为$m$，因此这一步需要依次计算集成模型对$m$个样本的预测误差。

第3步，计算当前数据窗口$\mathbf{D}^t$中被错误预测的样本数量。在这一步里，遍历数据窗口中的m个样本，通过判断集成模型对每个样本i的预测误差ARE_i^F是否超过阈值θ，进而判断该样本是否被错误预测，统计该窗口中被错误预测的样本总数TS。

第4步，计算权重上调因子uF和权重下调因子dF并更新权重。根据每个窗口的样本容量m以及该窗口中被错误预测的样本数TS得到计算弱学习器预测误差过程中的uF和dF，进而更新在计算弱学习器预测误差过程中各个样本所占的权重。更新原则为：当样本被错误预测时，该样本的权重在原来的基础上乘以上调因子以提高权重；当样本被正确预测时，该样本的权重在原来的基础上乘以下调因子以降低权重。

第5步，判断当前集成模型是否需要加入新的弱学习器。对于当前样本$(\mathbf{x}_t, y_t)$，计算集成模型对该样本的预测误差$|(F(\mathbf{x}_t)-y_t)/y_t|$，若该预测误差大于阈值$\alpha$，则需要添加一个新的弱学习器。

第6步，计算每个弱学习器j在当前数据窗口$\mathbf{D}^t$中的预测误差ϵ_j^t。对于数据窗口$\mathbf{D}^t$中的m个样本来说，弱学习器j对每个样本i的预测误差为$ARE_i^j =|(f(\mathbf{x}_i)-y_i)/y_i|$，将$ARE_i^j$按照第4步中得到的权重对每个样本进行加权就可得到弱学习器j在数据窗口$\mathbf{D}^t$的总

体预测误差 ϵ_j^t。

第7步，计算每个弱学习器j的总体误差率ε_j。由第6步可以得到每个弱学习器j在每个数据窗口$\mathbf{D}^{\tau_j}$中的预测误差$\epsilon_j^{\tau_j}$，将各个数据窗口的预测误差折现后加总即可得到每个弱学习器j的总体误差率ε_j。

第8步，更新集成学习模型，迭代调整。判断当前集成学习模型中弱学习器的个数是否大于阈值B，若是，则剔除一个预测误差最大的弱学习器，更新上述迭代过程中各个参数的序号。

具体的算法流程如表4-1所示。

表4-1　　　　OWE算法过程

1. 输入：数据集$\mathbf{D}=\{(\mathbf{x}_i,y_i)\}_{i=1}^M$；数据窗口容量$m$；参数$\theta$，用于判断某样本是否被成功预测；参数$\alpha$，用于判断是否需要引入新的弱学习器；折现因子$\kappa$；弱学习器，即一种监督学习算法；激活因子$\rho$；弱学习器最大数量为$B$。
2. 初始化：令$s=1$；$k=0$；$\mathbf{D}^0\leftarrow\varnothing$；初始权重分配$D=[d_1,\cdots,d_m]^T$，其中$d_i=1/m$，$i=1,\cdots,m$。
3. 对于 $t\to M$：

(a)如果$(t>m)$：

(i)然后，滑动窗口：$s\leftarrow s+1$；$\mathbf{D}^t=\mathbf{D}^{t-1}+(\mathbf{x}_t,y_t)-(\mathbf{x}_{t-m},y_{t-m})$；

(ii)否则，填充窗口：$\mathbf{D}^t=\mathbf{D}^{t-1}+(\mathbf{x}_t,y_t)$；

(b)如果$(t=m)$：然后，跳至步骤3(h)i；否则如果$(t<m)$：然后，回到步骤3；

(c)预测y_t，记为$y_t^P=F(\mathbf{x}_t)=(\sum_{j=1}^k\log(1/\varepsilon_j)f_j(\mathbf{x}_t))/\sum_{j=1}^k\log(1/\varepsilon_j)$；

(d)计算集成模型在当前数据窗口$\mathbf{D}^t$中对每个样本的预测误差：$ARE_i^F=|(F(\mathbf{x}_i)-y_i)/y_i|$其中$i=s,\cdots,t$；

(e)计算当前数据窗口$\mathbf{D}^t$中没有被集成模型正确预测的样本数量TS：

$TS=\sum_{i=s}^t[\![ARE_i^F>\theta]\!]$；

其中对于任意条件ϕ，若ϕ为真，则$[\![\phi]\!]=1$，若ϕ为假，则$[[\phi]]=0$；

(f)计算上调因子uF和下调因子dF：$uF=m/TS$，$dF=1/uF$；

(g)更新权重分配并标准化：

i.令 $d_i = 1/m$， $i = s,\cdots,t$；

ii.如果 $(ARE_i^F > \theta)$：然后， $d_i \leftarrow d_i \times uF$，否则， $d_i \leftarrow d_i \times dF$， $i = s,\cdots,t$；

iii. $d_i^{(new)} \leftarrow d_i / \sum_{i=s}^{t} d_i$，对于 $i = s,\cdots,t$； $di \leftarrow d_i^{(new)}$， $i = s,\cdots,t$；

(h)检查是否需要在集成模型中加入新的弱学习器：

如果 $|(F(\mathbf{x}_t) - y_t)/y_t| > \alpha$：

i.然后，令 $k \leftarrow k+1$；令 $\tau_k = 0$；激活弱学习器并由当前数据窗口 $\mathbf{D}^t$ 训练一个新的弱学习器 $f_k(\mathbf{x})$；将该弱学习器加入集成模型；

(i)评估各弱学习器的预测误差：

$ARE_i^j = |(f(\mathbf{x}_i) - y_i)/y_i|$，对于 $i = s,\cdots,t$； $\varepsilon_j^t = \sum_{i=s}^{t} d_i [\![ARE_i^F > \theta]\!]$；
$\tau_j \leftarrow \tau_j + 1$；

(j)利用折现因子 κ 计算各个弱学习器在历史数据窗口中的总误差：

$\varepsilon_j = \sum_{p=1}^{\tau_j} \kappa^{\tau_j - p} \varepsilon_j^p / \sum_{p=1}^{\tau_j} \kappa^{\tau_j - p}$，对于 $j = 1,\cdots,k$；

(k)检查当前的集成模型是否需要提出弱学习器：

如果 $(\rho = 1)$ 并且 $(k > B)$：然后

剔除弱学习器 f_j， $j = argmax_{j=1,\cdots,k-1}(\varepsilon_j)$，并且令 $k \leftarrow k-1$；

更新模型： $\sigma_q \leftarrow \sigma_{q+1}$，对于 $\sigma_q \in \{f_q, \tau_q, \varepsilon_q^{t-p}, \varepsilon_q\}$， $q = j,\cdots,k$， $p = 1,\cdots,\tau_q - 1$。

4. 循环结束。

以上为OWE算法框架的内容，该算法结合了很多处理概念漂移问题的适应性机制，如采用考虑数据时变性的集成学习框架来适应概念漂移特征；根据历史预测误差水平及时调整各样本的权重进而提升集成策略的预测效果；采用移动窗口（moving window）使模型可以持续根据最新样本动态调整。由于集成了这些适应性机制优点，OWE算法在处理具有动态时变非平稳的数据序列时具有很大优势。在证券市场中，受宏观经济、行业环境、个股特点以及投资者心理等多方面供需因素影响，证券价格常常处于不断变化之中，数

据序列呈现出一定的时变特点，因此OWE算法很适合用来预测金融时间序列。本章接下来将结合该算法框架构建风险预测模型。

4.2 高频半协方差阵估计量

在第3章提到，RCOV矩阵是高频交易数据下风险度量的良好指标，Bollerslev等（2020）在此基础上提出了针对RCOV的分解，n只证券在t日的已实现协方差矩阵为：

$$\mathbf{RCOV}_t = \sum_{k=1}^{m} \mathbf{r_{t,k}} \mathbf{r_{t,k}}', \tag{4-1}$$

其中 $\mathbf{r}_{t,k} = (r_{t,k,1}, \cdots, r_{t,k,n})'$ 为 n 维的对数收益率向量，下标 $k = 1, 2, \cdots, m$ 表示不同的日内交易区间。可以将 $\mathbf{RCOV}_t$ 进一步分解为：

$$\mathbf{RCOV}_t = \mathbf{P}_t + \mathbf{N}_t + \mathbf{M}_t. \tag{4-2}$$

$\mathbf{P}_t$、$\mathbf{N}_t$ 和 $\mathbf{M}_t$ 的计算方法分别为：

$$\mathbf{P}_t = \sum_{k=1}^{m} \mathbf{r}_{t,k}^{+} \mathbf{r}_{t,k}^{+\prime}, \mathbf{N}_t = \sum_{k=1}^{m} \mathbf{r}_{t,k}^{-} \mathbf{r}_{t,k}^{-\prime}, \mathbf{M}_t = \sum_{k=1}^{m} \mathbf{r}_{t,k}^{+} \mathbf{r}_{t,k}^{-\prime} + \sum_{k=1}^{m} \mathbf{r}_{t,k}^{-} \mathbf{r}_{t,k}^{+\prime}, \tag{4-3}$$

其中，$\mathbf{r}_{t,k}^{+} = (\mathbf{r}_{t,k} + |\mathbf{r}_{t,k}|)/2$，即收益率向量中收益率为正的成分保留，负的则为0。$\mathbf{r}_{t,k}^{-} = (\mathbf{r}_{t,k} - |\mathbf{r}_{t,k}|)/2$，即收益率向量中收益率为负的成分保留，正的则为0。易知 $\mathbf{P}_t$ 和 $\mathbf{N}_t$ 半正定，$\mathbf{M}_t$ 不定，且 $\mathbf{P}_t$ 和

$\mathbf{N}_t$ 具有渐近性质，第 i，j 两只证券之间的上下半协方差分别为：

$$N_{ij,t}=\sum_{k=1}^{m} r_{t,k,i}^{-} r_{t,k,j}^{-} I_{\{r_{t,k,i}<0,\, r_{t,k,j}<0\}},\ P_{ij,t}=\sum_{k=1}^{m} r_{t,k,i}^{+} r_{t,k,j}^{+} I_{\{r_{t,k,i}\geqslant 0,\, r_{t,k,j}\geqslant 0\}}. \tag{4-4}$$

$N_{ij,t}$ 和 $P_{ij,t}$ 均为广义已实现双幂次变差（generalized realized bipower variation），若对数价格 $\mathbf{X}$ 服从 d 维的半鞅过程，根据Kinnebrock和Podolskij（2008）关于其收敛性的证明，有：

$$\sum_{i=1}^{nt} \Delta_i^n \mathbf{X} \Delta_i^n \mathbf{X}' \xrightarrow{P} \int_0^t C_u \mathrm{d}u, \tag{4-5}$$

其中 $\int_0^t C_u du$ 为 X 的协变（covariation），具体地，定义 $\mathbf{U}=(U^1,U^2)'$ 服从二维的标准正态分布，f 为 $\mathbb{R}^2$ 上的实值函数，$\boldsymbol{\sigma}$ 为 2×2 的矩阵，$\rho_{\boldsymbol{\sigma}}(f):=E\left[f(\boldsymbol{\sigma}\mathbf{U})\right]$，令 $\mathbf{Z}=\boldsymbol{\sigma}_{\mathbf{u}}\mathbf{U}$，则式（4-5）为：

$$\sum_{k=1}^{m}\begin{pmatrix} r_{t,k,i}^{-} r_{t,k,j}^{-} I_{\{r_{t,k,i}<0,\, r_{t,k,j}<0\}} \\ r_{t,k,i}^{+} r_{t,k,j}^{+} I_{\{r_{t,k,i}\geqslant 0,\, r_{t,k,j}\geqslant 0\}} \end{pmatrix} \xrightarrow{p} \int_0^t \rho_{\boldsymbol{\sigma}_{\mathbf{u}}}(g(r_{t,k,i}, r_{t,k,j}))du, \tag{4-6}$$

其中 $g(r_{t,k,i},r_{t,k,j})=(r_{t,k,i}^{-} r_{t,k,j}^{-} I_{\{r_{t,k,i}<0,\, r_{t,k,j}<0\}}, r_{t,k,i}^{+} r_{t,k,j}^{+} I_{\{r_{t,k,i}\geqslant 0,\, r_{t,k,j}\geqslant 0\}})'$，Bollerslev等（2020）从理论上证明了 $\sqrt{m}(P^{(m)}-N^{(n)})$ 依分布稳定收敛于混合正态分布，并构造以下统计量对半鞅假设进行检验：

$$\gamma_{i,j}^{(m)}=\frac{\sqrt{m}(P^{(m)}-N^{(n)})}{m\sum_{k=1}^{m}(r_{t,k,i}^{2} r_{t,k,j}^{2} I_{\{r_{t,k,i}<0,\, r_{t,k,j}<0\}}+r_{t,k,i}^{2} r_{t,k,j}^{2} I_{\{r_{t,k,i}\geqslant 0,\, r_{t,k,j}\geqslant 0\}})-(P^{(m)}-N^{(n)})^2}, \tag{4-7}$$

其中 $P^{(m)}$ 和 $N^{(n)}$ 分别为上下半二维 **RSCOV** 的非对角元素。该统计量渐近服从于标准正态分布。

由于 $\mathbf{N}_t$ 具有衡量证券自身负向波动和证券之间协波动的能力，因此我们可以采用这种仅包含负向波动信息的 **RSCOV** 作为投资组合风险度量指标来代替样本协方差矩阵，进而实现比传统“协方差矩阵+组合策略”更优的资产权重配置。

4.3 使用在线集成学习进行波动率预测

得到了高频交易数据下的风险度量指标（即RSCOV矩阵），下一步就是要解决风险指标的预测问题。为了符合已实现波动率的长记忆特征，Corsi（2009）建立了HAR模型。这种基于日内交易数据的模型通过设置短、中、长期三种成分的波动率滞后项来实现波动率建模，能够较好地拟合波动率的长记忆性（黄嵩等，2020；倪宣明等，2019）。具体来看，若 $\mathbf{Y}_{t+1}$ 为 $t+1$ 期的已实现协方差阵，对其进行乔列斯基分解得到：$\mathbf{C}_{t+1}^{i}\mathbf{C}_{t+1}=\mathbf{Y}_{t+1}$，再将 $\mathbf{C}_{t+1}$ 进行拉直得到：$\mathbf{X}_{t+1}=\mathrm{vech}(\mathbf{C}_{t+1})$，HAR-RV模型为：

$$X_{t+1,d}=\alpha^{(d)}+\beta_1^{(d)}X_t^{(d)}+\beta_2^{(w)}X_t^{(w)}+\beta_3^{(bw)}X_t^{(bw)}+\beta_4^{(m)}X_t^{(m)}+\varepsilon_{t+1,d}, \tag{4-8}$$

其中 $(\cdot)$ 分别表示交易日、周、旬以及月的滞后项，其计算方式分别为 $\mathbf{X}_t^{(w)}=\sum_{t=0}^{4}\mathbf{X}_{t-i}/5$，$\mathbf{X}_t^{(bw)}=\sum_{t=0}^{9}\mathbf{X}_{t-i}/10$ 和 $\mathbf{X}_t^{(m)}=\sum_{t=0}^{19}\mathbf{X}_{t-i}/20$。

这里我们运用上文介绍的OWE算法提升长记忆模型HAR-RV的表现，得到OWE-HAR-RV预测模型，基本思路是借助了OWE算法对金融数据中所包含的概念漂移（即数据生成分布持续变化特性）的在线适应能力，以及其将多个弱回归学习器（在本章对应HAR-RV模型）按照各自在历史样本上的预测效果进行加权得到整体的强回归学习器的能力。

具体来看，将样本数据集 $\{\mathbf{X}_t\}_{t=1}^{T}$ 作为OWE-HAR-RV的输入变量。OWE算法需要设定几个初始参数：弱学习器（或称个体模型）的预测误差阈值 θ，用于判断每个个体HAR-RV模型在历史样本或样本外是否成功预测；样本容量 m，即每次滚动更新模型所需要的样本个数；整体模型的预测误差阈值 α，用于判断整体的OWE-HAR-RV是否成功预测，是否需要增加个体模型数；个体模型的最大数量 B；折现因子 γ。越旧的样本权重越低，初始化模型的更新次数为 s，当前的模型数为 M，样本权重分布为 $D=[d_1,\cdots,d_m]'=[1/m,\cdots,1/m]'$。假设第 M 个HAR-RV在第 s 次更新时的预测值为 $\hat{\mathbf{X}}_{s,HAR}^{M}$。从第一个样本 $t\to T$ 开始滚动窗口，将新样本不断输入，根据HAR-RV本身的预测步长，若选择步长为月（20天）：

$$X_{t+1,m}=\alpha^{(m)}+\beta_1^{(m)}X_t^{(m)}+\varepsilon_{t+1,m}. \tag{4-9}$$

那么，若要更新模型，就必须等待新的日样本 $X_t^{(d)}$ 填满月样本 $X_t^{(m)}$。当样本数达到 m 时，立刻添加第一个HAR-RV模型，$M=M+1$，$s=s+1$，其在该样本上的预测错误率 ε 用均方误差来衡量，随后重复以下步骤。

步骤1　滚动填充最新样本，基于现有各HAR-RV模型，得到总体模型最新的样本外预测值：

$$\hat{X}^{s}_{\text{model}} = (\sum_{j=1}^{M} \ln(1/\varepsilon_j)\hat{X}^{j}_{s,HAR}) / \sum_{j=1}^{M} \ln(1/\varepsilon_j), \tag{4-10}$$

其中 ε_j 为个体模型的加权历史预测错误率：

$$\varepsilon_j = (\sum_{i=1}^{\tau_j} \gamma^{\tau_j - i} \varepsilon_i^{\tau_j}) / (\sum_{i=1}^{\tau_j} k^{\tau_j - i}) \ , j = 1,2,\cdots,M. \tag{4-11}$$

步骤2 计算总体模型在最新样本集上的预测均方误差 MSE^{i}_{model}，并统计整体模型正确预测的样本数：

$$TS = \sum_{i=t-m+1}^{t} [MSE^{i}_{\text{model}} > \theta], [\delta] = 1, \text{如果}\ \delta\ \text{为真}. \tag{4-12}$$

步骤3 计算增权因子和降权因子，$uF = m/TS$，$dF = 1/uF$，更新权重分布，$D = [d_1,\cdots,d_m]' = [1/m,\cdots,1/m]'$。若 $[MSE^{i}_{\text{model}} > \theta]$，该样本预测错误，那么需要增加权重：$d_i \leftarrow d_i \times uF$，否则 $d_i \leftarrow d_i \times dF$。随后将 D 标准化为1。

步骤4 如果 $MSE^{t}_{\text{model}} > \alpha$，那么就利用最新的样本集增加一个HAR-RV模型，其对于下一期的预测值为：$\hat{\mathbf{X}}^{M}_{s,HAR}$，使用最新样本集评估已有各HAR-RV的表现，即计算个体标准误差 $MSE^{i}_{j,\text{HAR}}$：

$$\tau_j \leftarrow \tau_j + 1, \varepsilon_i^{\tau_j} = \sum_{i=1}^{m} d_i [MSE^{i}_{j,\text{HAR}} > \theta]. \tag{4-13}$$

步骤5 根据式（4-13）计算错误率 ε_j，如果 $M > B$，那么删除新添加模型外错误率最高的一个HAR-RV，其余模型按原先加入顺序递补分配序号 $i = 1,\cdots,M$，回到步骤1。

OWE-HAR-RV输出的是拉直后的向量 $\hat{X}_{\text{model}}$，按步骤复原为 $\hat{Y}_{\text{model}}$ 作为整体模型在第 s 次更新的RSCOV（RCOV）预测值。

4.4 基于半协方差阵进行组合投资

在第3章中，我们介绍了ERC和GMV这两种仅基于风险侧进行投资组合构造的策略，在这两个策略中，风险是唯一的关注指标。本章对这两个模型做出改进，将RSCOV作为新的风险度量指标，并且运用OWE-HAR-RV模型对RSCOV进行风险预测，以提升基础ERC和GMV策略的样本外绩效表现。

在第3章我们已经详细地介绍了这两种策略。对于GMV策略，当不存在卖空约束时，优化问题为：

$$\begin{aligned} &\min_{w}\ w'\Sigma w \\ &s.t.\quad w'l=1. \end{aligned} \tag{4-14}$$

对于ERC策略，Maillard等（2010）发现风险平价策略优化目标具有以下等价形式：

$$\min_{w>0} g(w)=w'\Sigma w-\sum_{i=1}^{n}\ln w_i . \tag{4-15}$$

其最优性条件为：$\nabla g(\mathbf{w})=2\mathbf{\Sigma w}-\mathbf{w}^{-1}=0$，其中 $w^{-1}=(1/w_1,\cdots,1/w_n)'$。由此可得 $w_i(\mathbf{\Sigma w})_i=1/2$，$\mathbf{w'\Sigma w}=n/2$。因此，证券 i 的相对风险贡献 $RRC_i=1/n$。该优化问题即在组合方差最小的基础上引入了对数障碍（logarithmic barrier）以限制卖空，但未对 $\mathbf{w}$ 设上界，因此得到最优解后需要对 $\mathbf{w}$ 进行等比例缩放使其满足 $w'l=1$，得到的组合并非该优化问题的最优解，但仍满足风险平价的条件。

对于这两个原始模型，我们只需要把模型中的协方差矩阵 $\mathbf{\Sigma}$ 替换成本章提出的新的风险度量指标，即可得到本章提出的优化策略。为了形成对比，我们在本章分别采用了三种风险度量指标，即已实现的协方差（RCOV）矩阵、上半已实现协方差（P）矩阵和下半已实现协方差（N）矩阵。

4.5 投资组合在A股的实证表现

为了考察RCOV矩阵和两种RSCOV矩阵，包括P矩阵和N矩阵的样本外预测效果，我们使用A股2011年11月29日至2018年11月29日的1分钟高频收益率数据，剔除在该时间段内存在停牌或高频数据缺失的股票后，选取对齐的股票数据，共有符合条件的股票43只。随后，我们随机选取了10只股票作为本章研究的主要样本，其余样本则用以验证本章实证结果的稳健性。三种已实现协方差阵的描述性统计见表4-2。可以看出，三种估计量均有很大的偏度和峰度，表明存在较强的右偏以及尖峰肥尾特征。在主对角元素上，N估计量有着最大的偏度和峰度；在非主对角元素上，RCOV的尖峰厚尾程度最大。这种差异化的统计特征表明使用HAR-RV对每个元素分别建模具有一定的合理性。通常来说，高频的已实现波动率不仅具有长记忆性特征，且可能存在一定的“跳跃”现象，因此需要使用HAR-RV-J、HAR-RV-CJ等进行建模。然而本章仅使用了HAR-RV模型，主要原因在于本章的研究重心在于横向对比三种协方差矩阵以及各种投资组合策略的表现，因此HAR-RV已基本能够满足本章的需要。

表4-2 RCOV、P和N估计量的描述性统计

	协方差阵	均值	25分位数	中位数	75分位数	方差	偏度	峰度
主对角线元素	RCOV	6.8497×10^{-4}	3.2566×10^{-4}	4.7951×10^{-4}	7.3644×10^{-4}	7.5200×10^{-7}	8.0360	110.8754
	P	3.6015×10^{-4}	1.6446×10^{-4}	2.4535×10^{-4}	3.8706×10^{-4}	2.1781×10^{-7}	7.5736	99.9612
	N	3.2482×10^{-4}	1.5662×10^{-4}	2.2772×10^{-4}	3.4920×10^{-4}	1.7888×10^{-7}	8.8603	132.2933
非主对角线元素	RCOV	7.5007×10^{-5}	2.3080×10^{-6}	2.6819×10^{-5}	6.7648×10^{-5}	7.0597×10^{-8}	9.8586	164.3460
	P	9.6822×10^{-5}	3.8204×10^{-5}	5.8884×10^{-5}	9.6587×10^{-5}	3.0382×10^{-8}	9.1294	129.7887
	N	9.3054×10^{-5}	3.7473×10^{-5}	5.6543×10^{-5}	9.0846×10^{-5}	2.9385×10^{-8}	9.6913	141.7058

本章利用HAR-RV和OWE-HAR-RV预测三种已实现协方差估计量，设定OWE-HAR-RV的滚动窗口为240天，HAR-RV则不设置滚动窗口，而是选择所有可用的历史数据进行OLS回归。由于HAR-RV可以进行天、周、旬以及月等四种不同步长的预测，因此OWE-HAR-RV需要根据预测步长的类型来设置更新模型的日期，即无法做到按天滚动预测（除预测步长本身为天外）。之后，我们将已实现协方差矩阵的预测值作为参数，输入两种投资策略ERC和GMV中进行组合优化得到权重，并根据该权重计算相应策略对应的样本外收益。通常评价组合策略的方式是计算夏普率，但本章的重点在于考察RSCOV而非预测模型。计算夏普率时可选的协方差估计量有3种，因此仅参照收益率作为绩效评估的标准。我们使用均方误差（MSE）衡量几种已实现协方差阵的样本外预测误差：$MSE=\left(1/N\right)\sum_{i}\sum_{j}(\hat{\sigma}_{ij}-\sigma_{ij})^2$。

首先，对已实现协方差矩阵进行分解，并将它们应用于ERC策略、GMV策略，以考察其是否可以让这些策略实现更有效的资产

配置。根据式（4-4）的定义，P矩阵可由计算协方差时两只股票收益都为正的收益向量计算得到，而N矩阵则是由两只股票收益都为负的收益向量而来，因此本章首先进行P和N的对称性检验。选取时间段为2011年11月29日至2018年11月29日所有未退市沪深A股的1分钟高频收益率数据，来源为WIND高频数据库。随后每日从正常交易的所有股票中随机选取500对进行P-N的右侧单边对称性假设检验，计算每日拒绝原假设的比例，检验结果见图4-1。

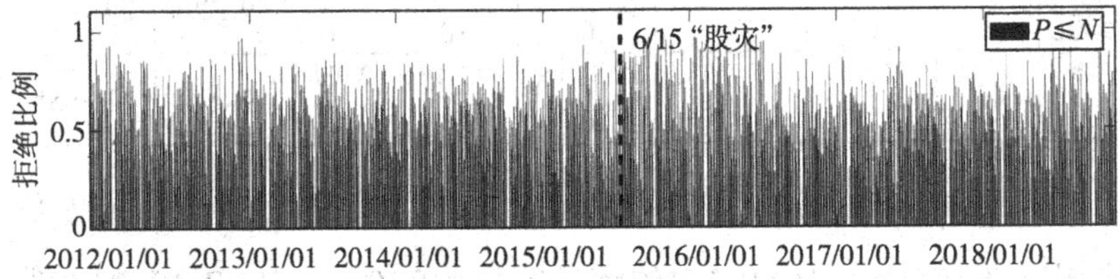

图 4-1　已实现半协方差的非对称检验

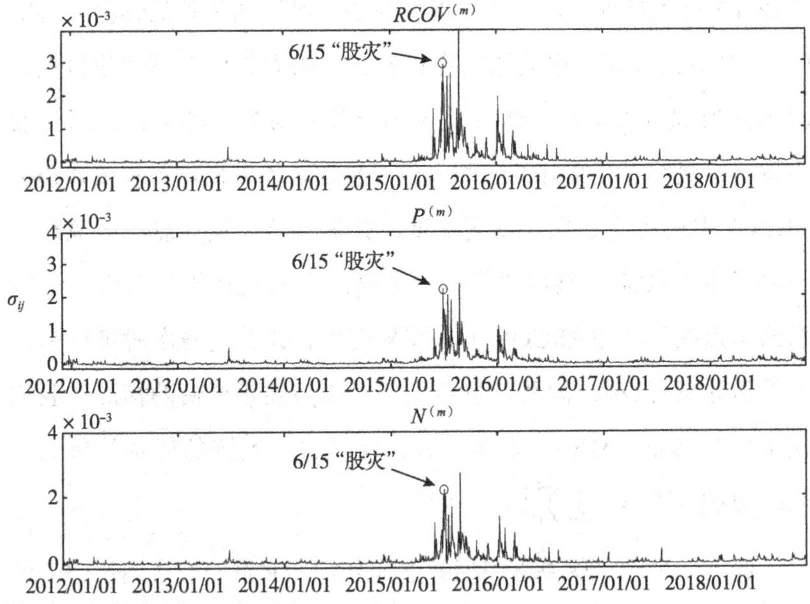

图 4-2　各非对角元素的变化时序图

在置信水平为99%、95%和90%时，每日的平均拒绝比例分别为51.49%、51.53%和51.55%。当市场处于下行区间特别是在2015年6月15日开始的股灾后一年左右的区间内，这一拒绝比例下降。图4-2为测试期内三种已实现协方差矩阵非对角元素均值的时变走势图。可以看出三者具有较高的同步性。值得注意的是，N与P具有较高的对称性，因此很难单纯地利用单向的波动率信息。当市场整体情况较差时，这种对称性则相对减弱，此时利用N中所包含的信息，对于分散风险策略来说可能具有一定的意义。

基于每日真实的RCOV、P和N分别最小化ERC以及GMV的目标函数，其中使用拟牛顿法（quasi-Newton method）① 求解ERC组合的最优权重，使用内点法（interior point method）求解GMV组合的最优权重。由于我们采用事后（ex post）的矩阵来计算最优权重，与事前预测相比，三个已实现协方差估计量的误差主要来自计算方法和采样频率而非预测误差，因此从理论上来说这种误差很小。尤其在RP策略和MV策略中，基于N的组合收益表现恒定优于RCOV和P，这一定程度上说明即便N丢失了部分关于不同资产反向波动的信息，仍可通过对冲降低风险。假如所有资产在某一区间均倾向于不利波动，那么根据RP策略，各资产的风险贡献将是一致的；若各资产处于非同步波动的状态，且其中某个资产的负向波动与其他资产的负向波动相关性较低，或者说该资产在该区间的负向波动较小，那么该资产同样将被分配较大的权重，从而实现整体的风险分散功能。

① ERC的目标函数为凸。

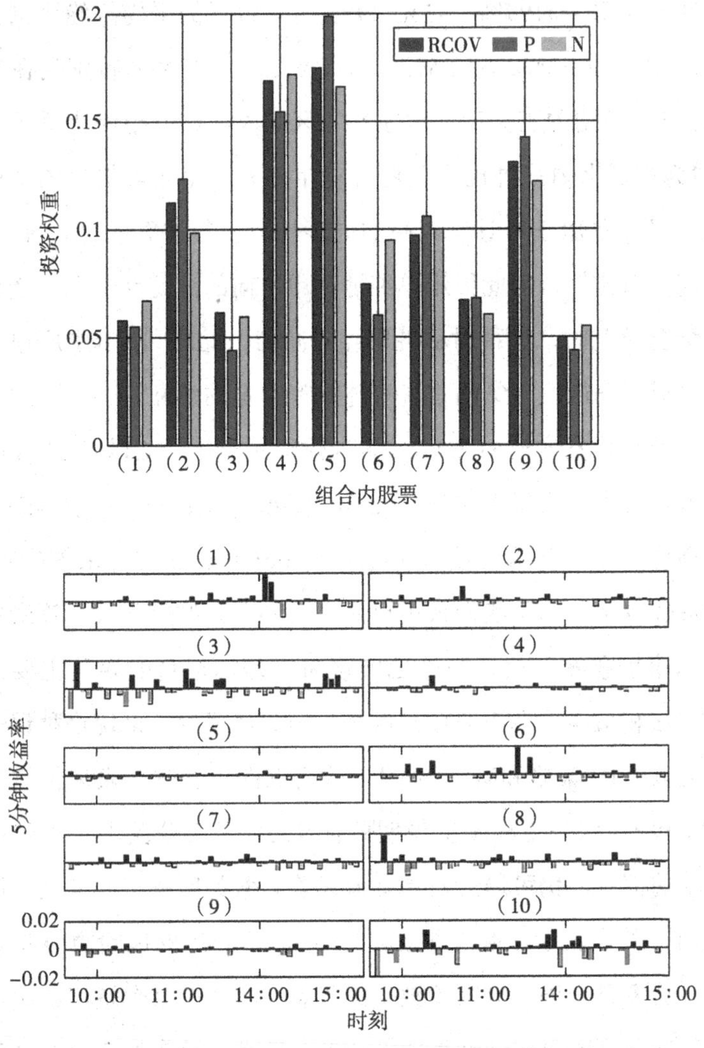

图 4-3 投资权重分配与日内收益率波动的关系

为了展示不同的已实现协方差矩阵刻画股票自身和股票间不同方向波动的影响结果，我们以ERC策略为例，从图4-3对应的测试结果中随机选择一天①进行说明。图4-3是基于三种已实现协方

① 选中的日期为2015年11月26日。

差矩阵计算的组合权重。先以资产（6）为例，从图4-3下图可以看出，其正向波动显著强于负向波动，因此在图4-3上图中，基于N的组合策略在（6）上分配了最大的权重，尽可能保留了有益的正向波动；再以资产（4）和（5）为例，股票（4）的整体波动强于（5），而负向波动略弱于（5），因此基于N的组合在（5）上分配的权重比（4）少。这种现象说明三种协方差矩阵分别刻画了股票的整体、正向和负向波动，因此，面临一只或多只股票下跌的情况，基于N矩阵构建风险平价组合能够更合理地刻画每只股票的相对风险（负向波动）贡献，从而实现下跌风险平价。

其次，本章直接使用RCOV和RSCOV估计量进行日（day）、周（week）、旬（biweek）和月（month）四种步长样本外组合策略投资，而不使用任何预测方法，结果见表4-3。可以看出，下半RSCOV（即N估计量），在步长为月时，进行ERC和GMV策略投资时的最大损失分别为-22.63%和-25.57%，略低于P估计量的-23.97%和-27.89%以及RCOV估计量的-23.47%和-27.24%。在平均收益率上，当步长为日和周时，三种估计量的表现基本相当；当步长为旬时，P估计量在ERC和GMV策略中的表现优于RCOV和N估计量；当步长为月时，P估计量的这一优势仅在GMV策略中得到保持，而在ERC策略中，RCOV的平均收益表现略优于P和N。

表4-3 RCOV、P和N估计量样本外收益率结果比较

步长 组合策略	日（day）		周（week）		旬（bi-week）		月（month）	
	ERC	GMV	ERC	GMV	ERC	GMV	ERC	GMV
RCOV	0.00055	0.00058	0.00322	0.00412	0.00593	0.00703	0.010606	0.011798
	[−0.0951]	[−0.0989]	[−0.2186]	[−0.2245]	[−0.2567]	[−0.2639]	[−0.2347]	[−0.2724]
P	0.00054	0.00059	0.00324	0.00444	0.00622	0.008841	0.010425	0.014642
	[−0.00947]	[−0.1002]	[−0.2168]	[−0.2215]	[−0.2556]	[−0.2667]	[−0.2397]	[−0.2789]

续表

步长 组合 策略	日（day）		周（week）		旬（bi-week）		月（month）	
	ERC	GMV	ERC	GMV	ERC	GMV	ERC	GMV
N	0.00055	0.00059	0.00311	0.00430	0.00571	0.006719	0.010222	0.012336
	[−0.0951]	[−0.0997]	[−0.2186]	[−0.2236]	[−0.2554]	[−0.2697]	[−0.2263]	[−0.2557]
1/N	0.00054		0.00278		0.00537		0.00963	
	[−0.0956]		[−0.2186]		[−0.2528]		[−0.2294]	

注：表中汇报了RCOV、P和N协方差阵估计量在不同策略、不同步长下的平均收益率。中括号内为样本外区间内的最大损失；ERC为风险平价策略，GMV为全局最小方差策略，1/N为等权重策略，中括号内为最大日损失；1/N的结果仅受数据窗口长度影响，故省略部分相同结果。

另外需要说明的是，所有的样本外最大损失均发生于2015年股灾期间，而在当时，ERC在所有步长下的最大损失均小于GMV策略。且值得注意的是，当步长为日时，在2015年7月27日（当日10只样本股票中有7只跌停），基于GMV策略的组合在使用不同估计量时均出现了接近跌停的情况。以使用N估计量时的情况为例，GMV策略将97.62%的权重分配在一只跌停的股票上，然而ERC策略只分配了64.09%，这说明即便是使用了高频数据，GMV仍易受到样本矩估计误差的影响，从而输出极端权重。ERC策略本质是在GMV优化问题的基础上施加了分散化约束，因此其在极端情况下的表现稍好于GMV策略。在下文中我们将看到，使用合理的预测方法减少估计误差，可以在一定程度上改善GMV的这一缺点。

随后，分别利用HAR-RV和OWE-HAR-RV对RCOV和RSCOV做预测，并使用预测结果作为协方差矩阵估计量，进行样本外ERC和GMV组合投资。OWE-HAR-RV的参数选择如下：最大模型数$B=5$，若选择更多的模型数，整体模型的表现倾向于变差；折现因子$K=0.995$。此外，该模型还需要两个关键参数：单个模型的误差阈值θ和整体模型误差阈值α。因此，本章选取2年作为训练集，分别针对不同的RSCOV寻找不同的最优参数。部分对N进行参数调整的结果见图4-4。当α保持不变时，增加θ会使模型整体的MSE先上升后下降；当$\alpha = 9\times10^{-4}$，$\theta = 4\times10^{-4}$左右时，模型的MSE出现峰值；在该参数设定下，个体HAR-RV模型数始终保持不变，因此模型整体的MSE收敛至基于滚动窗口进行预测的单个HAR-RV水平。可以看出，OWE模型对θ的变化以及个体模型数较为敏感，若θ较高，那么OWE模型无法根据单个模型对历史样本预测正确与否计算其加权误差率，进而无法给出有效的整体预测。

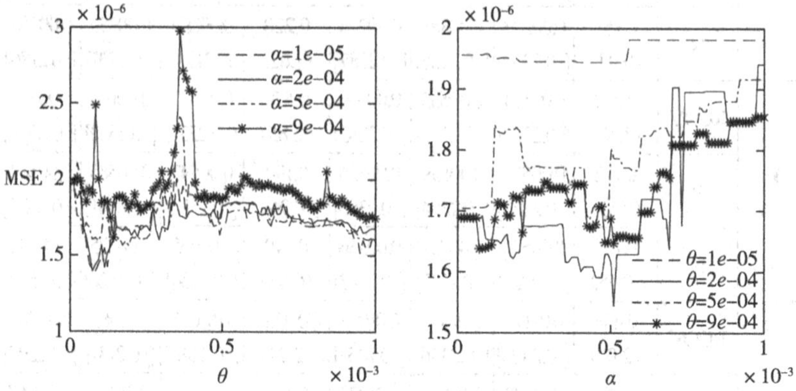

图 4-4　参数调整结果

根据RCOV和RSCOV各10000组参数调整的结果，做RCOV预测时，取$\theta = 2.6\times10^{-4}$，$\alpha = 7.2\times10^{-4}$；做上半RSCOV预测时，取$\theta = 9\times10^{-5}$，$\alpha = 2.5\times10^{-4}$；做下半RSCOV预测时，取$\theta = 8\times10^{-5}$，$\alpha = 8\times10^{-5}$。以上是针对月步长预测所选择的参数。在更高频预测中，OWE-HAR-RV模型受参数变化更加敏感，且预测效果较差。本章分别进行了日、周、旬、月四种步长的样本外预测，结果见表4-4。

表4-4　　　　使用预测方法的样本外预测结果比较

步长	已实现协方差	HAR-RV				OWE-HAR-RV			
		MSE（x10⁻⁵）	ERC	GMV	1/N	MSE（x10⁻⁵）	ERC	GMV	1/N
日（d）	RCOV	0.839 （6.83）	0.00056 [−0.0953]	0.00059 [−0.0959]	0.00054 [−0.0956]	1.600 （11.9）	0.00056 [−0.0955]	0.00060 [−0.0956]	0.00054 [−0.0956]
	P	0.293 （2.39）	0.00056 [−0.0951]	0.00062 [−0.0968]	0.00054 [−0.0956]	0.587 （4.06）	0.00058 [−0.0955]	0.00066 [−0.0956]	0.00054 [−0.0956]
	N	0.268 （2.34）	0.00056 [−0.0953]	0.00064 [−00984]	0.00054 [−0.0956]	0.521 （4.28）	0.00056 [−0.0954]	0.00059 [−0.0955]	0.00054 [−0.0956]
周（w）	RCOV	0.431 （2.36）	0.00293 [−0.2327]	0.00325 [−0.2274]	0.00274 [−0.2387]	0.629 （4.19）	0.00286 [−0.2200]	0.00291 [−0.2265]	0.00287 [−0.2186]
	P	0.137 （0.64）	0.00293 [−0.2322]	0.00358 [−0.2239]	0.00274 [−0.2387]	0.301 （1.71）	0.00299 [−0.2199]	0.00342 [−0.2289]	0.00287 [−0.2186]
	N	0.151 （0.92）	0.00293 [−0.2339]	0.00381 [−0.2285]	0.00274 [−0.2387]	0.220 （1.62）	0.00294 [0.2193]	0.00350 [−0.2231]	0.00287 [−0.2186]
旬（bw）	RCOV	0.332 （1.38）	0.00574 [−0.2322]	0.00633 [−0.2303]	0.00536 [−0.2383]	0.579 （2.85）	0.00572 [−0.2531]	0.00616 [−0.2543]	0.00543 [−0.2528]
	P	0.132 （0.53）	0.00577 [−0.2328]	0.00699 [−0.2354]	0.00536 [−0.2383]	0.194 （0.96）	0.00547 [−0.2532]	0.00585 [−0.2541]	0.00543 [−0.2528]
	N	0.106 （0.45）	0.00574 [−0.2321]	0.00721 [−0.2332]	0.00536 [−0.2383]	0.140 （0.67）	0.00555 [−0.2534]	0.00675 [−0.2620]	0.00543 [−0.2528]
月（m）	RCOV	0.436 （2.01）	0.01172 [−0.2403]	0.01363 [−0.2346]	0.01072 [−0.2453]	0.433 （2.22）	0.01017 [−0.2246]	0.01083 [−0.2131]	0.00967 [−0.2294]
	P	0.166 （0.77）	0.01183 [−0.2394]	0.01616 [−0.2263]	0.01072 [−0.2453]	0.162 （0.81）	0.01006 [−0.2267]	0.01209 [−0.2074]	0.00967 [−0.2294]
	N	0.141 （0.65）	0.01173 [−0.2394]	0.01611 [−0.2126]	0.01072 [−0.2453]	0.139 （0.71）	0.01025 [−0.2247]	0.01290 [−0.1943]	0.00967 [−0.2294]

注：表中汇报了RCOV、P和N在不同策略、不同波动率预测方法和不同步长下的平均收益率，圆括号内为标准差，中括号内为样本外区间内的最大损失；SE为均方误差；ERC为风险平价策略，GMV为全局最小方差策略，1/N为等权重策略；1/N的结果仅受数据窗口长度影响，故省略部分相同结果。MSE和圆括号内的标准差均使用科学记数法汇报。

ERC和GMV的样本外表现均优于1/N策略，而下半RSCOV估计量能够在月度上提升GMV组合的平均收益率，并减小最大损失。

随预测步长减少，预测误差逐渐增加，各组合策略的平均表现逐渐变差。可以看出，HAR-RV模型在更高频上的预测效果优于OWE-HAR-RV，在步长为月时的预测效果弱于OWE-HAR-RV。分析具体权重结果，发现产生这种现象的原因在于，步长更短时，则OWE-HAR-RV每次更新间隔更小，对错误样本加权过于频繁，导致各个体HAR-RV模型的权重计算不准确。在步长为月时，概念漂移即数据结构的变化更加明显，此时OWE-HAR-RV对近期以及错误样本进行加权则正好能够缓解该问题。

与表4-3的结果对比可知，使用长记忆预测方法后，所有策略在样本外步长为旬和月时的表现有所提升，GMV的改善最为明显，其在步长为月时基于RCOV和两种RSCOV估计量的最大损失分别从不预测时的-27.24%、-27.89%、-25.57%降至-21.31%、-20.74%、-19.43%。做步长为月的预测时，基于下半RSCOV的GMV不仅能够实现较高的平均收益，同时也减少了极端损失，这说明下半RSCOV具有一定的长记忆特征，在中期具有比较好的可预测性。当市场整体处于中长期下行时，由于股票的共同下跌趋势存在一定的长记忆性，此时下半RSCOV能够使ERC和GMV减少损失，从而达到降低下行风险的目的。

除随机选取10只股票以展示结果外，本章又随机选择了30只股票，并利用全部43只股票进行了稳健性检验。主要选择步长为月的OWE-HAR-RV模型来做预测，并观察下半RSCOV即N估计量的表现是否与表4-4所展示的相一致，结果可见表4-5。可以看出，N估计量与RCOV和P在ERC策略上的平均收益率相当，在GMV策略上取得了更优的平均收益。因此，稳健性检验的结果与表4-4基本一致。

表4-5 稳健性检验结果

股票数	协方差阵	MSE（$\hat{\Sigma}$）	std（MSE）	ERC（Return）		GMV（Return）		1/N（Return）	
				mean	min	mean	min	mean	min
30	RCOV	3.3724×10^{-5}	1.5198×10^{-4}	0.0122	−0.2315	0.0149	−0.2204	0.0118	−0.2330
	P	1.6460×10^{-5}	7.3269×10^{-5}	0.0123	−0.2329	0.0181	−0.2286	0.0118	−0.2330
	N	1.6090×10^{-5}	7.2679×10^{-5}	0.0123	−0.2322	0.0183	−0.2289	0.0118	−0.2330
43	RCOV	1.7291×10^{-5}	7.3449×10^{-5}	0.0129	−0.2367	0.0139	−0.2157	0.0126	−0.2417
	P	7.9803×10^{-6}	3.3602×10^{-5}	0.0129	−0.2376	0.0145	−0.2518	0.0126	−0.2417
	N	7.6855×10^{-6}	3.3053×10^{-5}	0.0129	−0.2369	0.0146	−0.2398	0.0126	−0.2417

4.6 本章小结

本章首先对RSCOV进行分解，随后基于RCOV矩阵、P矩阵以及N矩阵实施了ERC以及非卖空的GMV的组合策略优化。样本外的投资结果显示，仅包含负向波动信息的下半已实现协方差N更适合作为风险分散策略中的风险衡量工具。将该矩阵作为输入的协方差矩阵时，GMV策略和ERC策略能够合理地将更多资产权重分配至不利波动较小的资产上，而非按照传统意义上的双向波动进行分配。分解后的矩阵输入虽然缺失了关于资产间不同向波动的信息，但本质上仍在利用资产间波动的不一致性来分散风险。

在预测方法上，使用OWE提升后的HAR-RV进行多种步长的预测，并在月度的预测步长上取到了更优的样本外表现。

这种方法除了拥有凸二次优化的好处外，还存在以下优点：如果组合内的资产大部分处于下行震荡区间，资产之间的协负向变化会占据主导，这时使用N矩阵进行组合优化能够减少最大的损失，并保证一定的平均收益。根据实证结果，本章介绍的这种新型策略能够较好地适应近年来的熊市环境，并且在面临诸如闪崩等极端市场条件时，这种优势将有助于共同基金和国际资产等投资者更快速准确地控制组合内各资产的风险头寸。同时，本章的内容还能够为未来高频投资组合策略研究提供新的方向和依据。

附录：本章策略代码实现

扫码获取
本章策略代码

```
%% Data Processing
clear
addpath(genpath(' X:\ '));
di=dir(' X:\ A股1分钟数据');
di(1:2)=[];

% ==========数据中包含的股票代码==========
stklist=[];
for i=1 :size(di,1)
    i
    file=fopen([di(i).folder,'\',di(i).name]);
    data=textscan(file,'%d %f %f %d %f\n','Delimiter',',');
    stklist=unique([stklist;unique(data{1,1})]);
    fclose(file)
end
save(X:\ 数据\hf_stklist.mat','stklist')
% =========交易状态============
load(' X:\ 数据\hf_stklist.mat','stklist')
```

```
trading_graph=zeros(size(di,1),size(stklist,1));
trading_date=cell(size(di,1),1);
h = waitbar(0,'Pleasc wait...');
t1=tic;
for i=1 :size(di,1)
   i
   trading_date{i,1}=di(i).name([1:4 6:7 9:10]);
   file=fopen([di(i).folder,'\',di(i).name]);
   data=textscan(file,'%d %f %f %d %f\n','Delimiter',',');
   temp_stklist=unique(data{1,1});
   trading_graph(i,:)=ismember(stklist,temp_stklist)';
   fclose(file);
    str=['calculating IVOL...',num2str(i),' /',num2str(size(di,1)),' , time elapses：
',num2str(toc(t1)),' s'];
   waitbar(i/size(di,1),h,str);
end
save(' X:\数据\hf_trading_status.mat','trading_graph','trading_date','stklist')
%% main.m
clear
addpath(genpath(' X:\ '));
load(' X:\数据\hf_re_1st_10stks.mat')
% 清洗数据 计算RCOV-P-N-M
log_error=[];
Realized_matrix.RCOV=nan(size(stk_selected,1),size(stk_selected,1),size(hf_
re,3));
Realized_matrix.P=nan(size(stk_selected,1),size(stk_selected,1),size(hf_re,3));
Realized_matrix.N=nan(size(stk_selected,1),size(stk_selected,1),size(hf_re,3));
Realized_matrix.M=nan(size(stk_selected,1),size(stk_selected,1),size(hf_re,3));
Realized_matrix.M1=nan(size(stk_selected,1),size(stk_selected,1),size(hf_re,3));
Realized_matrix.M2=nan(size(stk_selected,1),size(stk_selected,1),size(hf_re,3));
dbstop if error
for i=1:size(hf_re,3)
   temp=hf_re(:,:,i);
   temp(isnan(temp))=0;
   temp(isinf(temp))=0;
   if sum(sum(temp>0.1))>=1 || sum(sum(temp<-0.1))>=1
      log_error=[log_error;i];
   end
```

```
    temp=log(1+temp);
    temp_Pos=(abs(temp)+temp)/2;
    temp_Neg=(temp-abs(temp))/2;
    Realized_matrix.RCOV(:,:,i)=temp'*temp;
    Realized_matrix.P(:,:,i)=temp_Pos'*temp_Pos;
    Realized_matrix.N(:,:,i)=temp_Neg'*temp_Neg;
    Realized_matrix.M1(:,:,i)=temp_Neg'*temp_Pos;
    Realized_matrix.M2(:,:,i)=temp_Pos'*temp_Neg;
    Realized_matrix.M(:,:,i)=Realized_matrix.M1(:,:,i)+Realized_matrix.M2(:,:,i);
end
save(' X:\数据\hf_matrix_1st_10stks.mat','Realized_matrix','daily_re_date')
% HAR-RV
name={'RCOV','P','N'}; % 选择要进行预测的矩阵
% =========cholesky + vectorize=================
loc_vec=[]; % 上三角矩阵的索引
k=1;
for i=1:size(hf_re,2)
    loc_vec=[loc_vec;[1:k]'+size(hf_re,2)*(i-1)];
    k=k+1;
end
log_notpd=[];
X=struct;
for i=1:size(name,2)
    temp=getfield(Realized_matrix,name{i});
    temp_matrix=nan(size(hf_re,2)*(1+size(hf_re,2))/2,size(temp,3));
    for j=1:size(temp,3)
        % 正定性 将元素全为0的对应证券的方差用过去10日的日已实现方差
代替
        if rank(temp(:,:,j))<size(hf_re,2)
            log_notpd=[log_notpd;i j];
            temp_loc=find(diag(temp(:,:,j))==0);
            temp(temp_loc,temp_loc,j)=mean(temp(temp_loc,temp_loc,j-10:j-1));
            % rank(temp(:,:,j))
        end
        temp_chol=chol(temp(:,:,j));
        temp_matrix(:,j)=temp_chol(loc_vec);
    end
    X=setfield(X,name{i},temp_matrix);
```

```
end
save(' X:\数据\vech_chol_for_HAR_RV.mat','X','loc_vec')
%
% % =========RCOV P N 仅基于HAR-RV的样本外表现(基于fronbenius
rmse)==================
fre={'day','week','biweek','month'}; % 四种不同期限的预测
fre_size=[1 5 10 20]; % 对应的长度
HAR_result=struct;
window_size=240;
for t=1:size(name,2)
  t
  temp=getfield(X,name{t});
  for i=1:size(fre,2)
    k=1;
    forecast_date=cell(size(stk_date,1)-fre_size(i)+1-window_size+1,1);
      FORE=nan(size(hf_re,2),size(hf_re,2),size(stk_date,1)-fre_size(i)-window_
size+1);
      REAL=nan(size(hf_re,2),size(hf_re,2),size(stk_date,1)-fre_size(i)-window_
size+1);
    rmse=nan(size(stk_date,1)-fre_size(i)-240+1,1);
    for j=window_size:size(stk_date,1)-fre_size(i) % 第一个预测 留一年作为初
始训练集长度 此后将使用window_size的历史数据作为训练集 最后留出fre_
size天作为最后一个预测区间
          forecast_date{k}=stk_date(j); %划分历史和未来的日期（下一日为
未来）
        input=temp(:,1:j);
        % vech(chol(cov))预测值
        [beta,se,x_hat,~,t_stats,p_value]=HAR_RV_est(input,fre{i});
        [X_hat]=HAR_RV_fore(input,fre{i},beta);
        % chol(cov)预测值
        temp_fre=zeros(size(hf_re,2),size(hf_re,2));
        temp_fre(loc_vec)=X_hat;
        % cov预测值
        FORE(:,:,k)=temp_fre'*temp_fre;
        % 真实值
        temp_fre=zeros(size(hf_re,2),size(hf_re,2));
         temp_fre(loc_vec)=movmean(temp(:,j+1:j+fre_size(i)),fre_size(i),2,'Endpo
ints','discard'); %
```

```
        REAL(:,:,k)=temp_fre'*temp_fre;
        % RMSE
        rmse(k)=sum(sum((FORE(:,:,k)-REAL(:,:,k)).^2,1),2);
        k=k+1;
    end
    HAR_result=setfield(HAR_result,{1},[name{t},'_',fre{i}],FORE); % 字段第
1行为预测协方差值
    HAR_result=setfield(HAR_result,{2},[name{t},'_',fre{i}],REAL); % 字段第
2行为协方差真实值
    HAR_result=setfield(HAR_result,{3},[name{t},'_',fre{i}],rmse); % 字段第3
行为对应rmse
    HAR_result=setfield(HAR_result,{4},[name{t},'_',fre{i}],forecast_date); %
字段第4行为日期
  end
end
stats=fieldnames(HAR_result);
stats(:,2)=num2cell(structfun(@(x) mean(x(~isnan(x))),HAR_result(3),'UniformO
utput',true)'); % mean
stats(:,3)=num2cell(structfun(@(x) std(x(~isnan(x))),HAR_result(3),'UniformOutp
ut',true)');  % std
save(' X:\数据\result\HAR_RV.mat','HAR_result')

%% ERROR_calculator
function [ERROR_OWE]=ERROR_calculator(X,beta,fre) % 默认最后一个样本
为最新
switch fre
  case 'day'
    X_tp1=reshape(X(:,21:end)',size(X(:,21:end),1)*size(X(:,21:end),2),1); % X_
t plus 1
    X_t=reshape(X(:,20:end-1)',size(X(:,20:end-1),1)*size(X(:,20:end-1),2),1);  %
X_t day
    temp_X=movmean(X(:,16:end-1),5,2,'Endpoints','discard'); % X_t week
    X_tw=reshape(temp_X',size(temp_X,1)*size(temp_X,2),1);
    temp_X=movmean(X(:,11:end-1),10,2,'Endpoints','discard'); % X_t bi-week
    X_tbw=reshape(temp_X',size(temp_X,1)*size(temp_X,2),1);
    temp_X=movmean(X(:,1:end-1),20,2,'Endpoints','discard'); % X_t month
    X_tm=reshape(temp_X',size(temp_X,1)*size(temp_X,2),1);
    % [beta,bint,r,rint,stats] = regress(X_tp1,[ones(size(X_tp1,1),1) X_t X_tw X_
```

```
tbw X_tm]);
      x_hat=reshape([ones(size(X_tp1,1),1) X_t X_tw X_tbw X_tm]*beta,size(X(:,
21:end),2),size(X(:,21:end),1))'; % 还原
      y=reshape(X_tp1,size(X(:,21:end),2),size(X(:,21:end),1))';
   case 'week'
      temp_Y=movmean(X(:,21:end),5,2,'Endpoints','discard'); % X_t plus 1 week
      X_tp1=reshape(temp_Y',size(temp_Y,1)*size(temp_Y,2),1); % X_t plus 1
      temp_X=movmean(X(:,16:end-5),5,2,'Endpoints','discard'); % X_t week
      X_tw=reshape(temp_X',size(temp_X,1)*size(temp_X,2),1);
      temp_X=movmean(X(:,11:end-5),10,2,'Endpoints','discard'); % X_t bi-week
      X_tbw=reshape(temp_X',size(temp_X,1)*size(temp_X,2),1);
      temp_X=movmean(X(:,1:end-5),20,2,'Endpoints','discard'); % X_t month
      X_tm=reshape(temp_X',size(temp_X,1)*size(temp_X,2),1);
        x_hat=reshape([ones(size(X_tp1,1),1) X_tw X_tbw X_tm]*beta,size(temp_
Y,2),size(temp_Y,1))'; % 还原
      y=reshape(X_tp1,size(temp_Y,2),size(temp_Y,1))';
   case 'biweek'
      temp_Y=movmean(X(:,21:end),10,2,'Endpoints','discard'); % X_t plus 1 week
      X_tp1=reshape(temp_Y',size(temp_Y,1)*size(temp_Y,2),1); % X_t plus 1
      temp_X=movmean(X(:,11:end-10),10,2,'Endpoints','discard'); % X_t bi-week
      X_tbw=reshape(temp_X',size(temp_X,1)*size(temp_X,2),1);
      temp_X=movmean(X(:,1:end-10),20,2,'Endpoints','discard'); % X_t month
      X_tm=reshape(temp_X',size(temp_X,1)*size(temp_X,2),1);
        x_hat=reshape([ones(size(X_tp1,1),1) X_tbw X_tm]*beta,size(temp_
Y,2),size(temp_Y,1))'; % 还原
      y=reshape(X_tp1,size(temp_Y,2),size(temp_Y,1))';
   case 'month'
      temp_Y=movmean(X(:,21:end),20,2,'Endpoints','discard'); % X_t plus 1 week
      X_tp1=reshape(temp_Y',size(temp_Y,1)*size(temp_Y,2),1); % X_t plus 1
      temp_X=movmean(X(:,1:end-20),20,2,'Endpoints','discard'); % X_t month
      X_tm=reshape(temp_X',size(temp_X,1)*size(temp_X,2),1);
      x_hat=reshape([ones(size(X_tp1,1),1) X_tm]*beta,size(temp_Y,2),size(temp_
Y,1))'; % 还原
      y=reshape(X_tp1,size(temp_Y,2),size(temp_Y,1))';
end
ERROR_OWE=sum((y-x_hat).^2,1); % OWE在最新滚动样本上vech_chol_
realizedCOV的mse
end
```

```
%% func_riskparity
function [f,g] = func_riskparity(x,V)
f=x'*V*x-sum(log(x));
if nargout > 1 %gradient required
   g=2*V*x-1./x;
end
end

%%  generate_realized_matrix
function [Realized_Matrix] = generate_realized_matrix(fre,hf_re,rcov_type)
% 生成不同类型的RCOV矩阵 RCOV P N
k=1;
log_error=[];
Realized_Matrix=nan(size(hf_re,2),size(hf_re,2),size([1:fre:size(hf_re,3)],2));
for i=1:fre:size(hf_re,3)
   temp=hf_re(:,:,i);
   temp(isnan(temp))=0;
   temp(isinf(temp))=0;
   if sum(sum(temp>0.1))>=1 || sum(sum(temp<-0.1))>=1
      log_error=[log_error;i];
   end
   temp=log(1+temp);
   switch rcov_type
      case 'RCOV'
         Realized_Matrix(:,:,k)=temp'*temp;
      case 'P'
         temp_Pos=(abs(temp)+temp)/2;
         Realized_Matrix(:,:,k)=temp_Pos'*temp_Pos;
      case 'N'
         temp_Neg=(temp-abs(temp))/2;
         Realized_Matrix(:,:,k)=temp_Neg'*temp_Neg;
   end
   k=k+1;
end
end

%% HAR_RV_est
```

```
function [beta,se,x_hat,y,t_stats,p_value]=HAR_RV_est(X,fre)
% X 的格式为 m*T m为vec后的元素个数 T为样本长度 从旧到新
% fre为频率 1（day） 5（week） 10（bi-week） 20(month)
switch fre
   case 'day'
      X_tp1=reshape(X(:,21:end)',size(X(:,21:end),1)*size(X(:,21:end),2),1); % X_
t plus 1
      X_t=reshape(X(:,20:end-1)',size(X(:,20:end-1),1)*size(X(:,20:end-1),2),1); %
X_t day
      temp_X=movmean(X(:,16:end-1),5,2,'Endpoints','discard'); % X_t week
      X_tw=reshape(temp_X',size(temp_X,1)*size(temp_X,2),1);
      temp_X=movmean(X(:,11:end-1),10,2,'Endpoints','discard'); % X_t bi-week
      X_tbw=reshape(temp_X',size(temp_X,1)*size(temp_X,2),1);
      temp_X=movmean(X(:,1:end-1),20,2,'Endpoints','discard'); % X_t month
      X_tm=reshape(temp_X',size(temp_X,1)*size(temp_X,2),1);
      % [beta,bint,r,rint,stats] = regress(X_tp1,[ones(size(X_tp1,1),1) X_t X_tw X_
tbw X_tm]);
      [~,se,beta] = hac([X_t X_tw X_tbw X_tm],X_tp1,'type','HC','display','off');
      t_stats=beta./se;
      p_value=(1-normcdf(t_stats,0,1));
      x_hat=reshape([ones(size(X_tp1,1),1) X_t X_tw X_tbw X_tm]*beta,size(X(:,
21:end),2),size(X(:,21:end),1))'; % 还原
      y=reshape(X_tp1,size(X(:,21:end),2),size(X(:,21:end),1))';
   case 'week'
      temp_Y=movmean(X(:,21:end),5,2,'Endpoints','discard'); % X_t plus 1 week
      X_tp1=reshape(temp_Y',size(temp_Y,1)*size(temp_Y,2),1); % X_t plus 1
      temp_X=movmean(X(:,16:end-5),5,2,'Endpoints','discard'); % X_t week
      X_tw=reshape(temp_X',size(temp_X,1)*size(temp_X,2),1);
      temp_X=movmean(X(:,11:end-5),10,2,'Endpoints','discard'); % X_t bi-week
      X_tbw=reshape(temp_X',size(temp_X,1)*size(temp_X,2),1);
      temp_X=movmean(X(:,1:end-5),20,2,'Endpoints','discard'); % X_t month
      X_tm=reshape(temp_X',size(temp_X,1)*size(temp_X,2),1);
      % [beta,bint,r,rint,stats] = regress(X_tp1,[ones(size(X_tp1,1),1) X_t X_tw X_
tbw X_tm]);
      [~,se,beta] = hac([X_tw X_tbw X_tm],X_tp1,'type','HC','display','off');
      t_stats=beta./se;
      p_value=(1-normcdf(t_stats,0,1));
       x_hat=reshape([ones(size(X_tp1,1),1) X_tw X_tbw X_tm]*beta,size(temp_
```

```
Y,2),size(temp_Y,1))'; % 还原
        y=temp_Y;
    case 'biweek'
        temp_Y=movmean(X(:,21:end),10,2,'Endpoints','discard'); % X_t plus 1 week
        X_tp1=reshape(temp_Y',size(temp_Y,1)*size(temp_Y,2),1); % X_t plus 1
        temp_X=movmean(X(:,11:end-10),10,2,'Endpoints','discard'); % X_t bi-week
        X_tbw=reshape(temp_X',size(temp_X,1)*size(temp_X,2),1);
        temp_X=movmean(X(:,1:end-10),20,2,'Endpoints','discard'); % X_t month
        X_tm=reshape(temp_X',size(temp_X,1)*size(temp_X,2),1);
        % [beta,bint,r,rint,stats] = regress(X_tp1,[ones(size(X_tp1,1),1) X_t X_tw X_
tbw X_tm]);
        [~,se,beta] = hac([X_tbw X_tm],X_tp1,'type','HC','display','off');
        t_stats=beta./se;
        p_value=(1-normcdf(t_stats,0,1));
          x_hat=reshape([ones(size(X_tp1,1),1) X_tbw X_tm]*beta,size(temp_
Y,2),size(temp_Y,1))'; % 还原
        y=temp_Y;
    case 'month'
        temp_Y=movmean(X(:,21:end),20,2,'Endpoints','discard'); % X_t plus 1 week
        X_tp1=reshape(temp_Y',size(temp_Y,1)*size(temp_Y,2),1); % X_t plus 1
        temp_X=movmean(X(:,1:end-20),20,2,'Endpoints','discard'); % X_t month
        X_tm=reshape(temp_X',size(temp_X,1)*size(temp_X,2),1);
        % [beta,bint,r,rint,stats] = regress(X_tp1,[ones(size(X_tp1,1),1) X_t X_tw X_
tbw X_tm]);
        [~,se,beta] = hac([X_tm],X_tp1,'type','HC','display','off');
        t_stats=beta./se;
        p_value=(1-normcdf(t_stats,0,1));
        x_hat=reshape([ones(size(X_tp1,1),1) X_tm]*beta,size(temp_Y,2),size(temp_
Y,1))'; % 还原
        y=temp_Y;
end
end

%% HAR_RV_fore.m
function [X_hat]=HAR_RV_fore(X,fre,beta)
% 对应fre的估计的系数（从HAR_RV_est估计得到）
% forecast
switch fre
```

```
    case 'day'
        X_t=X(:,end);  % X_t da
        temp_X=movmean(X(:,end-4:end),5,2,'Endpoints','discard'); % X_t week
        X_tw=reshape(temp_X',size(temp_X,1)*size(temp_X,2),1);
        temp_X=movmean(X(:,end-9:end),10,2,'Endpoints','discard'); % X_t bi-week
        X_tbw=reshape(temp_X',size(temp_X,1)*size(temp_X,2),1);
        temp_X=movmean(X(:,end-19:end),20,2,'Endpoints','discard'); % X_t month
        X_tm=reshape(temp_X',size(temp_X,1)*size(temp_X,2),1);
        X_hat=([ones(size(X_t,1),1) X_t X_tw X_tbw X_tm]*beta);
    case 'week'
        temp_X=movmean(X(:,end-4:end),5,2,'Endpoints','discard'); % X_t week
        X_tw=reshape(temp_X',size(temp_X,1)*size(temp_X,2),1);
        temp_X=movmean(X(:,end-9:end),10,2,'Endpoints','discard'); % X_t bi-week
        X_tbw=reshape(temp_X',size(temp_X,1)*size(temp_X,2),1);
        temp_X=movmean(X(:,end-19:end),20,2,'Endpoints','discard'); % X_t month
        X_tm=reshape(temp_X',size(temp_X,1)*size(temp_X,2),1);
        X_hat=([ones(size(X_tw,1),1) X_tw X_tbw X_tm]*beta);
    case 'biweek'
        temp_X=movmean(X(:,end-9:end),10,2,'Endpoints','discard'); % X_t bi-week
        X_tbw=reshape(temp_X',size(temp_X,1)*size(temp_X,2),1);
        temp_X=movmean(X(:,end-19:end),20,2,'Endpoints','discard'); % X_t month
        X_tm=reshape(temp_X',size(temp_X,1)*size(temp_X,2),1);
        X_hat=([ones(size(X_tbw,1),1) X_tbw X_tm]*beta);
    case 'month'
        temp_X=movmean(X(:,end-19:end),20,2,'Endpoints','discard'); % X_t month
        X_tm=reshape(temp_X',size(temp_X,1)*size(temp_X,2),1);
        X_hat=([ones(size(X_tm,1),1) X_tm]*beta);
end
end

%% HAR_RV_OWE.m
function [mse,result,date_update,predict_result,real_result]=HAR_RV_OWE(X,fre,name, fre_size,VALUE_theta,VALUE_alpha,loc_vec,stk_date,hf_re)
%  fre={'day','week','biweek','month'}; % 四种不同期限的预测
% fre_size=[1 5 10 20]; % 对应的长度
% fre='biweek';
% fre_size=10;
% name='N';
```

```
% fre_set={'day',1;'week',5;'biweek',10;'month',20};
realized=getfield(X,name);
% 参数
% 第一个模型参数 (如果改了 那么speedup不可用)
window_train=100; % in-sample
window_valid=fre_size; % out-of-sample
% 后续在线组合的参数
sample_size=220;% sample size  220
% VALUE_theta=8e-05; % 用于判断预测正确还是错误的阈值
% VALUE_alpha=8e-05;% 用于决定是否加入一个新训练的CV模型的阈值
timer=1;
% 需要遍历的参数集
for i=1:size(VALUE_theta,2)
  for j=1:size(VALUE_alpha,2)
     config_set(timer,:)={VALUE_theta(i),VALUE_alpha(j)};
     timer=timer+1;
  end
end
k=0.995; % 折现因子 越早的样本越不重要
B=5; % OWE中最大的HAR-RV模型数
% 与HAR-RV做比较
% load('HAR_RV.mat');
% date_harRV=HAR_result(4).RCOV_day{1,1};
% date_harRV={'20121122'};
% loc_date_start=find(ismember(stk_date,date_harRV)==1); % 样本外日期开始
的位置
% h = waitbar(0,'Please wait...');
% parfor_progress(size(config_set,1)); % Initialize
for q=1:size(config_set,1)
  theta=config_set{q,1};
  alpha=config_set{q,2};
  % warning('off','all')
  % warning
  % 训练
  % ==================在线加权集成组合OWE==================
   [log_num_model,OWE_predict,OWE_pre_coef,date_update,TOTAL_
ERROR,log_error_owe]=OWE_circle(realized,k,B,alpha,theta,window_
train,window_valid,sample_size,fre,fre_size,stk_date);
```

```
  date_update(end)=[]; % 与 OWE_predict 对齐
   % 模型的输出结果： log_num_model OWE_predict OWE_pre_coef date_
update
  % 将vech_chol_realizedCOV的OWE预测结果转化为matrix
  predict_result=[];
  real_result=[];
  mse=[];
  for i=1:size(OWE_predict,2)
     temp_matrix=zeros(size(hf_re,2),size(hf_re,2));
     temp_matrix(loc_vec)=OWE_predict(:,i);
     predict_result(:,:,i)=temp_matrix'*temp_matrix; % 模型输出预测值
     % 真实值
     temp_fre=zeros(size(hf_re,2),size(hf_re,2));
       loc_date=find(ismember(stk_date,date_update(i))==1)+1; % 样本外日期开
始的位置
       temp_fre(loc_vec)=movmean(realized(:,loc_date:loc_date+fre_size-1),fre_
size,2,'Endpoints','discard'); %
     real_result(:,:,i)=temp_fre'*temp_fre;
     % mse
     mse(i)=sum(sum((real_result(:,:,i)-predict_result(:,:,i)).^2,1),2);
     % 投资组合策略结果
     if isnan(mse(i))
        i
     end
  end
  % MSE(q)=mean(mse(find(ismember(date_update,date_harRV)==1):end));
  % STD(q)=std(mse(find(ismember(date_update,date_harRV)==1):end));
  MSE(q)=mean(mse);
  STD(q)=std(mse);
  %    pause(rand); % Replace with real code
  %    parfor_progress; % Count
end
% dbclear if error
% mean(HAR_result(3).RCOV_month(20:20:end))
% save(' X:\数据\configuration\N_month.mat')
% save(' X:\数据\configuration\P_month.mat')
result(1,1)=MSE;
result(1,2)=STD;
```

```
% eval(['OWE_stats(g,3)=mean(HAR_result(3).N_',fre,'(fre_size:fre_size:end));']);
% eval(['OWE_stats(g,4)=std(HAR_result(3).N_',fre,'(fre_size:fre_size:end));']);
end

%% 非对称检验 每日选取500组进行检验
addpath(genpath(' X:\'));
% 高频数据处理 2011129到20181129 每日选择有交易的股票进行非对称检验
di=dir(' X:\A股交易数据\A股1分钟数据');
di(1:2)=[];di(end)=[];
load(' X:\数据\hf_trading_status.mat','trading_graph','trading_date','stklist')
loc_start=2981; % 从20111129开始
loc_end=4684; % 到20181129结束
load(' X:\数据\500_random_pick.mat','stk_selected','loc_start','loc_end')
reject_rate=[];
parfor_progress(loc_end-loc_start+1); % Initialize
parfor i=loc_start:loc_end

  %     stk_date{k,1}=di(i).name([1:4 6:7 9:10]);
  file=fopen([di(i).folder,'\',di(i).name]);
  data=textscan(file,'%d %f %f %d %f\n','Delimiter',',');
  fclose(file);
  count1=0;
  count2=0;
  count3=0;
  gamma=[];
  temp_P=nan(500,3);
  for j=1:500
     temp_loc=stk_selected(j,:,i);
      hf_re=[data{1,5}(ismember(data{1,1},stklist(temp_loc(1))),:) data{1,5}(isme
mber(data{1,1},stklist(temp_loc(2))),:)];
     hf_re(isinf(hf_re))=0;
     hf_re(isnan(hf_re))=0;
     hf_re=log(1+hf_re);
     %      hf_re=movmean(hf_re,5,'Endpoints','discard');
     RCOV=hf_re'*hf_re;
     P=((hf_re+abs(hf_re))/2)'*((hf_re+abs(hf_re))/2);
     N=((hf_re-abs(hf_re))/2)'*((hf_re-abs(hf_re))/2);
     r_p1=(hf_re(:,1)+abs(hf_re(:,1)))/2;
```

```
    r_n1=(hf_re(:,1)-abs(hf_re(:,1)))/2; %正负收益
    r_p2=(hf_re(:,2)+abs(hf_re(:,2)))/2;
    r_n2=(hf_re(:,2)-abs(hf_re(:,2)))/2;
      gamma(j)=sqrt(240)*(P(1,2)-N(1,2))/((240*((r_p1.^2)'*(r_p2.^2)+(r_
n1.^2)'*(r_n2.^2)))-(P(1,2)-N(1,2))^2);
      count1=count1+(gamma(j)>norminv(0.99,0,1)); % 若P>N 则+1 %
gamma(j)<norminv(0.005,0,1) ||
    count2=count2+(gamma(j)>norminv(0.95,0,1));
    count3=count3+(gamma(j)>norminv(0.90,0,1));
    temp_P(j,:)=[RCOV(1,2) P(1,2) N(1,2)];
  end
  non_diagnol(i,:)=mean(temp_P,1);
  P_plus_N_99(i)=count1/500; %计算每天的拒绝比例
  P_plus_N_95(i)=count2/500; %计算每天的拒绝比例
  P_plus_N_90(i)=count3/500; %计算每天的拒绝比例
  pause(rand); % Replace with real code
  parfor_progress; % Count
end
save(' X:\数据\result\P_N.mat','P_plus_N_99','P_plus_N_95','P_plus_N_90','non_
diagnol')
% 表
% RCOV P N 的描述性统计
load(' X:\数据\hf_matrix_1st_10stks.mat');
label={'RCOV';'P';'N'};
for i=1:size(label,1)
  temp=Realized_matrix.(label{i});
  for j=1:size(temp,3)
    tempp=temp(:,:,j);
    diagonal(:,j)=tempp(logical(eye(10))); % 主对角元素
    nondiag(:,j)=tempp(logical(tril(ones(10,10),-1)));
  end
   stats_diag(i,:)=[mean(mean(diagonal,2)) mean(prctile(diagonal,25,2))
mean(median(diagonal,2)) ...
      mean(prctile(diagonal,75,2)) mean(var(diagonal,0,2))
mean(skewness(diagonal,0,2)) mean(kurtosis(diagonal,0,2))];
   stats_nondiag(i,:)=[mean(mean(nondiag,2)) mean(prctile(nondiag,25,2))
mean(median(nondiag,2))...
      mean(prctile(nondiag,75,2)) mean(var(nondiag,0,2))
```

```
mean(skewness(nondiag,0,2)) mean(kurtosis(nondiag,0,2))];
end
temp_table=[stats_diag; stats_nondiag];
% 输出latex表格
rownames={'RCOV','P','N','RCOV_1','P_1','N_1'}; % ,'subs-4','subs-5'
colnames={'均值','25分位数','中位数','75分位数','方差','偏度','峰度'};
a=table(temp_table(:,1),temp_table(:,2),temp_table(:,3),temp_table(:,4),temp_
table(:,5),temp_table(:,6),temp_table(:,7),'VariableNames',colnames');
a.Properties.RowNames = rownames;
table2latex({a},'协方差阵',' X:\表格\table_summary_stats.tex');
% 画图
load(' X:\数据\500_random_pick.mat','stk_selected','loc_start','loc_end')
load(' X:\数据\result\P_N.mat','P_plus_N_99','P_plus_N_95','P_plus_N_90','non_
diagnol')
%画图1 已实现半协方差的非对称性检验
a=figure('units','normalized','position',[0.1,0.1,0.6,0.2])
date=cellfun(@(x) datenum(x,'yyyymmdd'),trading_date,'UniformOutput',true);
set(gcf,'color','white')
% subplot(2,1,1)
b1=bar(date(loc_start:loc_end),P_plus_N_99(loc_start:end),'FaceColor',[0.3 0.3 0.3])
datetick('x','yyyy/mm/dd')
xlim([date(loc_start) date(loc_end)])
ylabel('拒绝比例','Interpreter','latex')
set(gca,'Ticklength',[0.01 0],'Fontsize',12)
legend(b1,'$$P\leq N$$','Interpreter','latex')
ylim([0 1.1])
% 图2 RCOV(1,2) P(1,2) N(1,2) 的时变图
a=figure('units','normalized','position',[0.1,0.1,0.5,0.6])
date=cellfun(@(x) datenum(x,'yyyymmdd'),trading_date,'UniformOutput',true);
set(gcf,'color','white')
subplot(3,1,1)
p1=plot(date(loc_start:loc_end),non_diagnol(loc_start:end,1),'-k');
ylim([-1e-04 4e-03])
title('$$RCOV^{(m)}$$','Interpreter','latex')
datetick('x','yyyy/mm/dd')
xlim([date(loc_start) date(loc_end)])
set(gca,'Ticklength',[0.005,0],'Fontsize',12)
% legend(p1,'$$RCOV^{(m)}$$','Interpreter','latex')
```

```
subplot(3,1,2)
p2=plot(date(loc_start:loc_end),non_diagnol(loc_start:end,2),'-k');
ylim([-1e-04 4e-03])
title('$$P^{(m)}$$','Interpreter','latex')
datetick('x','yyyy/mm/dd')
xlim([date(loc_start) date(loc_end)])
set(gca,'Ticklength',[0.005,0],'Fontsize',12)
% legend(p2,'$$P^{(m)}$$','Interpreter','latex')
subplot(3,1,3)
p3=plot(date(loc_start:loc_end),non_diagnol(loc_start:end,3),'-k');
ylim([-1e-04 4e-03])
title('$$N^{(m)}$$','Interpreter','latex')
datetick('x','yyyy/mm/dd')
xlim([date(loc_start) date(loc_end)])
set(gca,'Ticklength',[0.005,0],'Fontsize',12)
% legend(p3,'$$N^{(m)}$$','Interpreter','latex')
% ============图3 和 图4==============
% 图3
load(' X:\数据\hf_re_1st_10stks.mat')
daily_re_date=cellstr(num2str(daily_re_date) );
for i=1:size(hf_re,3)  % 887 对应20150724 R_n-R_rcov ERC 最大
   i
   temp_hf_re=hf_re(:,:,i);
   temp_hf_re(isinf(temp_hf_re))=0;
   temp_hf_re(isnan(temp_hf_re))=0;
   temp_hf_re=log(temp_hf_re+1);
   RSCOV(:,:,1)=temp_hf_re'*temp_hf_re;
   RSCOV(:,:,2)=(abs(temp_hf_re)+temp_hf_re)'*(abs(temp_hf_re)+temp_hf_re);
   RSCOV(:,:,3)=(temp_hf_re-abs(temp_hf_re))'*(temp_hf_re-abs(temp_hf_re));
   for t=1:3
      covar=RSCOV(:,:,t);
      % ERC
      opts = optimoptions('fminunc','Algorithm','quasi-newton','SpecifyObjectiveGr
adient',true,'HessUpdate','steepdesc','Display','off');
        [temp_w, ~, ~, ~] = fminunc(@(x) func_riskparity(x,covar),ones(size(cov
ar,1),1)./size(covar,1),opts);
      w(:,1,t)=temp_w./sum(temp_w);
      % GMV
```

```
        opts = optimoptions('quadprog','Display','off');
        w(:,2,t)=quadprog(covar,[],[],[],ones(size(covar,1),1)',1,zeros(size(covar,1),1),
ones(size(covar,1),1),ones(size(covar,1),1)./size(covar,1),opts);
    end
    loc=find(ismember(daily_re_date,stk_date{i})==1);
        ERC_re(i,1)=daily_re(loc,:)*w(:,1,1);ERC_re(i,2)=daily_
re(loc,:)*w(:,1,2);ERC_re(i,3)=daily_re(loc,:)*w(:,1,3);
        GMV_re(i,1)=daily_re(loc,:)*w(:,2,1);GMV_re(i,2)=daily_
re(loc,:)*w(:,2,2);GMV_re(i,3)=daily_re(loc,:)*w(:,2,3);
    %    DAILY_RE=daily_re(loc,:);
    %    save(' X:\数据\result\ERC_20150724.mat','w','temp_hf_re','DAILY_RE')
end
ERC_re(isnan(ERC_re))=0;
GMV_re(isnan(GMV_re))=0;
date=cellfun(@(x) datenum(x,'yyyymmdd'),stk_date,'UniformOutput',true);
a=figure('units','normalized','position',[0.1,0.1,0.6,0.2])
set(gcf,'color','white')
subplot(1,2,1)
p1=plot(date,ERC_re(:,3)-ERC_re(:,1),'-k')
% legend(p1,'$$R_N-R_{RCOV}$$','Interpreter','latex')
datetick('x','yyyy/mm/dd')
xlim([date(1) date(end)])
set(gca,'FontSize',12)
title('ERC')
subplot(1,2,2)
p2=plot(date,GMV_re(:,3)-GMV_re(:,1),'-k')
% legend(p2,'$$R_N-R_{RCOV}$$','Interpreter','latex')
datetick('x','yyyy/mm/dd')
xlim([date(1) date(end)])
set(gca,'FontSize',12)
title('GMV')
% 图
load(' X:\数据\result\ERC_20150724.mat')
load(' X:\数据\hf_re_1st_10stks.mat')
weight_ERC=[w(:,1,1) w(:,1,2) w(:,1,3)];
weight_GMV=[w(:,2,1) w(:,2,2) w(:,2,3)];
b=bar(weight_ERC);
legend(b,{'RCOV','P','N'})
```

```
% 调参结果
load(' X:\数据\configuration\N_month.mat','MSE','config_set')
a=figure('units','normalized','position',[0.1,0.1,0.4,0.3])
set(gcf,'color','white')
% 固定alpha
subplot(1,2,1)
p1=plot([1e-05:1e-05:1e-03],MSE(1:100:end),'--k')
hold on
p2=plot([1e-05:1e-05:1e-03],MSE(20:100:end),'-k')
hold on
p3=plot([1e-05:1e-05:1e-03],MSE(50:100:end),'-.k')
hold on
p4=plot([1e-05:1e-05:1e-03],MSE(90:100:end),'-*k')
xlabel('$$\theta$$','Interpreter','latex')
legend([p1,p2,p3,p4],{'$$\alpha=1e-05$$','$$\alpha=2e-04$$','$$\
alpha=5e-04$$','$$\alpha=9e-04$$'},'Interpreter','latex','Box','off')
set(gca,'Fontsize',12)
% 固定theta
subplot(1,2,2)
p1=plot([1e-05:1e-05:1e-03],MSE(1:100),'--k')
hold on
p2=plot([1e-05:1e-05:1e-03],MSE(1901:2000),'-k')
hold on
p3=plot([1e-05:1e-05:1e-03],MSE(4901:5000),'-.k')
hold on
p4=plot([1e-05:1e-05:1e-03],MSE(8901:9000),'-*k')
xlabel('$$\alpha$$','Interpreter','latex')
legend([p1,p2,p3,p4],{'$$\theta=1e-05$$','$$\theta=2e-04$$','$$\theta=5e-04$$','$$\
theta=9e-04$$'},'Interpreter','latex','Box','off','Location','southeast')
set(gca,'Fontsize',12)

%% main3
% 不使用预测方法(HAR-RV) 直接基于RCOV P N 等 进行样本外投资
clear
load(' X:\数据\hf_re_1st_10stks.mat')
daily_re_date=cellstr(num2str(daily_re_date));
% 与HAR-RV以及OWE-HAR-RV对齐
name={'RCOV','P','N'};
```

```
fre_set={'day',1}; % ;'week',5;'biweek',10;'month',20
k=1;
title={};
log_error=[];
for i=1:size(name,2)
  for j=1:size(fre_set,1)
    temp_hf_re=hf_re(:,:,240+fre_set{j,2}-1:end-2);
    temp_stk_date=stk_date(240+fre_set{j,2}-1:end-2);
    [i,j]
    % 生成RCOV矩阵
    switch name{i}
      case 'RCOV'
            Realized_Matrix=generate_realized_matrix(fre_set{j,2},temp_hf_
re,name{i});
      case 'P'
            Realized_Matrix=generate_realized_matrix(fre_set{j,2},temp_hf_
re,name{i});
      case 'N'
            Realized_Matrix=generate_realized_matrix(fre_set{j,2},temp_hf_
re,name{i});
    end
    date_update=temp_stk_date(1:fre_set{j,2}:end);
    % 三种投资策略表现
     [temp_result,w]=Portfolio_evualtion(daily_re,date_update,daily_re_date,fre_
set{j,2},Realized_Matrix,'re'); % temp_result 为三种策略的表现 w 为权重
    if sum(sum(isnan(temp_result)))>0
      break
    end
    result(k,1:2)=[mean(temp_result(:,1)) min(temp_result(:,1))];
    result(k,3:4)=[mean(temp_result(:,2)) min(temp_result(:,2))];
    result(k,5:6)=[mean(temp_result(:,3)) min(temp_result(:,3))];
    title(k,:)={name(i) fre_set(j,1) fre_set{j,2}};
    find(temp_result(:,2)==min(temp_result(:,2)))
    k=k+1;
  end
end
% [result(1:4:end,:);result(2:4:end,:);result(3:4:end,:);result(4:4:end,:)]'; % 表1的格式
```

```
%% OWE_circle
function [log_num_model,OWE_predict,OWE_pre_coef,date_update,TOTAL_
ERROR,log_error_owe]=OWE_circle(realized,k,B,alpha,theta,window_
train,window_valid,sample_size,fre,fre_size,stk_date)
date_update={};
num_update=0;
num_model=0;
penalty=ones(sample_size,1)./sample_size;
window_length=0;
% OWE
log_num_model=[];
total_error=[];
for i=1:size(stk_date,1)-fre_size % 最后留出fre_size天用作评估
  % 3(a)
  if i>sample_size && i>sample_size+20+window_valid-1 % 更新OWE(由于初
始模型训练需要【1:sample_size+window_train+window_valid-1】的样本，因
此滚动从sample_size+window_train+window_valid开始
    window_length=window_length+1;
    if window_length==window_valid % 填满一个window_valid 当做增加一个
样本 更新一次模型
      % 3(c)整体OWE模型输出加入了新样本后的混合权重
      model_predict=nan(size(realized,1),num_model);
      model_predict_coed=[];
      for j=1:num_model
        model_predict(:,j)=model_ind_yhat{j}(:,end);
        model_predict_coed(:,j)=model_ind_coef{j}(:,end);
      end
      % error 为0时 防止出现nan
      if sum(total_error==0)>=1
        i
        total_error(total_error==0)=0.000000001;
      end
       %           realized(:,i-sample_size+1:i+20+window_valid-1);% 此阶段的
vech_chol_realizedCOV 20是因为每个样本长度总是至少跨越21天
        OWE_predict(:,num_update)=sum(model_predict.*repmat(log(1./total_
error),size(model_predict,1),1),2)/sum(log(1./total_error)); % OWE模型输出的预
测值vech_chol_realizedCOV
      OWE_pre_coef(:,num_update)=sum(model_predict_coed.*repmat(log(1./
```

```
total_error),size(model_predict_coed,1),1),2)/sum(log(1./total_error)); % OWE模型输出的预测值vech_chol_realizedCOV
        %           OWE_predict(:,num_update)=mean(model_predict,2);
        %           OWE_pre_coef(:,num_update)=mean(model_predict_coed,2);
        num_update=num_update+1;
         date_update{num_update}=stk_date{i}; % 更新模型的日期(下一日相对当前模型来说，即划分为out-of-sampe)
         % 3(d) owe 在最新的sample_size个样本集上的误差(对应原文中的ARE误差 这里基于frobenius的MSE)
         temp_vechol=realized(:,i-(sample_size+20+window_valid-2):i);% 此阶段的vech_chol_realizedCOV
        [ERROR_OWE]=ERROR_calculator(temp_vechol,OWE_pre_coef(:,num_update-1),fre);
        log_error_owe(num_update)=mean(ERROR_OWE);
        % 3(e)
        total_samples=sum(abs(ERROR_OWE)>theta);
        %3(f)
        if total_samples==0
          upFactor=1;
          downFactor=1;
        else
          upFactor=sample_size/total_samples;
          downFactor=1/upFactor;
        end
        % 3(g)
        penalty=ones(sample_size,1)./sample_size;
        penalty(ERROR_OWE>theta)=penalty(ERROR_OWE>theta).*upFactor;
              penalty(ERROR_OWE<=theta)=penalty(ERROR_OWE<=theta).*downFactor;
        penalty=penalty./sum(penalty);
        TOTAL_ERROR(num_update)=ERROR_OWE(end); % OWE模型的总体error
        % 3(h)
        if sum((temp_vechol(:,end)-OWE_predict(:,num_update-1)).^2)>alpha
          % 加入一个新模型
          num_model=num_model+1;
          new_model=1; % 当次更新加入了新模型
           temp_vechol=realized(:,i-(sample_size+20+window_valid-2):i);% 此阶
```

```
段的vech_chol_realizedCOV 20是因为每个样本长度总是至少跨越21天

            [beta,~,x_hat,y,~,~]=HAR_RV_est(temp_vechol,fre); % 估计HAR-RV
模型
          [X_hat]=HAR_RV_fore(temp_vechol,fre,beta); % 预测
          model_ind_yhat{num_model}(:,num_update)=X_hat;  % 模型预测值
          model_ind_coef{num_model}(:,num_update)=beta;  % 模型系数
        end
        % 3 （i）
        for j=1:num_model
          %           temp_vechol 用上面的
             [temp_error]=ERROR_calculator(temp_vechol,model_ind_coef{j}
(:,end),fre);

          % 计算各HAR-RV模型的mse
          temp_error(abs(temp_error)<=theta)=0.0000000001;
          temp_error(abs(temp_error)>theta)=1;
             error_model(j,num_update)=temp_error*penalty; % 第j个模型在第
num_update个窗口的误差 \epsilon_1^{\tau_j}
        end
        % 3(j)
         discount_k_matrix=k.^repmat([num_update-1:-1:0],num_model,1); % 每
个模型每个ARE对应的折现因子
        temp_total_error=error_model.*discount_k_matrix;
        discount_k_matrix(isnan(temp_total_error))=0;
        temp_total_error(isnan(temp_total_error))=0;
        for j=1:num_model
              total_error(j)=sum(temp_total_error(j,:),2)./(sum(discount_k_
matrix(j,~temp_total_error(j,:)==0),2)); % 各模型的总ARE
        end
        log_num_model=[log_num_model;num_model];
        % 3(k)
        if num_model>B
          %           log_delete=[log_delete;1];
          if sum(total_error(1:end-1)>0)==0
             delete_model=find(total_error(1:end-1)==max(total_error(1:end-1)));
% 要删除的模型,不删除在本次刚加入的新模
            delete_model=delete_model(1);
```

```
            else
                delete_model=find(total_error(1:end-1)==max(total_error(1:end-1)));
% 要删除的模型,不删除在本次刚加入的新模
            end
            if size(delete_model,2)>1
               delete_model=delete_model(1);
            end
            error_model(delete_model,:)=[];
            model_ind_yhat(delete_model)=[];
            model_ind_coef(delete_model)=[];
            total_error(delete_model)=[];
            num_model=num_model-1;
            new_model=0;
         end
         window_length=0;
      else
         continue
      end
   else
      % 3(b)
      if i==sample_size % 加入第一个模型
        %          TEMP=zeros(size(hf_re,1),size(hf_re,1));
         temp_vechol=realized(:,i-sample_size+1:i+20+window_valid-1);% 此阶段
的vech_chol_realizedCOV 20是因为每个样本长度总是至少跨越21天
           [beta,~,x_hat,y,~,~]=HAR_RV_est(temp_vechol,fre); % 估计HAR-RV
模型
         [X_hat]=HAR_RV_fore(temp_vechol,fre,beta); % 预测
         temp_error=sum((y-x_hat).^2,1); % 基于vech_chol_realizedCOV的mse
         num_model=num_model+1;
         % 计算第一个模型的ARE:基于第一批样本(样本内的)
         temp_error(abs(temp_error)<=theta)=0;
         error_model(num_model,1)=temp_error*penalty; % 第一个模型在第一个
窗口的误差 \epsilon_1^{\tau_j}
         % 各模型整体的误差（此处等于第一个模型在第一个窗口的误差）
          discount_k_matrix=k.^repmat([num_update:-1:0],num_model,1); % 每个
模型每个ARE对应的折现因子
         temp_total_error=error_model.*discount_k_matrix;
         discount_k_matrix(isnan(temp_total_error))=0;
```

```
            temp_total_error(isnan(temp_total_error))=0;
              total_error(num_model,1)=sum(temp_total_error,2)./(sum(discount_k_
matrix,2)); % 各模型的总ARE
            num_update=num_update+1;
             date_update{num_update}=stk_date{i+20+window_valid-1};% 更新模型
的日期(下一日相对当前模型来说，即划分为out-of-sampe)
            model_ind_yhat{num_model}=X_hat; % 模型预测值
            model_ind_coef{num_model}=beta;  % 模型系数
        else
            continue
        end
        log_num_model(num_update)=num_model;
    end
     %      str=['q:',num2str(q),' /',num2str(size(VALUE_alpha,2)),'; ',num2str(i),'
/',num2str(size(stk_date,1)-fre_size ),' , time elapses：',num2str(toc(t1)),' s'];
    %     waitbar(i/(size(stk_date,1)-fre_size ),h,str);
end
end

%% 做稳健性检验
% addpath(genpath(' X:\'));
%从原始数据得到高频的hf_re
di=dir(' X:\A股1分钟数据');
di(1:2)=[];
load('hf_stk_selected.mat','stk_selected','date_start','date_end')
stk_selected=stk_selected(1:43);
h = waitbar(0,'Please wait...');
t1=tic;
% 第1组股票
stk_date=cell(date_end-date_start+1,1);
k=1;
hf_re=nan(240,size(stk_selected,1),date_end-date_start+1);
for i=date_start:date_end
    stk_date{k,1}=di(i).name([1:4 6:7 9:10]);
    file=fopen([di(i).folder,'\',di(i).name]);
    data=textscan(file,'%d %f %f %d %f\n','Delimiter',',');
    fclose(file);
     loc_selected=ismember(data{1,1},stk_selected); % 选中股票在当天数据中的
```

```
位置
    hf_re(:,:,k)=reshape(data{1,5}(loc_selected,:),240,size(data{1,1}(loc_selected),1)/240);
   if size(data{1,1}(loc_selected),1)/240~=size(stk_selected,1) % 是否都包含240个区间？
   log_error(k)=i;
   end
   k=k+1;
    str=['calculating IVOL...',num2str(k),' /',num2str(date_end-date_start+1),' , time elapses：',num2str(toc(t1)),' s'];
   waitbar(k/(date_end-date_start+1),h,str);
end
% 补充对应的日收益率数据
load('aligned_daily_re.mat','daily_re','stklist','datelist_csiindex')
stklist=cellstr(stklist);
stklist=cellfun(@(x) str2num(x(1:6)),stklist,'UniformOutput',true);
loc_stk=ismember(stklist,stk_selected); % 匹配
loc_date=ismember(datelist_csiindex,cellfun(@(x) str2num(x),stk_date,'UniformOutput',true));
daily_re=daily_re(:,loc_stk);
daily_re_date=datelist_csiindex;
save(' X:\数据\robust_hf_re_43stks.mat','hf_re','stk_date','stk_selected','daily_re','daily_re_date')
% 清洗数据 计算RCOV-P-N-M
load(' X:\数据\robust_hf_re_43stks.mat')
log_error=[];
Realized_matrix.RCOV=nan(size(stk_selected,1),size(stk_selected,1),size(hf_re,3));
Realized_matrix.P=nan(size(stk_selected,1),size(stk_selected,1),size(hf_re,3));
Realized_matrix.N=nan(size(stk_selected,1),size(stk_selected,1),size(hf_re,3));
Realized_matrix.M=nan(size(stk_selected,1),size(stk_selected,1),size(hf_re,3));
Realized_matrix.M1=nan(size(stk_selected,1),size(stk_selected,1),size(hf_re,3));
Realized_matrix.M2=nan(size(stk_selected,1),size(stk_selected,1),size(hf_re,3));
dbstop if error
for i=1:size(hf_re,3)
   temp=hf_re(:,:,i);
   temp(isnan(temp))=0;
   temp(isinf(temp))=0;
```

```
  if sum(sum(temp>0.1))>=1 || sum(sum(temp<-0.1))>=1
     log_error=[log_error;i];
  end
  temp=log(1+temp);
  temp_Pos=(abs(temp)+temp)/2;
  temp_Neg=(temp-abs(temp))/2;
  Realized_matrix.RCOV(:,:,i)=temp'*temp;
  Realized_matrix.P(:,:,i)=temp_Pos'*temp_Pos;
  Realized_matrix.N(:,:,i)=temp_Neg'*temp_Neg;
  Realized_matrix.M1(:,:,i)=temp_Neg'*temp_Pos;
  Realized_matrix.M2(:,:,i)=temp_Pos'*temp_Neg;
  Realized_matrix.M(:,:,i)=Realized_matrix.M1(:,:,i)+Realized_matrix.M2(:,:,i);
end
save(' X:\数据\robust_hf_matrix_43_stks.mat','Realized_matrix','hf_re')
%%%%%%%%% HAR-RV %%%%%%%%%%
load(' X:\数据\robust_hf_matrix_43_stks.mat')
name={'RCOV','P','N'}; % 选择要进行预测的矩阵
 % =========cholesky + vectorize==================
 loc_vec=[]; % 上三角矩阵的索引
 k=1;
 for i=1:size(hf_re,2)

    loc_vec=[loc_vec;[1:k]'+size(hf_re,2)*(i-1)];
    k=k+1;

 end
log_notpd=[];
X=struct;
for i=1:size(name,2)

 temp=getfield(Realized_matrix,name{i});

 temp_matrix=nan(size(hf_re,2)*(1+size(hf_re,2))/2,size(temp,3));
 for j=1:size(temp,3)
   % 正定性 将元素全为0的对应证券的方差用过去10日的日已实现方差代替
   if rank(temp(:,:,j))<size(hf_re,2)
     log_notpd=[log_notpd;i j];
     temp_loc=find(diag(temp(:,:,j))==0);
```

```
      temp(temp_loc,temp_loc,j)=mean(temp(temp_loc,temp_loc,j-10:j-1),3);
    end
    if rank(temp(:,:,j))<size(hf_re,2)
      temp(:,:,j)=(temp(:,:,j-1)+temp(:,:,j+1))/2;
    end
    temp_chol=chol(temp(:,:,j));
    temp_matrix(:,j)=temp_chol(loc_vec);
 end
 X=setfield(X,name{i},temp_matrix);
end
save(' X:\数据\robustCheck_vechChol_HAR_RV_43stks.mat','X','loc_vec')
% 生成结果
% =========RCOV P N 仅基于HAR-RV的样本外表现(基于fronbenius
rmse)==================
load(' X:\数据\robustCheck_vechChol_HAR_RV_43stks.mat')
load(' X:\数据\robust_hf_re_43stks.mat')
fre={'month'}; % 不同期限的预测
name={'RCOV','P','N'}; % 选择要进行预测的矩阵
fre_size=[20]; % 对应的长度
HAR_result=struct;
window_size=240;
for t=1:size(name,2)
   temp=getfield(X,name{t});
   h = waitbar(0,'Please wait...');
   t1=tic;
   for i=1:size(fre,2)
      k=1;
      forecast_date=cell(size(stk_date,1)-fre_size(i)+1-window_size+1,1);
        FORE=nan(size(hf_re,2),size(hf_re,2),size(stk_date,1)-fre_size(i)-window_
size+1);
        REAL=nan(size(hf_re,2),size(hf_re,2),size(stk_date,1)-fre_size(i)-window_
size+1);
      rmse=nan(size(stk_date,1)-fre_size(i)-240+1,1);
       for j=window_size:size(stk_date,1)-fre_size(i) % 第一个预测 留一年作为初
始训练集长度 此后将使用window_size的历史数据作为训练集 最后留出fre_
size天作为最后一个预测区间
          str=['t=',num2str(t),'; 处理进度：',num2str((k/(size(stk_date,1)-fre_size(i)-
window_size+1))*100),' %, time elapses：',num2str(toc(t1)),' s'];
```

```
        waitbar(k/(size(stk_date,1)-fre_size(i)-window_size+1),h,str);
          forecast_date{k}=stk_date(j); %划分历史和未来的日期（下一日为未来）
        input=temp(:,1:j);
        % vech(chol(cov))预测值
        [beta,se,x_hat,~,t_stats,p_value]=HAR_RV_est(input,fre{i});
        [X_hat]=HAR_RV_fore(input,fre{i},beta);
        % chol(cov)预测值
        temp_fre=zeros(size(hf_re,2),size(hf_re,2));
        temp_fre(loc_vec)=X_hat;
        % cov预测值
        FORE(:,:,k)=temp_fre'*temp_fre;
        % 真实值
        temp_fre=zeros(size(hf_re,2),size(hf_re,2));
         temp_fre(loc_vec)=movmean(temp(:,j+1:j+fre_size(i)),fre_size(i),2,'Endpoints','discard'); %
        REAL(:,:,k)=temp_fre'*temp_fre;
        % RMSE
        rmse(k)=sum(sum((FORE(:,:,k)-REAL(:,:,k)).^2,1),2);
        k=k+1;
      end
      HAR_result=setfield(HAR_result,{1},[name{t},'_',fre{i}],FORE); % 字段第1行为预测协方差值
      HAR_result=setfield(HAR_result,{2},[name{t},'_',fre{i}],REAL); % 字段第2行为协方差真实值
      HAR_result=setfield(HAR_result,{3},[name{t},'_',fre{i}],rmse); % 字段第3行为对应rmse
      HAR_result=setfield(HAR_result,{4},[name{t},'_',fre{i}],forecast_date); % 字段第4行为日期
  end
end
stats=fieldnames(HAR_result);
stats(:,2)=num2cell(structfun(@(x) mean(x(~isnan(x))),HAR_result(3),'UniformOutput',true)'); % mean
stats(:,3)=num2cell(structfun(@(x) std(x(~isnan(x))),HAR_result(3),'UniformOutput',true)'); % std
% 组合投资
load(' X:\数据\result\robust_30stks_HAR_RV.mat');
```

```
load('robust_hf_re_30stks.mat')
daily_re_date=cellstr(num2str(daily_re_date));
name={'RCOV','P','N'}; %
fre_set={'month',20};
k=1;
title={};
for i=1:size(name,2)
  for j=1:size(fre_set,1)
    [i,j]
      eval(['result(k,1)=mean(HAR_result(3).',name{i},'_',fre_set{j,1},'(fre_set{j,2}:fre_set{j,2}:end));'])
      eval(['result(k,2)=std(HAR_result(3).',name{i},'_',fre_set{j,1},'(fre_set{j,2}:fre_set{j,2}:end));'])
      eval(['predict_result=HAR_result(1).',name{i},'_',fre_set{j,1},'(:,:,1:fre_set{j,2}:end-1);'])
      eval(['date_update=HAR_result(4).',name{i},'_',fre_set{j,1},'(1:fre_set{j,2}:end-2);'])
    % 三种投资策略表现
     [temp_result,w]=Portfolio_evualtion(daily_re,date_update,daily_re_date,fre_set{j,2},predict_result,'re'); % temp_result 为三种策略的表现 w 为权重
    if sum(sum(isnan(temp_result)))>0
      break
    end
    result(k,3:4)=[mean(temp_result(:,1)) min(temp_result(:,1))];
    result(k,5:6)=[mean(temp_result(:,2)) min(temp_result(:,2))];
    result(k,7:8)=[mean(temp_result(:,3)) min(temp_result(:,3))];
    title(k,:)={name(i) fre_set(j,1) fre_set{j,2}};
    % 交易成本
    cost(k,:)=[0 0];
    for p=1:size(w,3)-1
    cost(k,:)=cost(k,:)+sum(abs(w(:,1:2,p+1)-w(:,1:2,p)),1);
    end
    k=k+1;
  end
end
title_row=title;
title_col={'MSE','std(MSE)','ERC_mean(Re)','ERC_min(Re)','GMV_mean(Re)','GMV_min(Re)','1/N_mean(Re)','1/N_min(Re)'};
```

```
result=[[{''};title(:,1)] [title_col;num2cell(result)]];
% 表格
load('robust_result_43stks_HAR_RV.mat')
a=[result(2:end,2:end)];
load('robust_result_30stks_HAR_RV.mat')
a=[a;result(2:end,2:end)];
% 输出latex表格
rownames={'RCOV','P','N','RCOV_1','P_1','N_1'}; % ,'subs-4','subs-5'
colnames={'MSE','std(MSE)','ERC_mean(Re)','ERC_min(Re)','GMV_mean(Re)','GMV_min(Re)','1/N_mean(Re)','1/N_min(Re)'};
a=table(a(:,1),a(:,2),a(:,3),a(:,4),a(:,5),a(:,6),a(:,7),a(:,8),'VariableNames',colnames');
a.Properties.RowNames = rownames;
table2latex({a},'协方差阵',' X:\表格\table_robustCheck.tex');
```

第5章 高维投资组合优化

承接上一章的优化角度，本章依然将从风险侧的角度对经典策略进行优化。本章进一步考虑到市场微观结构噪声的影响，使用第3章介绍的PRVM作为高频数据下的协方差矩阵估计量来度量风险。同时，本章考虑到了数据高维问题，将POET方法运用到PRVM估计量中，即运用合理的适应性门限方法对PRVM的残差矩阵做进一步处理从而得到稳健的估计量，在运用POET方法的过程中，为了解决行业分类门限法的主观性问题，使用RCM（reverse Cuthill-McKee）算法对剔除了主要成分的残差矩阵重新排序并做分块对角化门限处理，最终构造出结合RCM算法的PRVM-POET估计量，将该估计量作为样本协方差矩阵的替代，代入带约束的GMV模型，以改进经典策略的样本外绩效表现。

简言之，本章从风险侧角度优化投资组合构造过程，在上一章的基础上更进一步，同时考虑到数据高频和高维的问题，结合RCM算法构造了新的风险度量指标PRVM-POET估计量，并将此估计量带入带约束的GMV策略中以改进其样本外绩效表现。

5.1 高维协方差矩阵估计量：POET

在第3章的理论介绍中，我们了解到了一些适用于高频和高维交易数据的协方差矩阵估计量。其中，关于高频数据协方差矩阵，我们介绍了PRVM可以用来处理高频金融价格数据中所普遍存在的噪声；关于高维数据协方差矩阵，我们提到对其的一致估计往往依赖于合理的降维，因此设置合理的稀疏性条件就显得十分必要。在此基础上，我们介绍了通过PCA方法识别和剔除金融资产间的共同因子，并对剩下的残差矩阵设置"条件"稀疏的POET估计方法。在本章，我们同时考虑到数据高频和高维问题，将POET方法直接作用到高频数据下的协方差矩阵估计量PRVM中去，以在高频数据环境中实现降维，从而更好地适应高频和高维的交易特点。

关于PRVM和POET的具体理论介绍可参考第3章。其中PRVM估计量的具体形式如式（5-1）所示：

$$MRC^{bc}=MRC(Y)_n-\frac{\psi_1}{\theta^2\psi_2}\hat{\Psi}_n, \tag{5-1}$$

其中，$\hat{\Psi}_n=\frac{1}{2n}\sum_{i=1}^{n}\Delta_i^nY(\Delta_i^nY)'$，$\psi_1=k_n\sum_{i=1}^{k_n}\left(g\left(\frac{i}{k_n}\right)-g\left(\frac{i-1}{k_n}\right)\right)^2$，$\psi_2=\frac{1}{k_n}\sum_{i=1}^{k_n-1}g^2\left(\frac{i}{k_n}\right)$。

Christensen等（2010）证明该估计量具有一致性。由于减去了纠偏项或者使用了下文中的软、硬、适应性Lasso等门限处理方法，最终估计量的半正定性无法得到保证，因此本章在实际处理

数据时，寻找估计量的最近相关系数（nearest correlation）矩阵 $\mathbf{X}$ 对应的协方差矩阵来保证半正定性。优化问题具体可表示为：$\min\{\| A-X\|_F : X\}$，$\mathbf{A}$ 为 MRC^{bc} 对应的相关系数矩阵。可通过交替投影法（alternating projections method，APM）对优化问题进行保证收敛（guaranteed convergence）求解。定义闭凸集合：

$$S=\{Y=Y^T\in\mathbb{R}^{n\times n}:Y\geqslant 0\},$$
$$U=\{Y=Y^T\in\mathbb{R}^{n\times n}:Y_{ii}=1,\ i=1:n\}.$$

最近相关系数优化问题即可转化为在集合 S 和集合 U 的交集中寻找与 A 距离最近的矩阵。定义两种投影方式：$\mathcal{P}_S(Y)$ 和 $\mathcal{P}_U(\mathbf{Y})$，分别表示将对称矩阵 $\mathbf{Y}$ 投影到集合 S 和集合 U 上。第一种确保半正定性的投影需要进行特征分解：$\mathcal{P}_S(\mathbf{Y})=\mathbf{B}\Lambda_\delta\mathbf{B}'\,(\delta\geqslant 0)$，$\Lambda_\delta$ 表示仅保留大于等于 δ 的特征值，其余特征值全部取为 δ。第二种投影 $\mathcal{P}_U(\mathbf{Y})$ 只需将 Y 的主对角元素全部设为1即可。交替投影法的具体步骤为：

步骤1　设置最近相关系数矩阵的初始值 X_0 为 A，步长设置为 $\Delta S_0=0$，设置容忍度tol。

步骤2　反复迭代：$H_j=X_{j\text{-}1}-\Delta S_{j\text{-}1},(j=1,2,\cdots,J)$，$Y_j=\mathcal{P}_S(H_j)$，$\Delta S_j=Y_j-H_j$，$X_j=\mathcal{P}_U(Y_j)$。

步骤3　若 $\| X_j-Y_j\|_F\leqslant \text{tol}$，结束迭代，$X=X_j$ 即为所求。

Higham（2002）证明了当 $j\to\infty$ 时，X_j 和 Y_j 都将收敛至最近相关系数矩阵。为了进一步增加收敛速度，本章使用Higham和Strabic（2016）提出的Anderson加速法来进行交替投影过程，并只针对数值模拟和实证检验中出现的少量负定或不定的估计量结果进行该操作。

最近相关稀疏矩阵对应的协方差矩阵即为保证半正定性的PRVM估计量 $\hat{\Sigma}$。对 $\hat{\Sigma}$ 使用POET方法，得到PRVM-POET估计量，主要步骤如下：

①令 $\hat{\lambda}_1 > \hat{\lambda}_2 > \cdots > \hat{\lambda}_p$ 为半正定性的PRVM估计量 $\hat{\Sigma}$ 的特征值，$\hat{\xi}_1, \hat{\xi}_2, \cdots, \hat{\xi}_p$ 为对应的特征向量，进行谱分解：

$$\hat{\Sigma} = \hat{\Gamma} + \Gamma^s = \sum_{j=1}^{\hat{r}} \hat{\lambda}_j \hat{\xi}_j \hat{\xi}_j' + \Gamma^s, (\Gamma^s)_{ij} = \Gamma_{ij}^s, \tag{5-2}$$

其中 $\Gamma^s = \sum_{j=\hat{r}+1}^{p} \hat{\lambda}_j \hat{\xi}_j \hat{\xi}_j'$ 为主正交成分（principal orthogonal complements）。

②对稀疏的 Γ^s 的每个元素进行门限处理：

$$\tilde{\Gamma}_{ij}^s = \begin{cases} \max\{\Gamma_{ij}^s, 0\}, & i = j, \\ s_{\varpi}(\Gamma_{ij}^s) 1(|\Gamma_{ij}^s \geqslant \varpi_{ij}), & i \neq j. \end{cases} \tag{5-3}$$

其中 $s(\cdot)$ 为适应性门限函数，包括硬门限、软门限和适应性Lasso门限函数等，具体形式分别为：

$$s_{\varpi}^{\text{soft}}(x) = x, s_{\varpi}^{\text{hard}}(x) = x - \text{sign}(x)\varpi_{ij}, s_{\varpi}^{\text{AL}}(x) = x(1 - |\varpi_{ij} / x|^{\eta})_+, \tag{5-4}$$

其中 $\eta \geqslant 1$，ϖ_{ij} 为适应性门限水平。考虑到证券间存在的相关关系，Kim等（2016）将该门限水平设置为：

$$\varpi_{ij} = \lambda \sqrt{n^{-1/2} \log p \min\{\tilde{\Gamma}_{ii}^s, 0\} \min\{\tilde{\Gamma}_{jj}^s, 0\}}, \tag{5-5}$$

其中 λ 为常数，可通过多交易日的交叉验证（cross-validation）求得。这一适应性的门限水平不仅反映了波动率的异质性，且免去了Cai和Liu（2011）使用渐进方差估计量时所需的繁琐估计步骤，因此更加合适。

③得到PRVM-POET估计量：$\hat{\Sigma}^{PRVM-POET} = \hat{\Gamma} + \tilde{\Gamma}^s$。

以上②和③的门限处理涉及多个调整参数（tuning parameter）的设定，因而在操作上比较复杂。Fan等（2016）发现将样本股票按行业分类进行重排后，Γ^s 存在对角线上的元素聚集现象。随后，Ait-Sahalia和Xiu（2017）在此基础上增加了关于 Γ^s 的稀疏性和分块对角结构等假设，并基于行业分类对稀疏残差矩阵 Γ^s 进行分块对角化门限处理：

$$\tilde{\Gamma}^s = (\Gamma_{ij}^s 1_{(i,j)\in I}). \tag{5-6}$$

其中 I 表示行业分类。简而言之，这一门限方法的基本思路是保留 Γ^s 主对角线上同行业股票方阵内的元素，其他位置的元素均取零。这一过程涉及使用具体的行业分类标准（如美国的GICS等），具有较大的主观性，因此本章主要在Ait-Sahalia和Xiu（2017）假设的基础上，尝试使用RCM算法对 Γ^s 的真实分块对角结构进行客观还原。

5.2 使用 RCM 算法改进 POET 估计量

5.2.1 RCM算法介绍

为了还原分块对角矩阵，必须重新排列残差矩阵中的元素，使它们尽可能靠近主对角线。本章使用RCM算法达到此目的。RCM算法和CM（Cuthill-McKee）算法能够通过重新排序将对称稀疏矩阵转化为带宽更小的带状矩阵，从实现的角度来说属于广度优先搜索（breadth-first search）算法的一种。RCM算法的结果由

CM算法遍历结果取逆得到，其结果至少好于CM算法。具体地，对于一个给定的6×6稀疏对称矩阵，其可转换为一个图的邻接矩阵**R**：

$$\mathbf{R}=\begin{pmatrix}1&0&0&1&1&0\\0&1&1&0&0&1\\0&1&1&1&1&1\\1&0&1&1&0&0\\1&0&1&0&1&1\\0&1&1&0&1&1\end{pmatrix}.$$

可见，**R**的初始带宽为4。CM算法主要是从与联结度较小的节点出发，按照一定的标准重新标记图中的结构节点，使稀疏矩阵的元素尽可能靠近主对角线，从而减小带宽。RCM算法则将CM算法得到的节点号全部进行逆序，其结果被证明至少优于CM算法。具体地，邻接矩阵**R**对应一个包含6个节点的无向图，见图5-1。以节点1为起点的树状图见图5-2。首先生成一个空的队列Q和空的目标排序结果C，计算各个节点和邻节点的度[①]。

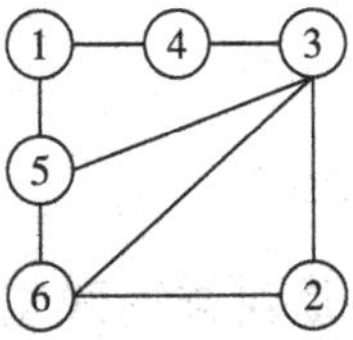

图 5-1 无向图

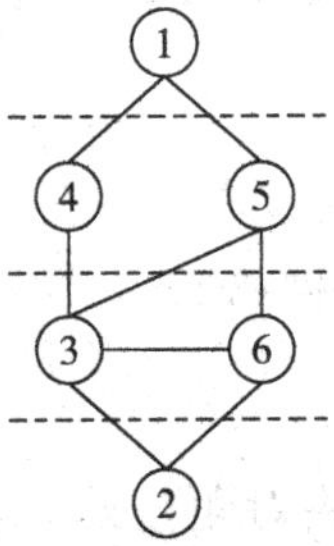

图 5-2 树状图

随后，RCM算法具体可分为4个步骤：

① 邻节点：与某一节点连接的点；度：邻节点的个数。

步骤1 任意选取一个节点x_i，计算其对应树状图的深度d_i，并找出与其距离最远的点x_j，再次计算对应树状图深度d_j，若$d_i < d_j$，那么将点x_j作为起始点重复此步骤，否则输出x_j作为步骤2的初始节点。

步骤2 从不在C中且度最小的节点中随意选取一个节点加入C，将与其连接的节点按度从小到大依次加入Q。

步骤3 提取Q中的第一个节点，将其加入C（若已处于C中则跳过该节点），并将与其连接的节点按度从小到大依次加入Q。

步骤4 若Q非空，重复步骤3。若Q为空，且C并未包括所有的节点，回到步骤2，否则输出C作为CM的结果。

对C进行逆排序①可得到最终的排序结果。**R**经过RCM排序后的带宽相应减少为2。

5.2.2 基于模拟数据的结果

在进行实证研究前，本章先使用模拟生成的数据，检验RCM算法是否具有还原乱序残差矩阵的能力，并将估计精度做比较，以证明改进后的估计量拥有更好的预测能力。本章在数值模拟中首先考察了RCM算法在理想情形下（即PCA完全剔除公共因子）能否还原残差矩阵初始的分块对角结构，随后，将数据生成过程设置为包含分块对角残差矩阵的因子模型，并将基于RCM改进的估计量的估计精度与其他估计量进行了比较。

参考Fan等（2016）、Ait-Sahalia和Xiu（2017），我们设置了

---

① 以6×6的R为例，其CM结果为：$C=[x_1,x_4,x_5,x_3,x_6,x_2]$，逆排序后为：$C'=[x_6,x_3,x_2,x_4,x_1,x_5]$。

包含 r 个因子的连续时间模型，假设对数价格 Y_{it} 服从：

$$dY_{it}=\sum_{j=1}^{r}\kappa_{ij}dX_{jt}+dZ_{it},dX_{jt}=b_j dt+\sigma_{jt}dW_{jt},dZ_{it}=\gamma_i' dB_{it},i=1,2,\cdots,p,\tag{5-7}$$

其中 B_i 和 W_j 分别为互相独立的 p 维布朗运动和标准布朗运动。Z 的协方差 $\boldsymbol{\Gamma}$ 为分块对角矩阵，$\boldsymbol{\Gamma}=\boldsymbol{\gamma}^{\top}\boldsymbol{\gamma}$，$\boldsymbol{\gamma}=(\gamma_1,\cdots,\gamma_p)$。假设时变波动率服从：

$$d\sigma_{jt}^2=\alpha_j(\beta_{j0}-\sigma_{jt}^2)dt+\beta_{j1}\sigma_{jt}dU_{jt},\tag{5-8}$$

其中 $\alpha=(3,4,5)$，$\beta_0=(0.09,0.04,0.06)$，$\beta_1=(0.3,0.4,0.3)$，$b=(0.005,0.003,0.001)$。U_{jt} 为标准布朗运动，且满足 $\mathbb{E}\left[dW_{jt}\,dU_{jt}\right]=\rho_j dt$，设置 $\rho=(-0.6,-0.4,-0.25)$。资产数设置为 $p=300$，设定因子个数 $r=3$，对应的载荷生成过程分别为：$\kappa_1\sim\mathrm{U}(0,0.1)$，$\kappa_2,\kappa_3\sim\mathrm{N}(0,0.05^2)$。对角分块的大小符合 $\mathrm{U}(1,50)$，并确保和等于300。将下限设置为1的目的在于模拟可能出现的属于单独分类的证券。$\boldsymbol{\Gamma}$ 主对角线元素的生成过程为：$\mathrm{U}(0.05,0.09)$，每个分块的相关系数生成过程为：$\mathrm{U}(0.15,0.6)$。噪声的生成过程为：$Y_{it}^n=Y_{it}+\varepsilon_{it},\varepsilon_{it}\sim\mathrm{N}(0,w^2)$。本章为了将重点集中于比较处理残差矩阵的几种方法，所以假定不存在非同步现象，即所有时间点是同步和等距的。分别取 $w=0,0.005,0.01,0.05$ 代表不同的噪声水平。本章使用欧拉方法对各随机过程进行离散化，每日的交易时间为4小时，每秒生成一个对数价格，因此 $\Delta t=1/14400$，共生成50个交易日的数据，并对模拟的资产价格设置了 $\pm10\%$ 的上限和下限①。

① 设置上下限的具体做法为：假设昨日收盘价格为 P_{it-1}，生成价格序列后，将大于 $1.1P_{it-1}$ 或小于 $0.9P_{it-1}$ 的价格分别设置为 $1.1P_{it-1}$ 或 $0.9P_{it-1}$。

图5-3（a）为某天模拟生成的对角矩阵$\mathbf{\Gamma}$，共有11个分块。图5-3（b）为将$\mathbf{\Gamma}$按照随机顺序打乱后的矩阵。本章使用RCM排序算法对乱序矩阵重新排列，结果见图5-3（c）。可以看出，RCM算法能够还原$\mathbf{\Gamma}$的分块对角结构，还原后的分块位置发生了变化，而分块内的证券组成则保持一致，我们在图5-3（c）的每个分块上标出了对应图5-3（a）中分块的序号。

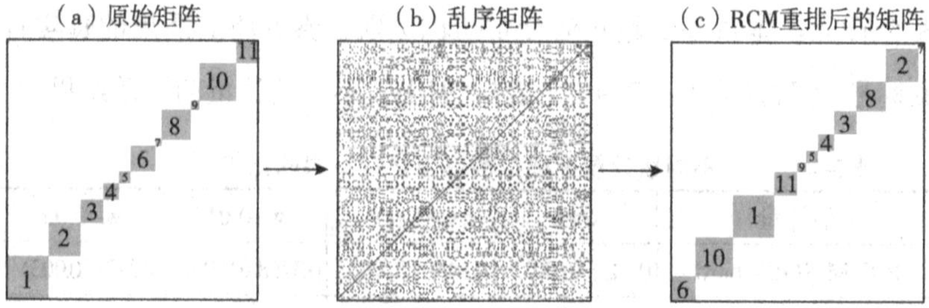

图5-3　使用RCM还原乱序矩阵的结果

本章将窗宽参数设定为$k=\lfloor n^{1/2} \rfloor$以达到最优的收敛速度。权重函数的具体形式为：$g(x)=x\wedge(1-x)$。将参数调整后的PRVM估计量进行PCA和不同门限处理得到PRVM-POET估计量，并按照以下方法选择POET估计量中最优因子的个数：

$$\hat{r}=\underset{1\leqslant j\leqslant r_{\max}}{\operatorname{argmin}}\left(p^{-1}\lambda_j(\hat{\mathbf{\Sigma}})+j\times f(n,p)\right)-1, \qquad (5\text{-}9)$$

其中惩罚函数选择$f(n,p)=c_1\left(n^{-1/2}\sqrt{\log p}+p^{-1}s_p\right)^{c_2}\cdot \operatorname{median}\left(\left\{\hat{\lambda}_1,\cdots,\hat{\lambda}_p\right\}\right)$，$c_1$和$0<c_2<1$为调整参数，设置为：$c_1=0.02\times\lambda_{\min(p,n)/2}(\hat{\mathbf{\Sigma}})$，$c_2=0.5$。将最大因子个数$r_{\max}$设置为20。$s_p$为衡量残差矩阵$\mathbf{\Gamma}$稀疏性的确定性函数，将其设置为：$s_p=\max_{1\leqslant i\leqslant p}\sum_{1\leqslant j\leqslant p}1_{\{\Gamma_{ij}\neq 0\}}$，$q\in[0,1)$。本章使用基于Frobenius范数的均方根误差（RMSE）来衡量误

差：$\text{RMSE}=\frac{1}{50}\sum_{t=0}^{49}\|\hat{\boldsymbol{\Sigma}}_t-\boldsymbol{\Sigma}_t\|_F$。

此外，考虑到现实中各种行业分类标准（GICS，ISIC，NAICS等）均是人为制定，它们对各证券的分类存在或大或小的差异，因此同样很可能与真实的分块标准存在差异。因此，为了体现使用这些现实行业分类标准所存在的主观性，本章在上文模拟数据的真实行业分类标准中引入一定比率的“错误”。假设$\boldsymbol{\Gamma}$中包含K个行业，本章基于超几何分布随机选取证券并将其所属的真实行业标号D_k替换为$K-D_k+1$。表5-1列出了不同估计量的误差结果。

表5-1　　不同估计量在模拟情形下估计结果的比较

估计量	w=0	w=0.005	w=0.01	w=0.05
PRVM-POET-hard	0.3456 (0.003)	0.3460 (0.003)	0.3468 (0.003)	0.3753 (0.003)
PRVM-POET-soft	0.3192 (0.003)	0.3194 (0.003)	0.3200 (0.003)	0.3393 (0.003)
PRVM-POET-AL	0.3437 (0.003)	0.3440 (0.003)	0.3448 (0.003)	0.3721 (0.003)
PRVM-POET-Loc-RCM	0.3001 (0.003)	0.3002 (0.003)	0.3007 (0.003)	0.3111 (0.003)
PRVM-POET-Loc-IND	0.2935 (0.003)	0.2937 (0.003)	0.2942 (0.003)	0.3072 (0.003)
PRVM	0.3460 (0.003)	0.3464 (0.003)	0.3472 (0.003)	0.3760 (0.003)
RV-1min	0.0986 (0.000)	0.1200 (0.000)	0.1971 (0.000)	3.0058 (0.003)
RV-5min	0.2217 (0.001)	0.2306 (0.001)	0.2581 (0.001)	1.2906 (0.003)
RV-15min	0.3857 (0.003)	0.3905 (0.003)	0.4067 (0.003)	0.9594 (0.004)
PRVM-POET-Loc-IND*	0.2981 (0.003)	0.2983 (0.003)	0.2986 (0.003)	0.3115 (0.003)

注：括号中为标准误；PRVM-POET指经过预平均处理的POET估计量；hard、soft和AL则分别表示门限函数形式$\hat{\Gamma}$为硬、软和Adaptive Lasso；Loc-RCM、Loc-IND和Loc-IND*分别表示使用RCM、真实行业和含30%错标行业对残差矩阵进行对角分块门限处理；RV1、RV5、RV15 分别表示基于1、5、15 分钟对数收益率直接计算的已实现协方差。

从表5-1中可以看出，当价格存在高噪声时，PRVM-POET和PRVM的RMSE均明显小于基于1分钟对数收益率计算的样本已实现协方差估计量，这说明预平均处理能够比较有效地处理价格中的噪声，并且说明降噪后的POET能更精确地估计真实波动率中所包含的近似因子结构。值得注意的是，低噪声对于样本估计量的估计精度影响不大，而对预平均后的估计量有一定的影响；然而噪声的进一步增加对于预平均处理过的估计量几乎不产生影响，其他估计量的估计精度则显著下降；当噪声进一步增加时，数据频率越高，误差越大。这与Christensen等（2010）的结果高度一致。由于真实分块已知，PRVM-POET-Loc-IND的误差小于PRVM-POET-Loc-RCM。在引入错误分类后，PRVM-POET-Loc-IND的误差增加。在噪声较高且错误比例较高（30%）的情形下，使用RCM的误差更小。接下来，本章将在实证分析中对RCM分类和按照各种行业分类标准进行分类的方式做进一步比较。

5.3 投资组合在A股的实证表现

在第3章中，我们已经介绍了GMV这种仅考虑风险的投资组合策略，本章对这个模型做出改进，将PRVM-POET作为新的风险度量指标来代替样本协方差矩阵估计量，考察施加不同门限约束的该类型估计量在带不同L_1范数约束的GMV中的表现：

$$\min_{w} \sigma_p = w'\hat{\Sigma}w,\ s.t.\ w'l = 1,\ \|w\|_1 = c. \tag{5-10}$$

此外，参考Ait-Sahalia和Xiu（2017）的结果，本章选取了较小的c以更好地比较各估计量之间的表现。当$c = 1,2$时，RV的总敞口约束束紧。

基于数值模拟的结果，本节将使用我国股市高频高维的数据，进一步考察改进后的估计量在实际数据中的表现。首先利用2018全年的对齐数据比较了RCM算法与三种不同行业分类标准对于稀疏残差协方差阵的重排序结果，随后使用2015年股灾期间和2018全年的随机挑选样本，计算改进后的估计量并将其应用于带不同 L_1 范数约束①的最小方差组合投资，对不同估计量的投资收益、波动率以及样本预测误差进行了比较。

本章所采用的数据为沪深A股3567只股票2015年6月15日至2016年6月15日（241个交易日）以及2018年1月1日至2018年12月28日（243个交易日）的1分钟高频交易数据，来源为WIND数据库。随后进行数据清洗工作，本章将数据分为两组：第一组为2018年对齐的样本，筛选标准为：剔除在选中时间段内停过牌的股票，剔除存在超过5条以上价格数据缺失和价格错误的股票，筛选后得到280只股票作为有效样本组合。第一组样本主要用于研究稀疏残差矩阵的特征，展示行业分类门限法对残差矩阵进行分块对角化的大体效果，以及RCM方法在实际中使用的效果。第二组为2015年股灾发生后一年以及2018全年的随机抽样样本。选择股灾作为研究时段的原因在于，股灾期间个股的共同因子结构可能发生变化，且个股的共同异质波动更加明显，行业分块的现象亦可能发生变化，因此能够更好地比较各种门限方法的效果。第一组样本中包含的股票组合固定且仅占股市的很小一部分，预测结果很可能导

① 在投资组合研究中，L_1 范数约束又被称为总敞口约束（gross-exposure constraints），当 $c=1$ 时，该约束等同于非卖空约束；当 $c\to\infty$ 时，该约束不起作用，卖空不受限制。

致样本选择偏差。因此，本章在第二组中采取随机挑选的方式。具体筛选标准过程为：每日从满足“当日和下一日均不停牌、不存在数据缺失”的股票池中不放回随机抽取250只股票作为有效样本组合，若当日符合条件的股票不足250便跳过当日。

本章首先按代码对280只股票增序排列，随后基于不同的因子个数r①得到样本期内每日的残差矩阵$\boldsymbol{\Gamma}$。我们参照Ait-Sahalia和Xiu（2017）的做法，保留了$\boldsymbol{\Gamma}$中相关系数大于0.15的元素，并对超过半数交易日均得到保留的元素以及主对角线元素进行标记，得到的标记矩阵见图5-4。可见，随着主成分因子个数r的增加，标记矩阵逐渐稀疏，当$r=7$时，符合条件的协方差已不足5%，且近似呈无规律排列。

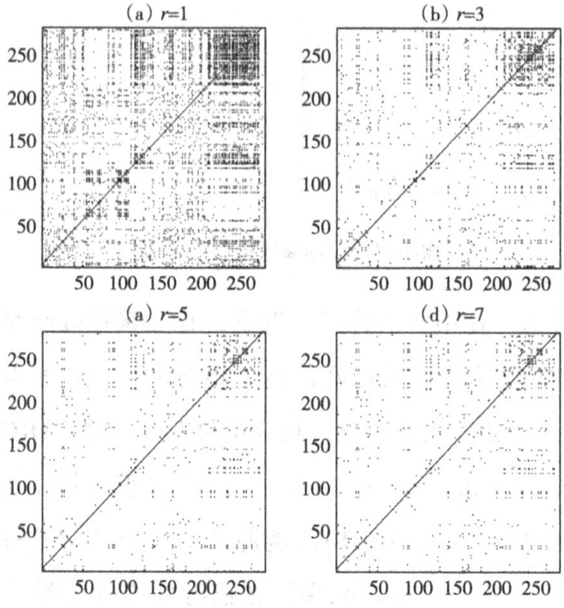

图 5-4　不同因子数目对应的残差标记矩阵

① 根据式(5-9)可计算每日最优的因子个数$\hat{r}$，设置参数：$r_{\max}=20$，$c_1=1$，$c_2=0.5$。

随后，我们使用三种不同的行业分类准则[①]对残差矩阵$\boldsymbol{\Gamma}$重新排列，每日剔除最佳个数$\hat{r}$的公共因子后的标记矩阵见图5-5。

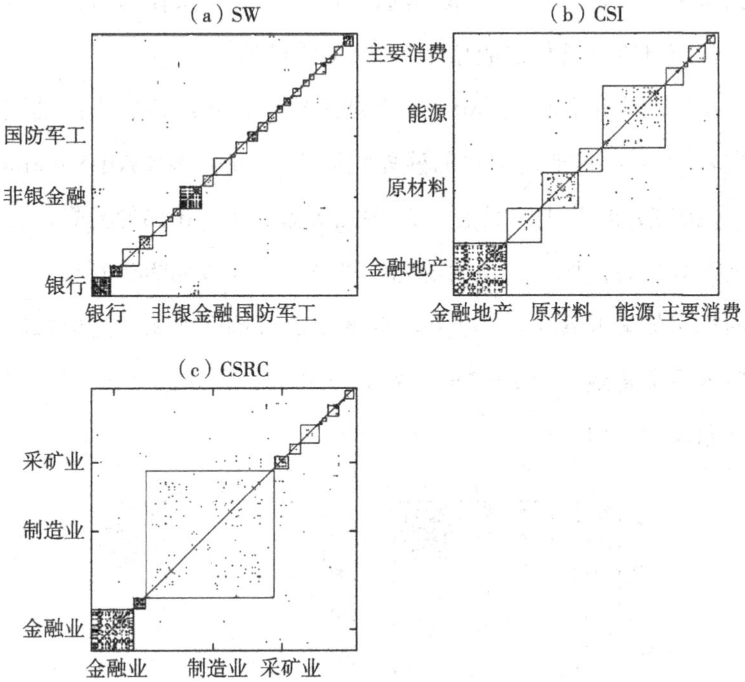

图 5-5 按不同行业标准重排后的残差标记矩阵

可以看出，在不同的分类标准下，行业聚集效应存在较大差异。按照SW重排的效果最好，其中银行业分块的稀疏度s达到0.345，所有行业分块稀疏度均值为0.717；CSI和CSRC稀疏度均值分别为0.728和0.737，虽与SW差距不大，但它们在几个较大行业分块的稀疏度较高，如CSI的能源（$s=0.95$）和CSRC的制造业分块（$s=0.99$）。总体来说，按照行业进行分类重排虽然不涉及调参和优化的过程，但还原残差矩阵对角分块结构的效果较

① 三种行业分类标准为：申万（SW）、中证（CSI）和证监会（CSRC），分别将样本股票分为27、11和18个行业。

差。除分块平均稀疏度较高的问题之外，行业重排的残差标记矩阵经常会出现远离主对角线、稀疏度较低的大分块（Barndorff-Nielsen等，2008），这说明所使用的分类标准并非最优，因此直接将这些分块取零值处理是不恰当的。由于使用不同的行业分类标准进行门限处理会得到不同的方块对角结构，存在较强的主观性，因此这种重排方法很难作为一种有效和普适的门限处理手段。

由于残差矩阵被假定为稀疏的分块对角矩阵，分块内的稀疏程度应远小于分块外，因此，本章使用RCM算法以尽可能还原真实的分块对角结构。考虑到真实的分块大小和位置均未知，我们设置了多个不同的稀疏度上界，并沿对角线寻找低于这些稀疏度的符合条件的分块。为了确保分块的大小适中，我们将每个符合稀疏度条件的分块大小的下限设为3，上限为280。稀疏度s的计算方式为分块内零元素占所有元素个数的比率。我们对每日剔除了$\hat{r}$个因子后得到的残差标记矩阵进行了重排，图5-6为按照四种不同稀疏度寻找分块的结果，坐标轴表示对基于交易代码的原始顺序进行重排后的位置。

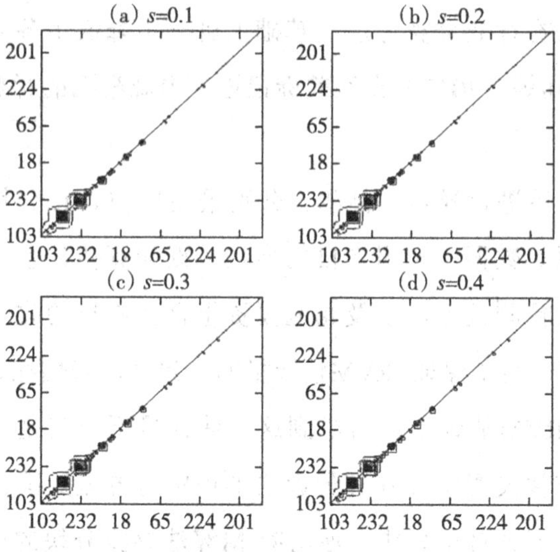

图 5-6 RCM 算法重排后的残差标记矩阵

从图5-6可以看出，RCM算法能够通过调整股票的顺序来减少非零元素与主对角线的距离，矩阵中远离主对角线的位置完全稀疏，而主对角线附近的稀疏度则显著提高。图5-6中四次寻得分块的稀疏度均值依次为0.02、0.06、0.159和0.343，优于图5-5基于行业分类进行重排的结果。值得注意的是，对于对角线上的较大非稀疏区域来说（如[232, 232]附近区域），设置不同稀疏度会得到不同的分块。$s=0.1$ 和0.2时，该区域被分为多个小分块；当 $s=0.3$ 时，该区域则完全被一个分块覆盖。我们将相关系数下限设置为0.14后，发现该区域的稀疏度大幅降低，这说明设置合理的稀疏度十分重要。稀疏度过低会导致分块过小，与直接保留对角元素差异不大；稀疏度过高则会导致分块过大，从而违背门限处理的初衷。此外，我们发现使用RCM算法进行重排和分块后的结果与行业分类具有较高相关性。图5-6（c）中[232, 232]附近的分块包含17只股票，若对应不同行业分类标准，其中15只属于金融业（ZZ），其余分块所包含股票亦是如此。这说明本章所采用的分类重排方法在行业分类方法的基础上进一步降低了各分块内的稀疏度，与Fan等（2013）在残差标记矩阵中观察到的行业聚集现象一致。

本章随后进行样本外预测。分别采用1、5、15分钟高频数据作为样本原始数据，利用当日的高频数据计算估计量，并计算其在第二日的预测误差，以及相应投资组合在次日的收益和日内已实现波动率。为了保证PRVM估计量的一致性，我们在这里使用误差修正的PRVM估计量。考虑到这一估计量不一定是半正定的，我们使用交替投影法寻找其最近的半正定协方差矩阵。使用证监会行业标准划分对角分块，使用RCM算法寻找分块的稀疏度上限设置为0.15。作为比较对象，我们还考虑了通用门限（universal thresholding，UT）估计量和适应性门限（adaptive thresholding，AT）估计量（Kim等，2018）。这里仅采用软门限法则。UT和AT估计量的计算方法为：

$$\mathrm{UT}_{\varpi}^{S}(\hat{\Sigma})=((\hat{\Sigma}_{ij}-sign(\hat{\Sigma}_{ij})\varpi)1(|\hat{\Sigma}_{ij}|\geqslant\varpi,i\neq j))+(\hat{\Sigma}_{ij}1(\hat{\Sigma}_{ij}\geqslant 0,i=j)),\tag{5-11}$$

$$\mathrm{AT}_{\varpi}^{S}(\hat{\Sigma})=((\hat{\Sigma}_{ij}-sign(\hat{\Sigma}_{ij})\varpi_{ij})1(|\hat{\Sigma}_{ij}|\geqslant\varpi_{ij},i\neq j))+(\hat{\Sigma}_{ij}1(\hat{\Sigma}_{ij}\geqslant 0,i=j)),\tag{5-12}$$

其中 ϖ 和 $\varpi_{ij}=\lambda\sqrt{\hat{\theta}_{ij}n^{-1/2}\log p}$ 分别为通用和适应性（即针对每个元素）的门限水平，$\hat{\theta}_{ij}$ 为方差因子，其计算公式参见Kim等（2018），常数 λ 通过最小化RMSPE求得，本章使用不同频率数据的PRVM估计量作为门限处理对象，具体计算公式见式（5-1）。2015年和2018年的预测误差和组合投资结果分别见表5-2和表5-3。

表5-2　2015年股灾期间不同协方差估计量的投资和预测结果

估计量	最小方差		敞口约束		等权重		RMSPE（均方根百分比误差）
	收益率	波动率	收益率	波动率	收益率	波动率	
hard	−0.0021 (0.002)	5.49×10^{-4}	−0.0037 (0.003)	5.62×10^{-4}	−0.0015 (0.002)	7.26×10^{-4}	0.2067 (0.019)
soft	−0.0021 (0.002)	5.39×10^{-4}	−0.0036 (0.003)	5.62×10^{-4}	−0.0015 (0.002)	7.26×10^{-4}	0.2059 (0.019)
AL	−0.0021 (0.002)	5.46×10^{-4}	−0.0035 (0.003)	5.55×10^{-4}	−0.0015 (0.002)	7.26×10^{-4}	0.2067 (0.019)
Loc-IND	−0.0021 (0.002)	5.29×10^{-4}	−0.0040 (0.003)	5.45×10^{-4}	−0.0015 (0.002)	7.26×10^{-4}	0.2055 (0.019)
Loc-RCM	−0.0021 (0.002)	5.26×10^{-4}	−0.0044 (0.003)	5.30×10^{-4}	−0.0015 (0.002)	7.26×10^{-4}	0.2041 (0.018)

续表

估计量	最小方差		敞口约束		等权重		RMSPE（均方根百分比误差）
	收益率	波动率	收益率	波动率	收益率	波动率	
UT	−0.0015 (0.002)	6.73×10^{-4}	−0.0036 (0.003)	6.24×10^{-4}	−0.0015 (0.002)	7.26×10^{-4}	0.2004 (0.018)
AT	−0.0014 (0.002)	5.44×10^{-4}	−0.0035 (0.003)	5.54×10^{-4}	−0.0015 (0.002)	7.26×10^{-4}	0.2065 (0.019)
PRVM	−0.0021 (0.002)	5.50×10^{-4}	−0.0038 (0.003)	6.48×10^{-4}	−0.0015 (0.002)	7.26×10^{-4}	0.2067 (0.019)
RV	−0.0023 (0.002)	5.86×10^{-4}	−0.0040 (0.003)	6.85×10^{-4}	−0.0015 (0.002)	7.26×10^{-4}	0.3025 (0.025)

注：括号中为标准误；RV表示样本已实现协方差；除PRVM和RV外，其余所有估计量均经过PRVM和POET处理；因篇幅有限，本章仅列出基于1分钟数据的估计结果；敞口约束 $c=1$ 即为最小方差的结果，$c=2$ 为敞口约束的结果。

首先分析预测误差结果，从表5-2和表5-3中可以看出，相比2018年的误差结果，各估计量在2015年股灾期间的预测效果略有下降。整体而言，使用PRVM进行预处理的RMSPE优于样本已实现协方差的结果，这说明对原始数据进行预平均处理可以在一定程度上消除真实数据中存在的噪声。适应性门限（AT）要优于通用门限（UT），与Kim等（2018）的结果一致。使用RCM进行分块对角化门限处理的结果较按行业分类相对更优，不过我们发现当隐藏的行业分类非常多或者证券数较少时，这一差距也将减少，此时使用其他门限方法会得到更好的结果。此外，基于1分钟频率数据的结果优于15分钟和5分钟的结果①，这说明预平均处理能够很好地抵消更高频数据中的微观结构噪声，并利用更多的样本量逼近真实波动率矩阵。

① 若仅采用2018年的对齐数据（第一组样本），结果显示15分钟的结果要优于5分钟和1分钟，因此有理由认为该结果受样本选择性偏差的影响。

表5-3 2018年不同协方差估计量的投资和预测结果

估计量	最小方差		敞口约束		等权重		RMSPE（均方根百分比误差）
	收益率	波动率	收益率	波动率	收益率	波动率	
hard	−0.0017 (0.002)	2.19×10^{-4}	−0.0031 (0.003)	2.10×10^{-4}	−0.0015 (0.002)	2.48×10^{-4}	0.2067 (0.019)
soft	−0.0018 (0.002)	2.15×10^{-4}	−0.0031 (0.003)	2.17×10^{-4}	−0.0015 (0.002)	2.48×10^{-4}	0.2059 (0.019)
AL	−0.0018 (0.002)	2.20×10^{-4}	−0.0031 (0.003)	2.12×10^{-4}	−0.0015 (0.002)	2.48×10^{-4}	0.2067 (0.019)
Loc-IND	−0.0017 (0.002)	2.15×10^{-4}	−0.0037 (0.003)	1.97×10^{-4}	−0.0015 (0.002)	2.48×10^{-4}	0.2055 (0.019)
Loc-RCM	−0.0018 (0.002)	2.17×10^{-4}	−0.0040 (0.003)	1.85×10^{-4}	−0.0015 (0.002)	2.48×10^{-4}	0.2041 (0.018)
UT	−0.0015 (0.002)	2.38×10^{-4}	−0.0031 (0.003)	2.52×10^{-4}	−0.0015 (0.002)	2.48×10^{-4}	0.2004 (0.018)
AT	−0.0014 (0.002)	2.34×10^{-4}	−0.0030 (0.003)	2.12×10^{-4}	−0.0015 (0.002)	2.48×10^{-4}	0.2065 (0.019)
PRVM	−0.0018 (0.002)	2.17×10^{-4}	−0.0036 (0.003)	2.51×10^{-4}	−0.0015 (0.002)	2.48×10^{-4}	0.2067 (0.019)
RV	−0.0012 (0.002)	2.86×10^{-4}	−0.0038 (0.003)	2.57×10^{-4}	−0.0015 (0.002)	2.48×10^{-4}	0.3025 (0.025)

注：同表5-2。

随后是组合投资的结果。同样基于1、5、15分钟的数据，我们考察各估计量在带不同 L_1 范数约束的GMV策略投资中的表现，策略介绍可参照本章第一节有关内容。正如本章第一节中提到的，这里我们参考Ait-Sahalia和Xiu（2017）的结果，选取了较小的 c 以更好地比较各估计量之间的表现。当 $c=1,2$ 时，RV的总敞口约束束紧。整体而言，同一时段内各组合的次日日内波动率差别不大，且标准误均处于同一水平，这表明设置较为合理的 c 可以避免极端卖空权重出现，从而减少组合风险。在股灾期间，$c=2$ 时各组合的整体风险水平高于 $c=1$，而在2018年则相反。使用RCM

进行分块的估计量整体表现较好，与RMSPE的结果一致。

相比于2018年，个股间的协方差在股灾期间上升，异质波动率矩阵中的非对角数值更高。这符合Chen和Strebulaev（2018）的实证结果，他们发现美股中不同股票异质波动率的相关系数在股灾发生后存在反周期的同步（synchronized）上升现象，本章则通过直接研究高维的异质协方差矩阵确证了这一点。从表5-2和表5-3中可以看出，2015年股灾期间各组合的日内波动率明显高于2018年。与等权重组合或者基于已实现协方差的组合相比，使用经过预平均处理后的几种POET估计量进行组合优化能够有效降低组合的日内波动率，且在2015年股灾期间（约降低23%）的表现相对好于2018年（约降低15%）。我们认为这可能是由于异质波动率矩阵内部的数值在股灾期间存在一定程度的分化现象，从而导致了更为明显的对角分块特征。以上结果能够表明POET估计量比较适合在市场低迷时期降低组合风险。

5.4 本章小结

本章主要介绍如何使用RCM算法对稀疏的残差矩阵重新排序，以还原其本身的分块对角结构。数值模拟的结果显示RCM算法能够完全还原随机打乱顺序的分块对角稀疏残差阵，且与样本协方差阵、PRVM-POET等估计量相比，基于RCM算法改进后的PRVM-POET估计量在模拟数据中具有更好的预测能力。在实证研究中，本章使用2015年股灾后一年和2018全年的高频数据对改进后的估计量与其他估计量进行了比较，其样本外一步预测和进行最小方差组合投资的结果较好。在具体处理细节上，本章首先使用预平均方法消除了价格中的微观结构噪声和非同步性，其次估计最优的公共因子个数并使用PCA方法将得到的PRVM分解为低秩矩阵和残差协方差矩阵，随后使用RCM算法对假定为分块对角的稀疏残差矩阵重新排序。根据组合投资的结果，本章的改进方法能够有效改善投资组合在股灾期间的波动率，从而降低损失。

此外，我们发现了几个值得进一步研究的问题，包括如何改进RCM算法以降低其对初始输入值的敏感性，如何更合理地选择窗宽参数以更好降噪，等等。但由于它们不属于我们的研究重点，且涉及较大工作量，因此我们会在后续研究中尝试对这些问题进行完善。

附录：本章策略代码实现

扫码获取
本章策略代码

```
%% main2.m
% 数值模拟数据生成
% =====模型设定======
% 随机波动率因子模型：dX_{it}=mu_i d_t + rho_i sigma_{it} dB_{it} + sqrt(1-(rho_i)^2)sigma_{it} dW_t + v_i dZ_t i=1,2,...,p
% 其中: X_{it}为对数价格, B,W,Z均为独立的标准布朗运动
% 瞬时波动率(spot volatility)服从独立OU过程: dVrho_{it}=alpha_i (beta_{i0}-Vrho_{it}) dt + beta_{i1} dU_{it}
% 其中 Vrho_{it}=log(sigma_{it}), U_{it}为独立的布朗运动
% =====参数设置和选取=====
% 每日N=60*4*60=14400个等长度区间，即每隔1/N时间产生一个有效对数价格
% p只股票,生成初始值
p=300;
X0=100*ones(100,1);
% 模拟50天的数据, 共生成60*242=14520条有效对数价格
N=60*242;
days=50;
deltaT=1/(N*days);% 时间增量
% 参数设置
x=rand(p,5)*0.6+0.7; % 生成每只证券固定参数的x
mu=x(:,1).*0.03;
beta0=-x(:,2);
beta1=0.75.*x(:,3);
alpha=-(1/40).*x(:,4);
rho=-0.7;
v=exp(beta0);
% 高斯噪声
% w=0;
% w=0.001;
w=0.001;
gamma=0.01;
```

```
% epsilon=randn(p,days*N)*w;
% 对数价格过程和对数瞬时波动率过程
Vrho0=0; % 初始对数波动率为 0
X0=100.*ones(p,1); % 初始对数价格
Vrho=[];
for i=1:N*days
% 生成独立标准布朗运动 B W Z 的维纳增量
B=randn(p,1);
W=randn(1,1);
Z=randn(1,1);
U=randn(p,1);
   if i==1
  deltaVrho=alpha.*(beta0-Vrho0).*deltaT+beta1.*U.*sqrt(deltaT);
  Vrho(:,i)=Vrho0+deltaVrho;
  deltaX=mu.*deltaT+rho.*exp(Vrho(:,i)).*B.*sqrt(deltaT)+sqrt(1-rho^2).*exp(Vrh
o(:,i)).*W.*sqrt(deltaT)+v.*Z.*sqrt(deltaT);
  X(:,i)=X0+deltaX;
   else
  deltaVrho=alpha.*(beta0-Vrho(:,i-1)).*deltaT+beta1.*U.*sqrt(deltaT);
  Vrho(:,i)=Vrho(:,i-1)+deltaVrho;
  deltaX=mu.*deltaT+rho.*exp(Vrho(:,i)).*B.*sqrt(deltaT)+sqrt(1-rho^2).*Vrho(:,i
).*W.*sqrt(deltaT)+v.*Z.*sqrt(deltaT);
  X(:,i)=X(:,i-1)+deltaX;
   end
end
X_NoNoise=X; % 无噪声价格序列
 X=X+rand(p,days*N).*(gamma^2*sqrt(1/(N*days)*sum(exp(Vrho).^4,2)));
% X=X+epsilon; % 有噪声价格序列
marker=[1:60:60*242*days]; % 模拟1分钟高频数据
marker2=[1:15:60*242*days]; % 模拟15秒高频数据

% 将数据处理成1分钟高频和15秒数据的方法
simudata=X(:,marker);
simudata_15s=X(:,marker2);
Noisefree_simudata=X_NoNoise(:,marker);
Noisefree_simudata_15s=X_NoNoise(:,marker2);

for i=1:days
```

```
%       r=X_NoNoise(:,(i-1)*242*60+2:242*60*i)-X_NoNoise(:,(i-1)*242*60+1:242*60*i-1);
%       r=Noisefree_simudata_15s(:,(i-1)*968+2:i*968)-Noisefree_simudata_15s(:,(i-1)*968+1:i*968-1);
r=Noisefree_simudata(:,(i-1)*242+2:242*i)-Noisefree_simudata(:,(i-1)*242+1:242*i-1);
  real_cov(:,:,i)=r*r';
end
save('X:\模拟数据_300stocks.mat','simudata','simudata_15s','Noisefree_simudata','Noisefree_simudata_15s','real_cov');
% save(' X:\模拟数据_300stocks_highNoise.mat','simudata','simudata_15s','Noisefree_simudata','Noisefree_simudata_15s','real_cov')

% 模拟数据生成2
clear
% 随机波动率因子模型：dX_{it}=mu_i d_t + rho_i sigma_{it} dB_{it} + sqrt(1-(rho_i)^2)sigma_{it} dW_t + v_i dZ_t i=1,2,...,p
% 其中: X_{it}为对数价格, B,W,Z均为独立的标准布朗运动

% 瞬时波动率(spot volatility)服从独立OU过程: dVrho_{it}=alpha_i (beta_{i0}-Vrho_{it}) dt + beta_{i1} dU_{it}
% 其中 Vrho_{it}=log(sigma_{it}), U_{it}为独立的布朗运动

% =====参数设置和选取=====
% 每日N=60*4*60=14400个等长度区间，即每隔1/N时间产生一个有效对数价格
% p只股票,生成初始值
p=300;
Y0=100*ones(100,1);
% 模拟50天的数据, 共生成60*242=14520条有效对数价格
N=60*242;
days=50;
deltaT=1/(N*days);% 时间增量
% 参数设置
x=rand(p,5)*0.6+0.7; % 生成每只证券固定参数的x
b=[0.005 0.003 0.001];
beta0=-x(:,2);
beta1=0.75.*x(:,3);
```

```
alpha=-(1/40).*x(:,4);
rho=-0.7;
v=exp(beta0);
% 高斯噪声
% w=0;
% w=0.001;
w=0.001;
gamma=0.01;
% 对角分块
left=p;
block=[];
for i=1:p
   block(i)=randi([1,50],1);
   left=left-block(i);
   if left==0
      break
   else if left<0
          block(i)=block(i)+left;
       break
      end
   end
end
block=cumsum(block);block=[0 block];
Residuals=zeros(p,p);
Residuals(logical(diag(ones(p,1))))=0.05+rand(p,1)*(0.09-0.05);
for i=1:size(block,2)-1 % 生成分块内元素
   size=block(i+1)-block(i);
   corr=0.15+rand(size,size)*(0.6-0.15);% 相关系数
   corr=(corr+corr')/2;
   corr(logical(diag(ones(size,1))))=1; % 相关系数
   Residuals(block(i)+1:block(i+1),block(i)+1:block(i+1))=...
      diag(diag(Residuals(block(i)+1:block(i+1),block(i)+1:block(i+1))))*corr*...
      diag(diag(Residuals(block(i)+1:block(i+1),block(i)+1:block(i+1))));
end
 Residuals=Transform(Residuals,1e-10);
[V,D]=eig(Residuals); %特征分解 Residuals=V*D*V';
Compom=sqrt(D)*V'; % Residuals=Compom'*Compom
```

```
% 对数价格过程和对数瞬时波动率过程
Vrho0=0; % 初始对数波动率为 0
Y0=100.*ones(p,1); % 初始对数价格
Vrho=[];
for i=1:N*days
  % 生成独立标准布朗运动 B W Z 的维纳增量
  B=randn(p,1);
  W=randn(1,1);
  Z=randn(1,1);
  U=randn(p,1);
  % 模拟对角分块
  if i==1
     deltaVrho=alpha.*(beta0-Vrho0).*deltaT+beta1.*U.*sqrt(deltaT);
     Vrho(:,i)=Vrho0+deltaVrho;
     %      deltaZ=
     deltaY=b*deltaX+deltaZ;
     deltaY=mu.*deltaT+rho.*exp(Vrho(:,i)).*B.*sqrt(deltaT)+sqrt(1-rho^2).*exp(
Vrho(:,i)).*W.*sqrt(deltaT)+v.*Z.*sqrt(deltaT);
     X(:,i)=Y0+deltaY;
  else
     deltaVrho=alpha.*(beta0-Vrho(:,i-1)).*deltaT+beta1.*U.*sqrt(deltaT);
     Vrho(:,i)=Vrho(:,i-1)+deltaVrho;
      deltaY=mu.*deltaT+rho.*exp(Vrho(:,i)).*B.*sqrt(deltaT)+sqrt(1-rho^2).*Vrh
o(:,i).*W.*sqrt(deltaT)+v.*Z.*sqrt(deltaT);
     X(:,i)=X(:,i-1)+deltaY;
  end
end
X_NoNoise=X; % 无噪声价格序列
X=X+rand(p,days*N).*(gamma^2*sqrt(1/(N*days)*sum(exp(Vrho).^4,2)));
% X=X+epsilon; % 有噪声价格序列
marker=[1:60:60*242*days]; % 模拟1分钟高频数据
marker2=[1:15:60*242*days]; % 模拟15秒高频数据
% 将数据处理成1分钟高频和15秒数据的方法
simudata=X(:,marker);
simudata_15s=X(:,marker2);
Noisefree_simudata=X_NoNoise(:,marker);
Noisefree_simudata_15s=X_NoNoise(:,marker2);
for i=1:days
```

```
%     r=X_NoNoise(:,(i-1)*242*60+2:242*60*i)-X_NoNoise(:,(i-1)*242*60+1:242*60*i-1);
%     r=Noisefree_simudata_15s(:,(i-1)*968+2:i*968)-Noisefree_simudata_15s(:,(i-1)*968+1:i*968-1);
r=Noisefree_simudata(:,(i-1)*242+2:242*i)-Noisefree_simudata(:,(i-1)*242+1:242*i-1);
  real_cov(:,:,i)=r*r';
end
% save(' X:\模拟数据_300stocks.mat','simudata','simudata_15s','Noisefree_simudata','Noisefree_simudata_15s','real_cov');
% save(' X:\模拟数据_300stocks_highNoise.mat','simudata','simudata_15s','Noisefree_simudata','Noisefree_simudata_15s','real_cov')

% 补充non-linear和linear两个结果
% 从R处理好的数据中提取NonLinear-poet和Linear-I的结果
% di=dir(' X:\处理完的数据\R处理完的数据_无噪声');
di=dir(' X:\处理完的数据\R处理完的数据_高噪');
di(1:2,:)=[];
% linear-i部分
Linear_I=zeros(300,300,50);
for i=1:50%size(di,1)
  name=di(i).name;
 Linear(:,:,str2num(name(regexp(name,'\d'))))=load([di(i).folder,'\',di(i).name]);
end

% nonlinear部分
nonLinear=zeros(300,300,50);
for i=51:size(di,1)
  name=di(i).name;
 nonLinear(:,:,str2num(name(regexp(name,'\d'))))=load([di(i).folder,'\',di(i).name]);
end
% save(' X:\处理完的数据\R_two_estimator_NoNoise.mat','nonLinear','Linear')
% save(' X:\处理完的数据\R_two_estimator.mat','nonLinear','Linear')
save(' X:\处理完的数据\R_two_estimator_highNoise.mat','nonLinear','Linear')

% 数值模拟部分结果，收益和RMSE
% % =====表：不同估计量在模拟情形下进行组合投资的结果比较=====
tic
```

```
% load('4_Simu_Six_estimatiors_Noisy.mat')
load('5_find_optimal_POET_Parats.mat')
% load('4_Simu_Six_estimatiors_NoNoise.mat')

% 得到全部的字段名
fnames=fieldnames(RV,'-full');

% 得到日收益率矩阵 r - 证券数x天数(从旧到新)
r=getfield(RV,fnames{end})';
% r=[r.data]';

% 得到样本的日期
% date=RV.dailyre(1).times;

% 证券数和样本天数
num=size(r,1);
days=size(r,2);
pr_result_temp={};
gr_result_temp={};
fnames(end)=[];
fnames{end}='erc';
real_cov=RV(1).real_cov(:,:,2:end);
RV(1).real_cov=real_cov;

for i=1:size(fnames,1) % i为要进行组合优化的矩阵类型个数 -2是因为times和
dailyre并非矩阵
    if strcmp(fnames{i},'erc')
    matrix=ones(num,num,days-2);
    else
    matrix=getfield(RV(1),fnames{i});
    end
 % parfor timer
N = size(matrix,3);
parfor_progress(N); % Initialize

x=[];
r_matrix=[];
parfor j=1:size(matrix,3)-1 % t为样本的日期数
```

```
%>>>>>>>>>>>>>>基于RCOV的策略<<<<<<<<<<<<<<第一个v为稀疏估计矩
阵，第二个为正常已实现协方差矩阵
v=matrix(:,:,j);
options=optimoptions(@quadprog,'Display','off');
x(:,j)=quadprog(v,[],[],[],ones(size(v,1),1)',1,zeros(size(v,1),1),ones(size(v,1),1),[],
options); % mv 有非卖空约束
% x(:,j)=quadprog(v,[],[],[],ones(size(v,1),1)',1,[],[],[],options); % mv 无非卖空
约束
% x(:,j)=inv(v)*ones(size(v,1),1)/(ones(1,size(v,1))*inv(v)*ones(size(v,1),1));% 无
非卖空约束的等价形式
% x(:,j)=x(:,j)./sum(x(:,j));
r_matrix(j)=x(:,j)'*r(:,j+1);
F_dis(i,j)=sqrt(sum(sum((v-real_cov(:,:,j)).^2,1),2)); % 与真实矩阵之间的
Fronbenius距离
% count=count+1*(r_n>=r_rcov && (r_n>=r_p));

% parfor timer
pause(rand); % Replace with real code
parfor_progress; % Count
end
 parfor_progress(0);
 % 将每日的收益保存为结构数组 pr-portfolio return 第二行为相应的最优权重
pr_result(1).(fnames{i})=r_matrix;
pr_result(2).(fnames{i})=x;
% pr_result_temp{i,:}=[fnames{i} r_matrix x];

% 将总收益保存为结构数组 gr-gross return
% gr_result(1).(fnames{i})=exp(sum(log(1+r_matrix)))-1;
gr_result(2).(fnames{i})=mean(r_matrix);

gr_result(3).(fnames{i})=max(r_matrix);
gr_result(4).(fnames{i})=min(r_matrix);
gr_result(5).(fnames{i})=mean(F_dis(i,:));
gr_result(6).(fnames{i})=std(F_dis(i,:));
gr_result(7).(fnames{i})=std(r_matrix);
% gr_result(6).(fnames{i})=getfield(RV(2),fnames{i});
end
```

```
% =====图：不同估计量在模拟情形下进行组合投资的结果比较=====
% 实证部分结果
% =========得到所有股票的不同行业分类=========
load('1分钟收益_293只股票_2018年.mat')
w=windmatlab;
for i=1:size(dailydata,2)
  stkid=dailydata(i).stockid;
[w_wsd_data,w_wsd_codes,w_wsd_fields,w_wsd_times,w_wsd_errorid,w_wsd_
reqid]=... % 获取行业名称和代码 分别为：申万 中信 中证 证监会
   w.wsd(stkid,'industry_sw,industry_citic,industry_csi,industry_CSRC12','2019-
01-01','2019-01-02','industryType=1');
Ind(i).SW=w_wsd_data(1);
Ind(i).ZX=w_wsd_data(2);
Ind(i).ZZ=w_wsd_data(3);
Ind(i).ZJH=w_wsd_data(4);
end
for i=1:size(Ind,2)
  if i==1
  Ind(i).SW_code=1;
  Ind(i).ZX_code=1;
  Ind(i).ZZ_code=1;
  Ind(i).ZJH_code=1;
  else
    for j=1:i-1
      if Ind(i).SW_code==0
  Ind(i).SW_code=Ind(j).SW_code*(strcmp(Ind(i).SW,Ind(j).SW));
      end
      if Ind(i).ZX_code==0
  Ind(i).ZX_code=Ind(j).SW_code*(strcmp(Ind(i).ZX,Ind(j).ZX));
      end
      if Ind(i).ZZ_code==0
  Ind(i).ZZ_code=Ind(j).SW_code*(strcmp(Ind(i).ZZ,Ind(j).ZZ));
      end
      if Ind(i).ZJH_code==0
  Ind(i).ZJH_code=Ind(j).SW_code*(strcmp(Ind(i).ZJH,Ind(j).ZJH));
      end
    end
    if Ind(i).SW_code==0
```

```
    Ind(i).SW_code=i;
      end
        if Ind(i).ZX_code==0
    Ind(i).ZX_code=i;
        end
        if Ind(i).ZZ_code==0
    Ind(i).ZZ_code=i;
        end
        if Ind(i).ZJH_code==0
    Ind(i).ZJH_code=i;
        end
    end
    Ind(i).Stkid=dailydata(i).stockid;
end
Sortby_Ind=Ind;
save('293只股票的行业分类.mat','Sortby_Ind')

% =========数据清洗：删去在一定时间内无交易价格变化的股票，绘制
“正定矩阵比率与删除标准之间的曲线”
load('1分钟收益_293只股票_2018年.mat')
days=size(times,1)/242;% 交易日数
temp=[hfdata.data];
% 1分钟收益率
hf_return=temp(:,1:4:end);% 从旧到新
% 交易量
hf_vol=temp(:,2:4:end);
% 区间收盘价
hf_price=temp(:,4:4:end);

% 在293只证券中检查是否存在超过多少个区间无交易 即收益率为0
delete_data=struct;
num_missing=[200:242];
parfor ii=1:size(num_missing,2)
    delete=[];
    count=0;
for i=1:size(hf_return,2)
    for j=1:size(hf_return,1)
count=(hf_return(j,i)==0)*(count+1);
```

```
if count>=num_missing(ii)
   delete=[delete;i j];
   count=0;
   break
end
   end
end
delete_data(ii).delete=delete;

end

% 得到不同删除标准对应的1分钟已实现半协方差的符合条件比率

for i=1:size(delete_data,2)%size(delete_data,2)
   temp=hf_return;
   delete=delete_data(i).delete;
   temp(:,delete(:,1)')=[];
   i
   count_indef=0; % 非正定的个数
   for j=1:243 % size(hfdata,1)
temp_p_raw=log(1+temp((j-1)*242+1:j*242,:));
r_raw=temp_p_raw(2:end,:)-temp_p_raw(1:end-1,:);% 将1分钟高频价格数据处
理成收益率
r_raw(r_raw<-1)=0;r_raw(r_raw>1)=0;
r0n=(r_raw-abs(r_raw))/2;
r0p=(r_raw+abs(r_raw))/2;

if any(sum(abs(r0n'*r0n),1)<=0.001) || any(sum(abs(r0p'*r0p),1)<=0.001)
   count_indef=count_indef+1;
end
   end
delete_data(i).num_indef=count_indef;
end

% 画图1：剔除最大连续无交易股票
set(gcf,'color','white')
plot(num_missing,[delete_data.num_indef],'--k')
hold on
```

```
scatter(num_missing,[delete_data.num_indef],'ok','filled')
box off
ylabel('存在全零列或行的交易日数','FontSize',15)
xlabel('无交易价格变化的最大时间','FontSize',15)
set(gca,'XTick',[200 225 236 242])
set(gca,'XTickLabel',{'200','225','236','242'})
grid on
set(gca,'YTick',[0 1 2 3 4 12])
set(gca,'YTickLabel',{'0','1','2','3','4','12'})

% =========残差矩阵可视化展示==========
load('2_PRVM_RV_subsampled.mat')
% 得到全部的字段名
% fnames=fieldnames(RV,'-full');
fnames1={'RCOV_PRVM_POET_res_1';'RCOV_PRVM_POET_res_2';'RCOV_
PRVM_POET_res_3';'RCOV_PRVM_POET_res_4';...
    'RCOV_PRVM_POET_res_5';'RCOV_PRVM_POET_res_6';'RCOV_PRVM_
POET_res_7';'RCOV_PRVM_POET_res_8'};
fnames2={'P_PRVM';'P_sample';'N_PRVM';'N_sample'};
fnames3={'POET_hard_res';'POET_soft_res';'POET_AL_res'};
% 得到日收益率矩阵 r - 证券数x天数(从旧到新)
r=getfield(RV,'dailyre')';
% 将所有协方差大小分为几个类？
% type=10;
% 按照P和N矩阵重新排列残差矩阵
for i=1:size(fnames2,1)
   matrix=getfield(RV,fnames2{i});
   order=[];
   size_type=[];
   for j=1:size(matrix,3)
      if j<20
         temp_matrix=sum(matrix(:,:,1:j),3);
             [ rearrange_matrix,rearrange_order,serial] = rearrange( type,temp_
matrix,0.9);

         order=[order rearrange_order];
         temp_size_type=[];
         for kk=1:size(serial,2)
```

```
            temp_size_type(kk,1)=size(serial{kk},1);
        end
        size_type=[size_type;temp_size_type];
% 画图比较排列后的P
% imagesc(rearrange_matrix)
% caxis([0 1])
% colormap(parula)

      else
        temp_matrix=sum(matrix(:,:,j-20+1:j),3);
            [ rearrange_matrix,rearrange_order,serial ] = rearrange( type,temp_
matrix,0.9);
        order=[order rearrange_order];
        temp_size_type=[];
        for kk=1:size(serial,2)
            temp_size_type(kk,1)=size(serial{kk},1);
        end
        size_type=[size_type;temp_size_type];
      end
   end
residuals(i).order=order;
residuals(i).size_type=size_type;
end
% 按4种行业进行分组
temp=[[1:size(Sortby_Ind,2)]' [Sortby_Ind.SW_code]'];
[B,I]=sort(temp(:,2)); % I为原元素排列后的位置
Groups.SW=temp(I,:);
[a,ia,ic]=unique(Groups.SW(:,2));
Groups.SW_location=[ia;size(Sortby_Ind,2)]; % 各组开始的位置
Groups.SW_GroupNum=size(unique(Groups.SW(:,2)),1);
Groups.SW_GroupName=[Sortby_Ind.SW]';Groups.SW_GroupName=Groups.
SW_GroupName(I,:);

temp=[[1:size(Sortby_Ind,2)]' [Sortby_Ind.ZX_code]'];
[B,I]=sort(temp(:,2)); % I为原元素排列后的位置
Groups.ZX=temp(I,:);
[a,ia,ic]=unique(Groups.ZX(:,2));
Groups.ZX_location=[ia;size(Sortby_Ind,2)]; % 各组开始的位置
```

```
Groups.ZX_GroupNum=size(unique(Groups.ZX(:,2)),1);
Groups.ZX_GroupName=[Sortby_Ind.ZX]';Groups.ZX_GroupName=Groups.ZX_
GroupName(I,:);

temp=[[1:size(Sortby_Ind,2)]' [Sortby_Ind.ZZ_code]'];
[B,I]=sort(temp(:,2)); % I为原元素排列后的位置
Groups.ZZ=temp(I,:);
[a,ia,ic]=unique(Groups.ZZ(:,2));
Groups.ZZ_location=[ia;size(Sortby_Ind,2)]; % 各组开始的位置
Groups.ZZ_GroupNum=size(unique(Groups.ZZ(:,2)),1);
Groups.ZZ_GroupName=[Sortby_Ind.ZZ]';Groups.ZZ_GroupName=Groups.ZZ_
GroupName(I,:);

temp=[[1:size(Sortby_Ind,2)]' [Sortby_Ind.ZJH_code]'];
[B,I]=sort(temp(:,2)); % I为原元素排列后的位置
Groups.ZJH=temp(I,:);
[a,ia,ic]=unique(Groups.ZJH(:,2));
Groups.ZJH_location=[ia;size(Sortby_Ind,2)]; % 各组开始的位置
Groups.ZJH_GroupNum=size(unique(Groups.ZJH(:,2)),1);
Groups.ZJH_GroupName=[Sortby_Ind.ZJH]';Groups.ZJH_GroupName=Groups.
ZJH_GroupName(I,:);

% 标记残差矩阵中连续一半以上天数的相关系数（注意是相关系数！！）均
大于特定值的位置
value=0.15;
for i=1:size(fnames1,1)
   matrix=getfield(RV,fnames1{i});
   for j=1:size(matrix,3)
      temp_m=matrix(:,:,j);
      diagonal=diag(temp_m);
      diagonal(diagonal<0)=mean(diagonal);
      temp_m=inv(sqrt(diag(diagonal)))*temp_m*inv(sqrt(diag(diagonal))); %相关
系数矩阵
      temp_m(temp_m<value)=0;
        temp_m(temp_m>=value)=value; % 将大于等于value的均赋予一个大于
value的定值
      matrix(:,:,j)=temp_m;
   end
```

```
    temp_sum=sum(matrix,3);
    temp_sum(temp_sum<value*size(matrix,3)/2)=0;
    temp_sum(logical(diag(ones(size(temp_sum,1),1))))=1;
    residuals(i).res=temp_sum;
    % residuals(i).factor_num=str2num(fnames1{i}(regexp(fnames1{i},'\d')));
end
save(' X:\处理完的数据\data.mat','Sortby_Ind','-append')
clear
load(' X:\处理完的数据\data.mat')
% =======图4 不同因子个数的残差矩阵=======
figure('units','normalized','position',[0.1,0.1,0.8,0.32])
subplot(1,4,1)
im=imagesc(residuals(1).res); %matrix(:,:,100)
map = [ones(3999,3);[70 130 180]./255];colormap(map)
caxis([0.0001-0.00000001 0.0001])
set(gcf,'color','white')
set(gca,'ticklength',[0 0])
title({'(a) $$r=1$$'},'Interpreter','latex','FontSize',12)
axis xy
subplot(1,4,2)
im=imagesc(residuals(3).res);
map = [ones(3999,3);[70 130 180]./255];colormap(map)
caxis([0.0001-0.00000001 0.0001])
set(gcf,'color','white')
set(gca,'ticklength',[0 0])
title({'(b) $$r=3$$'},'Interpreter','latex','FontSize',12)
axis xy
subplot(1,4,3)
im=imagesc(residuals(5).res);
map = [ones(3999,3);[70 130 180]./255];colormap(map)
caxis([0.0001-0.00000001 0.0001])
set(gcf,'color','white')
set(gca,'ticklength',[0 0])
title({'(c) $$r=5$$'},'Interpreter','latex','FontSize',12)
axis xy
subplot(1,4,4)
im=imagesc(residuals(7).res);
map = [ones(3999,3);[70 130 180]./255];colormap(map)
```

```
caxis([0.0001-0.00000001 0.0001])
set(gcf,'color','white')
set(gca,'ticklength',[0 0])
title({'(d) $$r=7$$'},'Interpreter','latex','FontSize',12)
axis xy
%=======图4：按照不同行业标准进行重排=======
figure('units','normalized','position',[0.1,0.1,0.8,0.32])
subplot(1,3,1)
im=imagesc(residuals(6).res(Groups.SW(:,1),Groups.SW(:,1))); %matrix(:,:,100)
map = [ones(3999,3);[70 130 180]./255];colormap(map)
caxis([0.0001-0.00000001 0.0001])
set(gcf,'color','white')
title({'(a) SW'},'Interpreter','latex','FontSize',12)
axis xy
set(gca,'ytick',[10 106 172],'yticklabel',[{'银行'},{'非银金融'},{'国防军工'}])
set(gca,'xtick',[10 106 172],'xticklabel',[{'银行'},{'非银金融'},{'国防军工'}])
for i=1:size(Groups.SW_location,1)-1
    line([Groups.SW_location(i) Groups.SW_location(i)],[Groups.SW_location(i) Groups.SW_location(i+1)-1],'color','r','LineWidth',0.1)
    line([Groups.SW_location(i) Groups.SW_location(i+1)-1],[Groups.SW_location(i) Groups.SW_location(i)],'color','r','LineWidth',0.1)
    line([Groups.SW_location(i+1)-1 Groups.SW_location(i+1)-1],[Groups.SW_location(i) Groups.SW_location(i+1)-1],'color','r','LineWidth',0.1)
    line([Groups.SW_location(i) Groups.SW_location(i+1)-1],[Groups.SW_location(i+1)-1 Groups.SW_location(i+1)-1],'color','r','LineWidth',0.1)
end
% 稀疏度
loc=[];
for i=1:size(Groups.SW_location,1)-1
   j=Groups.SW_location(i+1)-Groups.SW_location(i);
   temp=residuals(6).res(Groups.SW(:,1),Groups.SW(:,1));
   loc(i,:)=[Groups.SW_location(i) Groups.SW_location(i+1)-1 ...
      (sum(sum(temp(Groups.SW_location(i):Groups.SW_location(i+1)-1,...
      Groups.SW_location(i):Groups.SW_location(i+1)-1)==0,1),2))/(j*j)];
end
mean(loc(~isnan(loc(:,3)),3))
subplot(1,3,2)
im=imagesc(residuals(6).res(Groups.ZZ(:,1),Groups.ZZ(:,1)));
```

```
map = [ones(3999,3);[70 130 180]./255];colormap(map)
caxis([0.0001-0.00000001 0.0001])
set(gcf,'color','white')
title({'(b) CSI'},'Interpreter','latex','FontSize',12)
axis xy
set(gca,'ytick',[29 114 194 259],'yticklabel',[{'金融地产'},{'原材料'},{'能源'},{'主
要消费'}])
set(gca,'xtick',[29 114 194 259],'xticklabel',[{'金融地产'},{'原材料'},{'能源'},{'主
要消费'}])
for i=1:size(Groups.ZZ_location,1)-1
    line([Groups.ZZ_location(i) Groups.ZZ_location(i)],[Groups.ZZ_location(i)
Groups.ZZ_location(i+1)-1],'color','r','LineWidth',0.1)
   line([Groups.ZZ_location(i) Groups.ZZ_location(i+1)-1],[Groups.ZZ_location(i)
Groups.ZZ_location(i)],'color','r','LineWidth',0.1)
    line([Groups.ZZ_location(i+1)-1 Groups.ZZ_location(i+1)-1],[Groups.ZZ_
location(i) Groups.ZZ_location(i+1)-1],'color','r','LineWidth',0.1)
    line([Groups.ZZ_location(i) Groups.ZZ_location(i+1)-1],[Groups.ZZ_
location(i+1)-1 Groups.ZZ_location(i+1)-1],'color','r','LineWidth',0.1)
end

loc=[];
for i=1:size(Groups.ZZ_location,1)-1
   j=Groups.ZZ_location(i+1)-Groups.ZZ_location(i);
   temp=residuals(6).res(Groups.ZZ(:,1),Groups.ZZ(:,1));
   loc(i,:)=[Groups.ZZ_location(i) Groups.ZZ_location(i+1)-1 ...
      (sum(sum(temp(Groups.ZZ_location(i):Groups.ZZ_location(i+1)-1,...
      Groups.ZZ_location(i):Groups.ZZ_location(i+1)-1)==0,1),2))/(j*j)];
end
mean(loc(~isnan(loc(:,3)),3))
subplot(1,4,3)
im=imagesc(residuals(6).res(Groups.ZX(:,1),Groups.ZX(:,1)));
map = [ones(3999,3);[70 130 180]./255];colormap(map)
caxis([0.0001-0.00000001 0.0001])
set(gcf,'color','white')
title({'ZX'},'Interpreter','latex','FontSize',12)
axis xy
    set(gca,'ytick',[10 115 182],'yticklabel',[{'银行'},{'非银金融'},{'国防军工'}])
    set(gca,'xtick',[10 115 182],'xticklabel',[{'银行'},{'非银金融'},{'国防军工'}])
```

```
for i=1:size(Groups.ZX_location,1)-1
 line([Groups.ZX_location(i) Groups.ZX_location(i)],[Groups.ZX_location(i) Groups.ZX_location(i+1)-1],'color','r','LineWidth',0.1)
 line([Groups.ZX_location(i) Groups.ZX_location(i+1)-1],[Groups.ZX_location(i) Groups.ZX_location(i)],'color','r','LineWidth',0.1)
 line([Groups.ZX_location(i+1)-1 Groups.ZX_location(i+1)-1],[Groups.ZX_location(i) Groups.ZX_location(i+1)-1],'color','r','LineWidth',0.1)
 line([Groups.ZX_location(i) Groups.ZX_location(i+1)-1],[Groups.ZX_location(i+1)-1 Groups.ZX_location(i+1)-1],'color','r','LineWidth',0.1)
end

loc=[];
for i=1:size(Groups.ZX_location,1)-1
   j=Groups.ZX_location(i+1)-Groups.ZX_location(i);
   loc(i,:)=[Groups.ZX_location(i) Groups.ZX_location(i+1)-1 ...
         (sum(sum(residuals(6).res(Groups.ZX_location(i):Groups.ZX_location(i+1)-1,...
      Groups.ZX_location(i):Groups.ZX_location(i+1)-1)==0,1),2))/(j*j-j)];
end
mean(loc(~isnan(loc(:,3)),3)) % 0.992305297621356
subplot(1,3,3)
im=imagesc(residuals(6).res(Groups.ZJH(:,1),Groups.ZJH(:,1)));
map = [ones(3999,3);[70 130 180]./255];colormap(map)
caxis([0.0001-0.00000001 0.0001])
set(gcf,'color','white')
title({'(c) CSRC'},'Interpreter','latex','FontSize',12)
axis xy
set(gca,'ytick',[23 128 202],'yticklabel',[{'金融业'},{'制造业'},{'采矿业'}])
set(gca,'xtick',[23 128 202],'xticklabel',[{'金融业'},{'制造业'},{'采矿业'}])
for i=1:size(Groups.ZJH_location,1)-1
   line([Groups.ZJH_location(i) Groups.ZJH_location(i)],[Groups.ZJH_location(i) Groups.ZJH_location(i+1)-1],'color','r','LineWidth',0.1)
    line([Groups.ZJH_location(i) Groups.ZJH_location(i+1)-1],[Groups.ZJH_location(i) Groups.ZJH_location(i)],'color','r','LineWidth',0.1)
   line([Groups.ZJH_location(i+1)-1 Groups.ZJH_location(i+1)-1],[Groups.ZJH_location(i) Groups.ZJH_location(i+1)-1],'color','r','LineWidth',0.1)
    line([Groups.ZJH_location(i) Groups.ZJH_location(i+1)-1],[Groups.ZJH_location(i+1)-1 Groups.ZJH_location(i+1)-1],'color','r','LineWidth',0.1)
```

```
end

loc=[];
for i=1:size(Groups.ZJH_location,1)-1
   j=Groups.ZJH_location(i+1)-Groups.ZJH_location(i);
   temp=residuals(6).res(Groups.ZJH(:,1),Groups.ZJH(:,1));
   loc(i,:)=[Groups.ZJH_location(i) Groups.ZJH_location(i+1)-1 ...
      (sum(sum(temp(Groups.ZJH_location(i):Groups.ZJH_location(i+1)-1,...
      Groups.ZJH_location(i):Groups.ZJH_location(i+1)-1)==0,1),2))/(j*j)];
end
mean(loc(~(isnan(loc(:,3))+(loc(:,3)==0)),3)) % 0.992305297621356
% ======图5：RCM算法的结果
figure('units','normalized','position',[0.1,0.1,0.8,0.32])
subplot(1,4,1)
% [p,~,~,~,~,~] = dmperm(residuals(6).res);
% block_m = residuals(6).res(p,p);
p =genrcm(residuals(6).res);
block_m = residuals(6).res(p,p);
xyticklabel=[{'103'},{'232'},{'18'},{'65'},{'224'},{'201'}];
xytick=1:50:280;
% 检测对角线上的非稀疏方块
max_block=round(size(block_m,1)*0.5); % 最大允许不超过多大的方块
sparsity=0.1;
loc=[];
log=[];
next=1;
for i=1:size(block_m,1)
   log_temp=[];
   if i==next
      for j=size(block_m,1)-i+1:-1:3
         if ((sum(sum(block_m(i:i+j-1,i:i+j-1)==0,1),2))/(j*j))<=sparsity
            %          loc=[loc;i i+j-1];
                  log_temp=[log_temp;i i+j-1 (sum(sum(block_m(i:i+j-
1,i:i+j-1)==0,1),2))/(j*j)];
            %          next=i+j-1;
            %          break
            %          else next=i+1;
         end
```

```
        end
        if ~isempty(log_temp)
            %           next=log_temp(find(log_temp(:,3)==min(log_temp(:,3))),2); %
找满足稀疏条件中最小的
            next=log_temp(:,2); % 找满足稀疏条件中方块最大的
            next=next(1);
            loc=[loc;i next];
        else
            next=i+1;
        end
    end
end
im=imagesc(block_m);
map = [ones(3999,3);[70 130 180]./255];colormap(map)
caxis([0.0001-0.00000001 0.0001])
set(gca,'ticklength',[0.01 0.01])
set(gcf,'color','white')
title({'(a) $$s=0.1$$'},'Interpreter','latex','FontSize',12)
set(gca,'ytick',xytick,'yticklabel',xyticklabel)
set(gca,'xtick',xytick,'xticklabel',xyticklabel)
axis xy
for i=1:size(loc,1)
    line([loc(i,1) loc(i,1)],[loc(i,1) loc(i,2)],'color','r','LineWidth',0.1)
    line([loc(i,1) loc(i,2)],[loc(i,1) loc(i,1)],'color','r','LineWidth',0.1)
    line([loc(i,2) loc(i,2)],[loc(i,1) loc(i,2)],'color','r','LineWidth',0.1)
    line([loc(i,1) loc(i,2)],[loc(i,2) loc(i,2)],'color','r','LineWidth',0.1)
end
% 稀疏度
s=[];
for i=1:size(loc,1)-1
    j=loc(i,2)-loc(i,1)+1;
    s(i)=(sum(sum(block_m(loc(i,1):loc(i,2),...
        loc(i,1):loc(i,2))==0,1),2))/(j*j);
end
mean(s)
subplot(1,4,2)
p =genrcm(residuals(6).res);
block_m = residuals(6).res(p,p);
```

```
% 检测对角线上的非稀疏方块
max_block=round(size(block_m,1)*0.5); % 最大允许不超过多大的方块
sparsity=0.2;
loc=[];
log=[];
next=1;
for i=1:size(block_m,1)
  log_temp=[];
  if i==next
    for j=size(block_m,1)-i+1:-1:3
      if ((sum(sum(block_m(i:i+j-1,i:i+j-1)==0,1),2))/(j*j))<=sparsity
        %           loc=[loc;i i+j-1];
                log_temp=[log_temp;i i+j-1 (sum(sum(block_m(i:i+j-
1,i:i+j-1)==0,1),2))/(j*j)];
        %           next=i+j-1;
        %           break
        %          else next=i+1;
      end
    end
    if ~isempty(log_temp)
      %           next=log_temp(find(log_temp(:,3)==min(log_temp(:,3))),2); %
找满足稀疏条件中最小的
      next=log_temp(:,2); % 找满足稀疏条件中方块最大的
      next=next(1);
      loc=[loc;i next];
    else
      next=i+1;
    end
  end
end
im=imagesc(block_m);
map = [ones(3999,3);[70 130 180]./255];colormap(map)
caxis([0.0001-0.00000001 0.0001])
set(gca,'ticklength',[0.01 0.01])
set(gcf,'color','white')
title({'(b) $$s=0.2$$'},'Interpreter','latex','FontSize',12)
set(gca,'ytick',xytick,'yticklabel',xyticklabel)
set(gca,'xtick',xytick,'xticklabel',xyticklabel)
```

```
axis xy
for i=1:size(loc,1)
   line([loc(i,1) loc(i,1)],[loc(i,1) loc(i,2)],'color','r','LineWidth',0.1)
   line([loc(i,1) loc(i,2)],[loc(i,1) loc(i,1)],'color','r','LineWidth',0.1)
   line([loc(i,2) loc(i,2)],[loc(i,1) loc(i,2)],'color','r','LineWidth',0.1)
   line([loc(i,1) loc(i,2)],[loc(i,2) loc(i,2)],'color','r','LineWidth',0.1)
end
% 稀疏度
s=[];
for i=1:size(loc,1)-1
   j=loc(i,2)-loc(i,1)+1;
   s(i)=(sum(sum(block_m(loc(i,1):loc(i,2),...
      loc(i,1):loc(i,2))==0,1),2))/(j*j);
end
mean(s)
subplot(1,4,3)
p =genrcm(residuals(6).res);
block_m = residuals(6).res(p,p);
% 检测对角线上的非稀疏方块
max_block=round(size(block_m,1)*0.5); % 最大允许不超过多大的方块
sparsity=0.3;
loc=[];
log=[];
next=1;
for i=1:size(block_m,1)
   log_temp=[];
   if i==next
      for j=size(block_m,1)-i+1:-1:3
         if ((sum(sum(block_m(i:i+j-1,i:i+j-1)==0,1),2))/(j*j))<=sparsity
            %           loc=[loc;i i+j-1];
                  log_temp=[log_temp;i i+j-1 (sum(sum(block_m(i:i+j-
1,i:i+j-1)==0,1),2))/(j*j)];
            %           next=i+j-1;
            %           break
            %          else next=i+1;
         end
      end
      if ~isempty(log_temp)
```

```
        %           next=log_temp(find(log_temp(:,3)==min(log_temp(:,3))),2); %
找满足稀疏条件中最小的
        next=log_temp(:,2); % 找满足稀疏条件中方块最大的
        next=next(1);
        loc=[loc;i next];
      else
        next=i+1;
      end
  end
end
im=imagesc(block_m);
map = [ones(3999,3);[70 130 180]./255];colormap(map)
caxis([0.0001-0.00000001 0.0001])
set(gca,'ticklength',[0.01 0.01])
set(gcf,'color','white')
title({'(c) $$s=0.3$$'},'Interpreter','latex','FontSize',12)
set(gca,'ytick',xytick,'yticklabel',xyticklabel)
set(gca,'xtick',xytick,'xticklabel',xyticklabel)
axis xy
for i=1:size(loc,1)
  line([loc(i,1) loc(i,1)],[loc(i,1) loc(i,2)],'color','r','LineWidth',0.1)
  line([loc(i,1) loc(i,2)],[loc(i,1) loc(i,1)],'color','r','LineWidth',0.1)
  line([loc(i,2) loc(i,2)],[loc(i,1) loc(i,2)],'color','r','LineWidth',0.1)
  line([loc(i,1) loc(i,2)],[loc(i,2) loc(i,2)],'color','r','LineWidth',0.1)
end
ans=[Sortby_Ind.ZJH_code];
ans(p(20:36))
% 稀疏度
s=[];
for i=1:size(loc,1)-1
  j=loc(i,2)-loc(i,1)+1;
  s(i)=(sum(sum(block_m(loc(i,1):loc(i,2),...
     loc(i,1):loc(i,2))==0,1),2))/(j*j);
end
mean(s)
subplot(1,4,4)
p =genrcm(residuals(6).res);
block_m = residuals(6).res(p,p);
```

```
% 检测对角线上的非稀疏方块
max_block=round(size(block_m,1)*0.5); % 最大允许不超过多大的方块
sparsity=0.4;
loc=[];
log=[];
next=1;
for i=1:size(block_m,1)
   log_temp=[];
   if i==next
      for j=size(block_m,1)-i+1:-1:3
         if ((sum(sum(block_m(i:i+j-1,i:i+j-1)==0,1),2))/(j*j))<=sparsity
           %          loc=[loc;i i+j-1];
                  log_temp=[log_temp;i i+j-1 (sum(sum(block_m(i:i+j-
1,i:i+j-1)==0,1),2))/(j*j)];
           %          next=i+j-1;
           %          break
           %          else next=i+1;
         end
      end
      if ~isempty(log_temp)
          %          next=log_temp(find(log_temp(:,3)==min(log_temp(:,3))),2); %
找满足稀疏条件中最小的
         next=log_temp(:,2); % 找满足稀疏条件中方块最大的
         next=next(1);
         loc=[loc;i next];
      else
         next=i+1;
      end
   end
end
im=imagesc(block_m);
map = [ones(3999,3);[70 130 180]./255];colormap(map)
caxis([0.0001-0.00000001 0.0001])
set(gca,'ticklength',[0.01 0.01])
set(gcf,'color','white')
title({'(d) $$s=0.4$$'},'Interpreter','latex','FontSize',12)
set(gca,'ytick',xytick,'yticklabel',xyticklabel)
set(gca,'xtick',xytick,'xticklabel',xyticklabel)
```

```
axis xy
for i=1:size(loc,1)
   line([loc(i,1) loc(i,1)],[loc(i,1) loc(i,2)],'color','r','LineWidth',0.1)
   line([loc(i,1) loc(i,2)],[loc(i,1) loc(i,1)],'color','r','LineWidth',0.1)
   line([loc(i,2) loc(i,2)],[loc(i,1) loc(i,2)],'color','r','LineWidth',0.1)
   line([loc(i,1) loc(i,2)],[loc(i,2) loc(i,2)],'color','r','LineWidth',0.1)
end
% 稀疏度
s=[];
for i=1:size(loc,1)-1
   j=loc(i,2)-loc(i,1)+1;
   s(i)=(sum(sum(block_m(loc(i,1):loc(i,2),...
      loc(i,1):loc(i,2))==0,1),2))/(j*j);
end
mean(s)

%% UTAT
function [matrix] =UTAT( matrix,type,theta,n )
% Universal Thresholding / Adaptive Thresholding
% Kim D et al. Adaptive thresholding for large volatility matrix estimation based
on high-frequency financial data [J].
% Journal of Econometrics, 2018, 203(1): 69-79.
lambda=1;

switch type
   case 'uni'
    w=mean(mean(matrix));
    diag_ele=diag(matrix);
    matrix=(matrix-sign(matrix).*w).*(abs(matrix)>=w);
    matrix(logical(diag(ones(280,1))))=diag_ele.*double((diag_ele>=0));

   case 'ada'
    w=lambda*sqrt(theta*n^(-0.5)*log(280));
    diag_ele=diag(matrix);
    matrix=(matrix-sign(matrix).*w).*(abs(matrix)>=w);
    matrix(logical(diag(ones(280,1))))=diag_ele.*double((diag_ele>=0));

end
```

```
end
%% rearrange_DM
function [ rearrange_matrix,rearrange_order,serial] = rearrange_DM( type,temp_
matrix)
% rearrange 按照分类数目重排协方差矩阵
% serials-想要排列的顺序 输入矩阵的顺序为1,2,3,...,size(matrix,1)
% matrix--协方差矩阵
% left----[1:股票数], 即原始矩阵中的顺序
% pct-----每次寻找最大分块的百分比
        serial={};
       left=1:size(temp_matrix,1);

for k=1:type
    serial_temp=left((k-1)*size(temp_matrix,1)/type+1:k*size(temp_matrix,1)/
type);
   temp_m=temp_matrix(serial_temp,serial_temp);
      [p,~,~,~,~,~] = dmperm(temp_m);
       block_m = temp_m(p,p);
      serial{k}=serial_temp(p)'; % 保留组成方块的股票在原协方差中的位置
end
rearrange_order=[];
for l=1:size(serial,2)
rearrange_order=[rearrange_order;serial{l}];
end
rearrange_matrix=temp_matrix(rearrange_order,rearrange_order);
end
%% POET-v
function [ s_cov,residual_opt,residual_t,eigenvalues] = POET_v( v,k,c,thres,t) %
% POET: Principal Orthogonal ComplEment Thresholding (POET)
% v----n*n的已实现协方差矩阵
% k----因子个数 默认为 2
% c----阈值常数 默认为 0.5
% thres阈值方法(高频版本) 取值--'hard','soft','AL'(adaptive lasso)
% residual_opt---------PCA后的残差矩阵
% residual_t---------PCA后+阈值处理后的残差矩阵
if nargin<2
   k=2;c=0.5;thres_type=1;% 默认为soft
else thres_type=strcmp(thres,'hard')*1+strcmp(thres,'soft')*2+strcmp(thres,'AL')*3
```

```
+strcmp(thres,'diag')*4;
end
% [t,n]=size(r);
n=size(v,1);
[eigenvectors,eigenvalues] = eig(v);
eigenvalues=repmat(diag(eigenvalues)',n,1); % 特征值的顺序从小到大
cov_hat=(eigenvalues(:,end-k+1:end).*eigenvectors(:,end-k+1:end))*eigenvectors(:,end-k+1:end)'; % 主成分矩阵
cov_hat=(cov_hat+cov_hat')/2; % 去除浮点误差 保证对称
residual=v-cov_hat; % 残差矩阵，或者称为正交互余矩阵(orthogonal complement)
residual_opt=residual;

% 对残差矩阵进行门限/阈值处理 保证gamma的稀疏性
ii=kron(diag(residual),ones(1,n));  ii=(abs(ii)+ii)/2;
jj=kron(ones(n,1),diag(residual)'); jj=(abs(jj)+jj)/2;
% w=c*sqrt(t^(-1/2)*log(n).*(ii).*jj); % 阈值方案
w=c*sqrt((ii).*jj);

% adaptive
if thres_type==3
residual(residual==0)=1e-10;
eta=4;
diagn=diag(residual);
diagn(diagn<0)=0;
residual_t=residual.*(abs(1-abs(w./residual)^eta)+(1-abs(w./residual)^eta))/2;
residual_t(logical(eye(n)))=diagn;

% soft
else if thres_type==2
diagn=diag(residual);
diagn(diagn<0)=0;
residual_t=(abs(residual)>w).*(residual-sign(residual).*w);
residual_t(logical(eye(n)))=diagn;

% hard
   else if thres_type==1
 diagn=diag(residual);diagn(diagn<0)=0;
```

```
residual_t=residual.*(abs(residual)>w);
residual_t(logical(eye(n)))=diagn;
      else
% diag ---仅保留对角元素
residual_t=diag(diag(residual));
      end
   end
end
% 确保对称
residual_t=(residual_t+residual_t')/2;

% 得到已实现协方差估计量
s_cov=residual_t+cov_hat;
end
%% Transform
function V_T = Transform( V,Delta )
% 输出任何对称伪协方差矩阵的最近协方差矩阵(相关系数矩阵)
%  V----输入矩阵
%  Delta-----最近相关系数矩阵最小特征值的下限,默认为1e-8（大于0）
if isempty(Delta)
   Delta=1e-8;
end
R=diag(diag(1./sqrt(V)))*V*diag(diag(1./sqrt(V)));
R=(R+R')./2;
% R=round(R,8);
R=nearcorr_aa(R,[],2,100000,'u',Delta);
V_T=inv(diag(diag(1./sqrt(V))))*R*inv(diag(diag(1./sqrt(V))));
end
%% block-diagonal POET_block_diag
function [ s_cov,residual_opt,residual_thred ] = POET_block_diag( v,k,block_
type,Ind,sparsity)
% 基于行业的分类方法/使用RCM算法进行分类 得到 POET估计量

% v----n*n的已实现协方差矩阵
% k----因子个数
% block_type------'ind'使用Ait-Sahalia和Xiu(2017)基于行业的分类方法;
%          ------'rcm'使用RCM算法进行分类
% Ind-------行业分类 对应Sortby_Ind变量  293只股票的行业分类.mat
```

```
% sparsity--RCM寻找分块大小的稀疏度
% residual_thred--对对角分块外元素作门限处理后的残差矩阵
n=size(v,1);
[eigenvectors,eigenvalues] = eig(v);
eigenvalues=repmat(diag(eigenvalues)',n,1); % 特征值的顺序从小到大
cov_hat=(eigenvalues(:,end-k+1:end).*eigenvectors(:,end-
k+1:end))*eigenvectors(:,end-k+1:end)'; % 主成分矩阵
cov_hat=(cov_hat+cov_hat')/2; % 去除浮点误差 保证对称
residual=v-cov_hat; % 残差矩阵，或者称为正交互余矩阵(orthogonal
complement)
residual_opt=residual;
% 对残差矩阵分块对角外的元素取零处理
switch block_type
  case 'ind'
  temp=[[1:size(Ind,2)]' [Ind.SW_code]'];
  [~,I]=sort(temp(:,2)); % I为原元素排列后的位置
  Groups.SW=temp(I,:);
  [~,ia,~]=unique(Groups.SW(:,2));
  Groups.SW_location=[ia;size(Ind,2)]; % 各组开始的位置
  Groups.SW_GroupNum=size(unique(Groups.SW(:,2)),1);
  Groups.SW_GroupName=[Ind.SW]';
  Groups.SW_GroupName=Groups.SW_GroupName(I,:);
  % 得到相关系数矩阵
  diagonal=diag(residual_opt);
  CORR=inv(sqrt(diag(diagonal)))*residual_opt*inv(sqrt(diag(diagonal)));
  residual_opt(CORR<value)=0;
   residual_sorted=residual_opt(Groups.SW(:,1),Groups.SW(:,1)); % 按照行业分
类重新排列过的残差矩阵
   residual_thred=zeros(size(v,1),size(v,1))+diag(diag(residual_sorted));
% 按照行业分类重新排列过的残差矩阵
  for i=1:size(Groups.SW_location,1)-1
     residual_thred(Groups.SW_location(i):Groups.SW_location(i+1)-1,Groups.
SW_location(i):Groups.SW_location(i+1)-1)...
     =residual_sorted(Groups.SW_location(i):Groups.SW_location(i+1)-1,Groups.
SW_location(i):Groups.SW_location(i+1)-1);
  end
  % 确保对称
  residual_thred=(residual_thred+residual_thred')/2;
```

```
[~,original_loc]=sort(Groups.SW(:,1));
residual_thred=residual_thred(original_loc,original_loc); % 按原来顺序排列
% 得到已实现协方差估计量
 s_cov=residual_thred+cov_hat;
case 'rcm'
     % 标记残差矩阵中连续一半以上天数的相关系数（注意是相关系数！！）均大于特定值的位置
    value=0.15;
    % 得到相关系数矩阵
    diagonal=diag(residual_opt);
    CORR=inv(sqrt(diag(diagonal)))*residual_opt*inv(sqrt(diag(diagonal)));
    residual_opt(CORR<value)=0;
    p =genrcm(residual_opt);
      block_m =residual_opt(p,p); % 按照行业分类重新排列过的残差矩阵block_m

    % 寻找符合条件的对角分块
    max_block=round(size(block_m,1)*0.5); % 最大允许不超过多大的方块
    loc=[];
    log=[];
    next=1;
    for i=1:size(block_m,1)
        log_temp=[];
        if i==next
           for j=size(block_m,1)-i+1:-1:3
               if ((sum(sum(block_m(i:i+j-1,i:i+j-1)==0,1),2))/(j*j))<=sparsity
                      log_temp=[log_temp;i i+j-1 (sum(sum(block_m(i:i+j-1,i:i+j-1)==0,1),2))/(j*j)];
               end
           end
           if ~isempty(log_temp)
           next=log_temp(:,2); % 找满足稀疏条件中方块最大的
           next=next(1);
           loc=[loc;i next];
           else
             next=i+1;
           end
        end
    end
```

```
    residual_thred=zeros(size(v,1),size(v,1))+diag(diag(block_m));

      for i=1:size(loc,1)
        residual_thred(loc(i,1):loc(i,2),loc(i,1):loc(i,2))=block_m(loc(i,1):loc(i,2),
loc(i,1):loc(i,2));
      end
    % 确保对称
    residual_thred=(residual_thred+residual_thred')/2;
    [~,original_loc]=sort(p);
    residual_thred=residual_thred(original_loc,original_loc);
    % 得到已实现协方差估计量
    s_cov=residual_thred+cov_hat;
end
end
```

第6章 投资组合优化与多任务相关学习

本章从加权策略的角度优化投资组合的构造过程。传统的加权策略优化模型，都是通过一定的分布假设来确定加权权重，进而达到各个策略间对冲误差的效果，最终实现更好的样本外表现。然而在实际投资过程中，各估计量的误差往往不服从于已知分布且具有高度的时变性，因此，就有必要依据数据的变化来确定如何对不同组合权重进行合理加权，以相互抵消误差的不利影响。

基于上述讨论，本章结合MTRL算法框架来处理动态加权的问题，将MV策略与GMV策略进行“加权”，从而在不依赖于分布假设的条件下同步估计两个策略的权重，以同时优化这两个基础策略的样本外绩效表现，使其对于数据结构变化有着更好的适应性。

6.1 多任务相关学习

多任务学习（multi-task learning）是通过同时考虑几个相关的任务来提升单个任务泛化表现（generalization performance）的一类机器学习算法。这种算法的灵感来源于人类的学习行为，即人类总是会将之前学习其他任务的经验应用到当前的学习任务中来，例如，幼儿第一次学会识别人脸的经验方法后来也会被他（她）们用来学习识别其他东西。多任务学习就是受此启发，通过同时学习几个相关任务来分别提升单个任务的学习效果。

在这个过程中，最重要的问题在于如何定义和衡量各任务之间的关系。Williams等（2007）基于高斯过程（Gaussian process，GP）构造任务协方差矩阵来衡量各任务之间的关系，并进一步提出了一种全局方法来训练多个任务，这种方法可以同时衡量正相关任务、负相关任务或者不相关任务，但是该模型却很难求解，引入任务相关矩阵之后的优化问题为非凸，且对初始化参数非常敏感。Zhang和Yeung（2014）吸收了Williams等（2007）模型的优点同时克服了其缺点，提出了一种正则化方法——多任务相关学习multi-task relationship learning（MTRL），来学习多任务学习中各任务之间的关系。Zhang和Yeung（2014）将矩阵正态分布作为模型中所有任务参数的先验值，然后便得到了凸的目标函数，该优化问题可以在正则化框架下同时训练任务之间的关系和模型参数，该模型可以看成是对正则化形式下单任务学习（single-task learning，STL）的拓展。

具体来看，假设有 m 个学习任务 $\{T_i\}_{i=1}^m$。训练集 D_i 由 n_i 个数据点 $(\mathbf{x}_j^i, y_j^i)$ 构成，$j=1,\cdots,n_i$，$\mathbf{x}_j^i \in \mathbb{R}^d$，在回归问题里，$y_j^i \in \mathbb{R}$，在二元分类问题里，$y_j^i \in \{-1,1\}$。定义任务 T_i 的线性方程：$f_i(\mathbf{x}) = \mathbf{w}_i{}'\mathbf{x}_j^i + b_i$。

首先定义目标函数。在给定 $\mathbf{x}_j^i$，$\mathbf{w}_i$，b_i 和 ε_i 时，y_j^i 服从多元正态分布：

$$y_j^i \mid \mathbf{x}_j^i, \mathbf{w}_i, b_i, \varepsilon_i \sim N(\mathbf{w}_i{}'\mathbf{x}_j^i + b_i,\ \varepsilon_i^2), \tag{6-1}$$

其中 $N(\mathbf{m}, \boldsymbol{\Sigma})$ 表示多元正态分布，其中均值向量为 $\mathbf{m}$，协方差矩阵为 $\boldsymbol{\Sigma}$。

模型先验 $\mathbf{W} = (\mathbf{w}_1, \cdots, \mathbf{w}_m)$ 定义为：

$$\mathbf{W} \mid \epsilon_i \sim \left(\prod_{i=1}^m N(\mathbf{w}_i \mid \mathbf{0}_d, \epsilon_i^2 \mathbf{I}_d) \right) q(\mathbf{W}), \tag{6-2}$$

其中 $\mathbf{I}_d$ 是 $d \times d$ 的单位矩阵，$\mathbf{0}_d$ 是 $d \times 1$ 的零向量，$q(\mathbf{W})$ 是一个矩阵变量正态分布，即：

$$q(\mathbf{W}) = MN_{d\times m}(\mathbf{W} \mid \mathbf{0}_{d\times m}, \mathbf{I}_d \otimes \Omega), \tag{6-3}$$

其中，$0_{d\times m}$ 是 $d \times m$ 的零矩阵，$MN_{d\times m}(\mathbf{W} \mid \mathbf{A} \otimes \mathbf{B})$ 表示矩阵变量正态分布，其概率密度函数定义为：

$$p(\mathbf{X} \mid \mathbf{A} \otimes \mathbf{B}) = \frac{\exp\left(-\frac{1}{2} tr(\mathbf{A}^{-1}(\mathbf{X}-\mathbf{M})\mathbf{B}^{-1}(\mathbf{X}-\mathbf{M})') \right)}{(2\pi)^{md/2} |\mathbf{A}|^{m/2} |\mathbf{B}|^{d/2}}, \tag{6-4}$$

其中均值矩阵 $\mathbf{M} \in \mathbb{R}^{d\times m}$，行协方差矩阵 $\mathbf{A} \in \mathbb{R}^{d\times d}$，列协方差矩阵 $\mathbf{B} \in \mathbb{R}^{m\times m}$，根据式（6-3）定义的先验分布形式，行协方差矩阵 $\mathbf{I}_d$ 代表了各个特征之间的关系，列协方差矩阵 $q(\mathbf{W}) = MN_{d\times m}(\mathbf{W} \mid \mathbf{0}_{d\times m}, \mathbf{I}_d \otimes \Omega)$

代表了不同$\mathbf{w}_i$之间的关系。换句话说，$q(\mathbf{W})=MN_{d\times m}(\mathbf{W}\mid\mathbf{0}_{d\times m},\mathbf{I}_d\otimes\Omega)$刻画了不同任务之间的关系。

绝大多数情况下，$q(\mathbf{W})=MN_{d\times m}(\mathbf{W}\mid\mathbf{0}_{d\times m},\mathbf{I}_d\otimes\Omega)$的先验是无法直接给出的，因此需要通过数据来估计。由于$\mathbf{W}$的后验分布与其先验分布和似然函数的乘积成比例，即：

$$p(\mathbf{W}\mid\mathbf{X},\mathbf{y},\mathbf{b},\boldsymbol{\varepsilon},\epsilon,\boldsymbol{\Omega})\propto p(\mathbf{y}\mid\mathbf{X},\mathbf{W},\mathbf{b},\boldsymbol{\varepsilon})p(\mathbf{W}\mid\epsilon,\boldsymbol{\Omega}),\tag{6-5}$$

其中$\mathbf{y}=(y_1^1,\cdots,y_{n_1}^1,\cdots,y_1^m,\cdots,y_{n_m}^m)'$，$\mathbf{X}$表示所有任务的数据集构成的数据矩阵，$\mathbf{b}=(b_1,\cdots,b_m)'$。对式（6-5）取负对数然后结合式（6-1）-式（6-3），通过求解式（6-6）的优化问题就可以得到$\mathbf{W}$的最大后验估计量（maximum a posteriori，MAP）以及$\mathbf{b}$和$q(\mathbf{W})=MN_{d\times m}(\mathbf{W}\mid\mathbf{0}_{d\times m},\mathbf{I}_d\otimes\Omega)$的最大似然估计（MLE）：

$$\min_{\mathbf{W},\mathbf{b},\boldsymbol{\Omega}\succeq\mathbf{0}}\sum_{i=1}^{m}\frac{1}{\varepsilon_i^2}\sum_{j=1}^{n_i}(y_j^i-\mathbf{w}_i'\mathbf{x}_j^i-b_i)^2+\sum_{i=1}^{m}\frac{1}{\epsilon_i^2}\mathbf{w}_i'\mathbf{w}_i+tr(\mathbf{W}\boldsymbol{\Omega}^{-1}\mathbf{W}')+d\ln|\boldsymbol{\Omega}|,\tag{6-6}$$

其中$tr(\cdot)$表示矩阵的迹，$|\cdot|$表示方阵的行列式，$\mathbf{A}\succeq\mathbf{0}$表示矩阵$\mathbf{A}$是半正定的（positive semidefinite，PSD）。为了简化分析，假设$\epsilon=\epsilon_i$，$\varepsilon=\varepsilon_i$，$\forall i=1,\cdots,m$。Zhang和Yeung（2014）指出优化问题式（6-6）中的前三项均为凸的，而最后一项是凹的，他们接着证明对于任意$m\times m$的PSD矩阵$\boldsymbol{\Omega}$，$\ln|\boldsymbol{\Omega}|\leqslant tr(\Omega)-m$，因此可将式（6-6）最后一项放松为$dtr(\Omega)$，并将其改写为带约束问题形式：

$$\begin{aligned}&\min_{\mathbf{W},\mathbf{b},\boldsymbol{\Omega}}\sum_{i=1}^{m}\frac{1}{n_i^2}\sum_{j=1}^{n_i}(y_j^i-\mathbf{w}_i'\mathbf{x}_j^i-b_i)^2+\frac{\lambda_1}{2}tr(\mathbf{W}\mathbf{W}')+\frac{\lambda_2}{2}tr(\mathbf{W}\boldsymbol{\Omega}^{-1}\mathbf{W}')\\&\quad s.t.\ \ \boldsymbol{\Omega}\succeq\mathbf{0},\\&\qquad\ \ \mathrm{tr}(\boldsymbol{\Omega})\leqslant c,\end{aligned}\tag{6-7}$$

这时，式（6-7）就变成了一个半定规划（SDP）问题，该优化问题关于$\mathbf{W}$、$\mathbf{b}$、$q(\mathbf{W})=MN_{d\times m}(\mathbf{W}\mid\mathbf{0}_{d\times m},\mathbf{I}_d\otimes\Omega)$是联合凸的。

在模型求解上，Zhang和Yeung（2014）提出可以先固定$q(\mathbf{W})=MN_{d\times m}(\mathbf{W}\mid\mathbf{0}_{d\times m},\mathbf{I}_d\otimes\Omega)$，求解关于$\mathbf{W}$和$\mathbf{b}$的最优解，然后固定$\mathbf{W}$和$\mathbf{b}$，优化$q(\mathbf{W})=MN_{d\times m}(\mathbf{W}\mid\mathbf{0}_{d\times m},\mathbf{I}_d\otimes\Omega)$，重复这一过程直至收敛，即可得到最优的$\mathbf{W}$、$q(\mathbf{W})=MN_{d\times m}(\mathbf{W}\mid\mathbf{0}_{d\times m},\mathbf{I}_d\otimes\Omega)$和$\mathbf{b}$，从而同时优化所有模型。

事实上，这种将多个相关任务放在一起训练进而同时提升每个单一任务的泛化表现的思想，同样可以放到投资组合策略的优化过程中。在第1、2章中我们提到了加权策略优化的思路，即把两个基础策略的输出权重加权进而实现优于单个策略的样本外绩效表现，加权权重通过最小化期望效用损失函数的方式计算得到。本章，我们将考虑把多任务相关学习算法引用到加权策略优化方向中去，即把不同的基础策略看成是几个相关的任务。虽然多任务相关学习并不是将任务加权，而是利用任务之间的相关性来同时估计所有任务，但这种算法的形式很适合用来同时优化多个基础策略，进而达到一种类似“加权”的效果。

6.2 使用多任务相关学习改进投资组合策略

在第3章中，我们详细介绍了MV策略和GMV策略的理论模型，在上文中，我们详细介绍了多任务相关学习的算法框架及应用特点。这里，我们考虑结合MTRL算法对MV策略和GMV策略的权重做出同步估计，分别得到MTRL-MV和MTRL-GMV策略，从而达到“加权”的效果。在介绍MTRL-MV和MTRL-GMV策略的构造过程之前，首先要对MV和GMV策略的结构做解析和统一以使其能够套用在MTRL的算法框架里。

回顾带非卖空约束的MV策略优化问题①：

$$\begin{aligned} &\min_{w} \left(\frac{\gamma}{2} w'\Sigma w - w'\mu\right) \\ &\text{s.t.} \quad w'l = 1, \\ &\qquad\quad w_i \geqslant 0, \ \ i = 1, 2, \cdots, n. \end{aligned} \tag{6-8}$$

其中，γ为风险厌恶系数，Σ为协方差矩阵，μ为期望收益率向量。再回顾带非卖空约束的GMV策略优化问题：

$$\begin{aligned} &\min_{w} \left(w'\Sigma w - 0\right) \\ &\text{s.t.} \quad w'l = 1, \\ &\qquad\quad w_i \geqslant 0, \ \ i = 1, 2, \cdots, n. \end{aligned} \tag{6-9}$$

通过对上述两种经典策略优化问题的重述，我们进一步厘清了MV和GMV策略的结构，为后文结合MTRL算法实现MV和GMV策略的同步估计做铺垫。我们设MV策略的权重列向量为w^{MV}，期望收益率向量估计量为$\hat{\mu}^{MV}$，协方差矩阵估计量为$\hat{\Sigma}^{MV}$；GMV策略的权重列向量为w^{GMV}，协方差矩阵估计量为$\hat{\Sigma}^{GMV}$。于是，对MV策略和GMV策略同步估计就等价于找到最优权重矩阵$W = \left(w^{MV}, w^{GMV}\right)$。

本节第一部分中我们已经了解到MTRL的思路以及具体的模型结构，其思想就是把多个不同回归或分类任务的待估系数视为随机

① 这里为了后续结构解析，目标函数用了最小化的优化形式。

变量，并引入这些系数之间的随机度量项来同时实现对各任务系数的更优估计。

从多任务相关性学习的角度来说，可将GMV和MV优化问题看作不同的训练任务，同时针对GMV和MV问题的MTRL包含了对于两估计量相关性的内生估计。由迹和矩阵拉直运算符（vec operator）的性质，

$$\begin{aligned}\operatorname{tr}(W\Omega^{-1}W') &= \operatorname{tr}(\Omega^{-1}W'W) \\ &= \operatorname{vec}(W)'\operatorname{vec}(W\Omega^{-1}) \\ &= \operatorname{vec}(W)'(\Omega^{-1}\otimes I_N)\operatorname{vec}(W),\end{aligned} \tag{6-10}$$

其中⊗表示Kronecker积。因此，本章的MTRL优化问题为：

$$\begin{aligned}&\min_{W,\Omega}\ -\operatorname{vec}(W)'A+\operatorname{vec}(W)'\left(B+\frac{\lambda_1}{2}I_{2N}+\frac{\lambda_2}{2}(\Omega^{-1}\otimes I_N)\right)\operatorname{vec}(W),\\ &\text{s.t.}\ \ \operatorname{vec}(W)\geqslant 0,\\ &\qquad w_i' l_N=1, i=1,2,\end{aligned} \tag{6-11}$$

其中I_N为单位矩阵；A为收益率均值列向量与零向量组成的列向量，分别对应着MV和GMV的权重；B是主对角线为各投资策略的协方差估计量的分块矩阵。即：

$$A_{2N\times 1}=\left(\hat{\mu}' \quad 0\right)',\ B_{2N\times 2N}=\begin{pmatrix}\hat{\Sigma}^{MV} & O\\ O & \hat{\Sigma}^{GMV}\end{pmatrix}. \tag{6-12}$$

在这里直接使用了GMV和MV的经典形式，而并未使用回归形式，原因在于式（6-11）的形式更加一般化。若在高维情形下想使用诸如收缩估计量（Ledoit和Wolf，2017）、更高维的协方差矩阵估计量（Fan等，2012）等，可直接调整A和B，而

不仅限于以样本矩作为估计量。由于MTRL的优化问题为半定规划（SDP）问题, Zhang和Yeung（2014）提出可以通过迭代的方法进行求解，第一步将Ω视为给定，直接求解凸优化问题得到W，第二步再将W视为给定，求解得到$\Omega=(W'W)^{\frac{1}{2}}/\operatorname{tr}((W'W)^{\frac{1}{2}})$。在开始迭代之前，本章将$\Omega$的初始值设为$0.5I_2$，此时即假定所有任务之间没有相关性。

6.3 投资组合在A股的实证表现

在样本方面，本章采用评估投资组合绩效的通行做法（Fama和French，1993；DeMiguel 等，2007；Shi等，2019；Jiang等，2019），利用A股日数据构建了基于市值（SIZE）因子和账面市值比（BM）因子排序的多个数据集。相比从样本中随机选取个股，这种构建因子组合的处理方法能够纳入几乎所有的股票样本数据，不仅不易受到因股票停牌而导致数据缺失的影响，降低了数据损失，而且降低了样本选择性偏误。具体的数据说明见表6-1。

表6-1　数据说明

数据集	实际组合数	数据集	实际组合数
S20	20	S8BM8	61
BM20	20	S10BM10	86
S2BM3	6	S11BM11	97
S5BM5	25	-	-

时间段：2000/01/01至2019/12/31

A股全样本数据包括2000年1月4日至2019年12月31日共4846天的3692只股票的日收益率、流通市值和账面市值比数据。数据来源为Resset和CSMAR。本章剔除了每日存在数据缺失以及被标注为ST的股票，随后分别按照SIZE和BM因子大小对当日所有股票排序，等距分组，形成以流通市值加权的投资组合。根据分组数量的不同，本章处理得到7个数据集：BM20、S20、S2BM3、S5BM5、S8BM8、S10BM10、S11BM11[①]。需要说明的是，在按SIZE和BM因子对所有股票进行二元分组时，若组数较大，那么某些投资组合可能不包含任何股票。为了保证样本时间段的连续性，本章直接在全样本上删除了包含空值的投资组合，因此实际组合数可能与理论组数不相等。

在实证设计方面，为了和本章提出的MTRL-MV策略及MTRL-GMV策略对比，在GMV和MV策略的基础上，我们另外考虑了其他三种投资组合策略：EW、TZ以及BS策略。这些策略在第3章中详细介绍过，具体构造过程和模型结构在此不再赘述。其中，EW策略由于在美股的样本外表现优于常见的投资组合策略（DeMiguel等，2007），且不需要很高的交易成本和调仓成本，因而很难被其他策略击败，是目前常见的比较对象。TZ和BS策略都属于收缩估计量，能够在一定程度上平衡误差和偏差，因此很适合与同样考虑了误差相关性的MTRL-GMV和MTRL-MV进行对比。

本章所采用的绩效评估指标包括SR、标准差以及换手率（DeMiguel等，2007）：

$$\mathrm{SR}=\frac{\mathrm{Mean}}{\mathrm{Std.}}=\frac{\mu'\hat{w}}{\sqrt{\hat{w}'\Sigma\hat{w}}}，\mathrm{Turnover}=\frac{1}{T}\sum_{t=1}^{T}\sum_{j=1}^{N}\left|\hat{w}_{j,t+1}-\tilde{w}_{j,t}\right|. \tag{6-13}$$

---

① 以S20和S2BM3为例，前者表示按照SIZE因子排序等距划分后的20个投资组合，后者表示按SIZE和BM分别进行二分和三分类的二元分组（bi-sorted）后所形成的6个投资组合。

其中，μ为样本外的收益率均值，Σ为样本外的样本协方差。$\tilde{w}_{j,t}$表示第t期构建的权重为$\hat{w}_{j,t}$的投资组合第$t+1$期在组内资产价格变化后的新权重。本章所采用的换手率公式可以用来衡量每期再平衡组合权重时所需的交易成本，在这种衡量标准下，由于在评估期内各资产的收益率均有一定程度的变化，因此等权重策略的换手率也不再为零。

为了对MTRL-GMV、MTRL-MV与原策略GMV、MV之间夏普比率的差异进行统计检验，本章选择使用Jobson和Korkie（1981）提出的假设检验方法。假设目标策略i和基准策略b在样本外实现收益率的均值、标准差和协方差分别为μ_i、μ_b、σ_i、σ_b、σ_{ib}。原假设为$\mu_i/\sigma_i-\mu_b/\sigma_b=0$。统计量的计算方式为：

$$Z=\frac{\sigma_b\mu_i-\sigma_i\mu_b}{\sqrt{\rho}},\rho=\frac{1}{T}\left(2\sigma_i^2\sigma_b^2-2\sigma_i\sigma_b\sigma_{ib}+\frac{1}{2}\mu_i^2\sigma_b^2+\frac{1}{2}\mu_b^2\sigma_i^2-\frac{\mu_i\mu_b}{\sigma_i\sigma_b}\sigma_{ib}^2\right). \tag{6-14}$$

为了确定正则化参数λ_1和λ_2的取值，本章进行了简单的参数寻优，在开始估计之前首先确定参数的大致范围，即参数的上限为何值时MTRL-GMV和MTRL-MV的表现退化为GMV和MV；随后，再进行两轮估计和评估，依次确定λ_1和λ_2的取值。具体来说，首先将λ_1设置为0，并选取49个参数值λ_2，取值分别为$(0.2,0.4,\cdots,9.8)\times10^{-4}$，进行两轮估计和样本外评估，选择MTRL-GMV和MTRL-MV的平均夏普率最优组对应的参数作为λ_2的取值；随后，在该λ_2下,选取49个$\lambda_1=(0.2,0.4,\cdots,9.8)\times10^{-4}$进行同样的操作。在实证数据集上进行的参数寻优结果见图6-1。

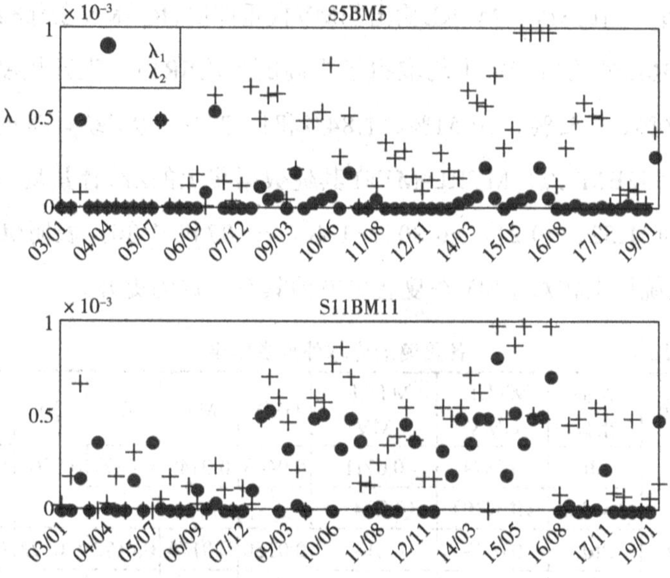

图 6-1 寻找最优参数 λ_1 和 λ_2 的结果（以 S5BM5 和 S11BM11 为例）

注：横轴表示样本外评估开始的日期。

可以看出，当组合资产数量（25）相对于样本数量（240）较少时，λ_1 的值大多为零或接近于零，表明此时无需对权重的复杂度进行过多惩罚就能取得比较好的样本外表现；而当组合资产数量（97）相对于样本数量（240）较大时，权重复杂度对策略表现的影响较大，此时 λ_1 的取值在2007年之后开始频繁出现非零值，表明基础策略GMV或MV的表现更易产生极端权重，导致策略样本外表现下降，因此需要通过设置较大的 λ_1 以保证得到更加稳定而合理的权重。参数值 λ_2 在大多数情形下的样本最优取值均非零，仅在少数情况下取到了搜寻范围的上界，这在一定程度上表明了本章设置相关性惩罚项的合理性。

各投资组合策略的样本外投资结果见表6-2。从夏普比率的结果来看，相比MV，MTRL输出的MV权重即MTRL-MV在除S2BM3和S5BM5外的数据集上均取得了更高的平均SR值，提升幅度分别为1.26%、2.55%、10.51%、1.84%和13.77%。从Z统计量的角度看，除S2BM3外，MTRL-MV在其他数据集上的Z统计量均为负，分别为-1.52、-0.21、-0.80、-1.46、-1.07和-1.30，表明MTRL-MV在统计上相对于MV在夏普率方面具有一定的提升。

表6-2　　　　各策略的样本外投资结果

数据集	评估指标	MTRL-GMV	MTRL-MV	GMV	MV	TZ	EW	BS
S2BM3	SR	0.0374	0.0711	0.0443	0.0748	0.0477	0.0263	0.0724
	Z-value	(0.3010)	(0.2047)	-	-	-	-	-
	Std.	0.0159	0.0173	0.0150	0.0176	0.0172	0.0172	0.0174
	Avg.(r)	0.0006	0.0011	0.0007	0.0012	0.0008	0.0005	0.0012
	Turnover	0.4291	0.5646	0.2409	0.6040	0.3947	0.0882	0.6404
BM20	SR	0.0523	0.0801	0.0565	0.0791	0.0498	0.0408	0.0797
	Z-value	(0.6594)	(-1.5170)	-	-	-	-	-
	Std.	0.0151	0.0170	0.0144	0.0178	0.0165	0.0166	0.0177
	Avg.(r)	0.0008	0.0014	0.0009	0.0015	0.0008	0.0006	0.0014
	Turnover	0.6396	0.8278	0.4879	0.7821	0.2363	0.0804	0.7472
S20	SR	0.0315	0.0443	0.0386	0.0432	0.0213	0.0169	0.0481
	Z-value	(1.7157)	(-0.2058)	-	-	-	-	-
	Std.	0.0166	0.0181	0.0149	0.0181	0.0182	0.0186	0.0174
	Avg.(r)	0.0005	0.0007	0.0005	0.0007	0.0004	0.0004	0.0007
	Turnover	0.6004	0.9131	0.2924	1.0109	0.2571	0.0547	0.9877
S5BM5	SR	0.0500	0.0881	0.0478	0.0896	0.0469	0.0193	0.0858
	Z-value	(0.5904)	(-0.7956)	-	-	-	-	-
	Std.	0.0155	0.0178	0.0145	0.0183	0.0179	0.0183	0.0180
	Avg.(r)	0.0008	0.0015	0.0007	0.0016	0.0009	0.0004	0.0015
	Turnover	0.5265	0.9174	0.3801	0.7857	0.4709	0.0932	0.8178

续表

数据集	评估指标	MTRL-GMV	MTRL-MV	GMV	MV	TZ	EW	BS
S8BM8	SR	0.0707	0.0883	0.0627	0.0799	0.0494	0.0225	0.0831
	Z-value	(−0.2115)	(−1.4625)	-	-	-	-	-
	Std.	0.0151	0.0177	0.0143	0.0192	0.0182	0.0184	0.0189
	Avg.(r)	0.0010	0.0015	0.0009	0.0016	0.0010	0.0005	0.0016
	Turnover	0.5566	1.0767	0.4837	1.0227	0.5232	0.0967	1.0286
S10BM10	SR	0.0592	0.0832	0.0624	0.0817	0.0480	0.0221	0.0807
	Z-value	(0.5003)	(−1.0653)	-	-	-	-	-
	Std.	0.0152	0.0181	0.0142	0.0196	0.0183	0.0186	0.0192
	Avg.(r)	0.0009	0.0014	0.0009	0.0016	0.0009	0.0005	0.0016
	Turnover	0.6053	1.0928	0.4845	1.3076	0.5857	0.0969	1.3387
S11BM11	SR	0.0630	0.0859	0.0626	0.0755	0.0448	0.0212	0.0808
	Z-value	(0.1038)	(−1.3037)	-	-	-	-	-
	Std.	0.0151	0.0182	0.0142	0.0197	0.0183	0.0187	0.0192
	Avg.(r)	0.0009	0.0015	0.0009	0.0015	0.0009	0.0005	0.0016
	Turnover	0.6453	1.0588	0.4870	1.2511	0.5643	0.1008	1.2165

注：SR表示夏普比率，Std.为样本外实现收益率的标准差，Avg.（r）为样本外实现的日平均收益率，Z-value为JK检验统计量结果，共进行两次JK检验，以“目标策略-基准策略”的形式，两次检验的内容分别为：GMV-MTRL-GMV和MV-MTRL-MV，Z-value为负表明MTRL的SR更大。

与其他策略对比，MTRL-MV的样本外表现显著优于TZ和EW，平均提升幅度能够达到100%以上。不过，MV同样显著优于TZ和EW，这与黄琼等（2011）对我国股市的投资组合策略评估结果具有相当的一致性，即MV一族的投资组合策略在加总后的资产（如行业组合、因子组合等）上有着更好的表现。在个股层面、维度较高时，EW的表现更好，这与下文的稳健性结果有一定的吻合。

值得注意的是，在资产数量较多的情况下，MTRL-MV的夏普率在数值上优于BS，提升幅度在后四个数据集上分别为2.68%、

6.26%、3.10%、6.31%。这表明MTRL-MV所实现的收缩估计效果超过了直接对收益率均值和协方差进行收缩估计的结果。在MTRL-GMV的表现方面，从夏普率的数值上看，其表现差于GMV，但结合Z统计量的结果看，这一差异并不是很明显：除S20数据集外，Z统计量均不超过1，表明该差异的统计意义不是很强。从换手率的结果来看，MTRL-MV在控制换手率上的表现略优于MV，其换手率在BM20、S5BM5和S8BM8上高于MV，而在另外4个数据集上低于MV；此外，其在多数情况下优于BS的换手率结果，这表明MTRL-MV权重的稳定性得到了一定的提升。从表6-2中样本外实现的标准差结果来看，MTRL-MV组合收益的稳定性普遍比MV高，且从结果可以得知，前者相对于后者的提升是通过降低组合风险而非主动获取更多的超额收益所实现的，MTRL的作用是将MV的权重“拉向”GMV权重，实现二者的加权，而加权权重则取决于两个策略在样本数据中的权重相关性。

为了更好地展示这种加权估计的效果，图6-2详细汇报了在BM20数据集下MTRL-MV、GMV和MV策略在各因子组合资产上的权重分配情况。可以看出，在所有三种策略均有较大权重分配的资产（1）上，MTRL-MV（深灰）的权重在多数情况下均介于MV（浅灰）和GMV（折线）之间，这在后半段中尤其明显，即深灰柱介于浅灰柱和折线之间。而在前半段，MTRL-MV受MV的影响较大，此时二者分配于资产（1）上的权重均为0，并将多数权重分配于资产（9），而GMV的资产分配则集中于（1），这种分歧是由相关性矩阵Ω的迭代结果所决定的。从总体来说，MTRL-MV在某一资产上分配所有权重的极端情况有所减少，且最差的情形也仅仅是与MV的分配结果相当，如（1）、（2）、（3）、（9）和

（19）中MTRL-MV出现的极端权重均与MV的分配情况相同。

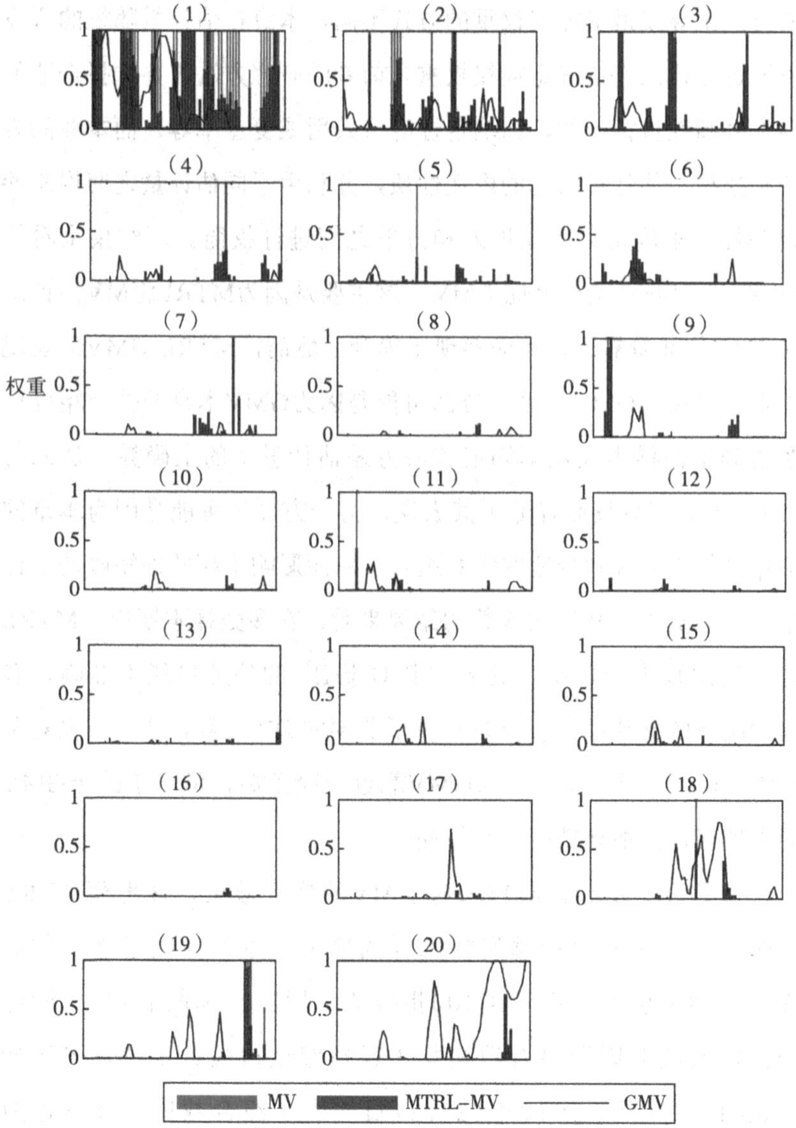

图 6-2　BM20 数据集下 MTRL-MV、GMV 和 MV 策略的权重分配情况

与Kan和Zhou（2007）提出的基于GMV、切点组合以及无风险资产的三基金分离策略不同，MTRL在没有分布假设的前提下实现了MV和GMV的加权；与黄嵩等（2020）利用样本外绩效驱动的方式来寻找最优加权权重的方式不同，本章在估计量随机的假设下通过迭代来直接确定加权权重。前者的研究方法需要选择合适的样本外绩效目标函数，如确定性等价效用或夏普率等，而本章的方法则挖掘了估计量误差的内在性质，并利用不同估计量之间误差的相关性，来确定如何在误差和方差之间进行权衡。从结果来看，MTRL-MV的表现显著优于MV，这主要是因为MTRL将MV估计量向GMV估计量靠近，从而实现了提升。然而，MTRL-GMV的表现并未明显优于GMV，这一方面可能是因为GMV本身的估计精度已经达到了在样本收益率均值和协方差估计量下的上确界，加入与MV有关的信息反而降低了其表现；另一方面也可能是因为本章的参数寻优未能找到合适的参数组合，从而影响了相关性矩阵的估计结果。事实上，从迭代次数的结果来看，在多数样本期内，MTRL的迭代次数少于10次，这表明其对于 Ω^{-1} 的估计可能不准确，多数情况下的迭代结果仅仅是产生了非零的 Ω^{-1} 元素。这一结果对于MV来说，已经足够将其向GMV靠近一段距离，但对于改善GMV的表现来说，估计精度仍有待提升。

为了进一步验证MTRL对于MV的提升效果，并考察MTRL在个股组合中是否能够发挥同样的效果，本章在因子组合数据集的基础上引入了由沪深300指数成分股随机选取的4种个股组合，以及美股因子组合数据集进行稳健性检验。本章首先选择2009年1月1日至2019年12月31日的因子组合数据子样本作为第一组数据；其次，本章从沪深300指数的成分股①中随机选

① 本章所使用的沪深300指数历史成分股信息来自Resset数据库，候选股票为某一时点上所有在表中的成分股，且估计期间收益率数据缺失(停牌等原因)少于20%，且在样本外评估阶段未被剔除出表。

择10、40、70和100只股票作为第二组数据，时间跨度为2005年4月8日至2014年1月15日。所有实证和稳健性检验的估计步长为240天，样本外评估步长为120天，每次重新估计和评估的间隔为60天。由于个股组合为每隔固定时期从沪深300成分股中随机抽取，这种方式如因子组合数据集一样，规避了在固定个股组合上检验的弊端，能够最大限度地避免样本的选择性偏误问题，结果具有更好的可重复性。由于无法像因子组合一样保持组合内成分的一致性，多数在上一期选中的股票将在下一期中被替换，因此换手率指标在个股组合中无法有效衡量真实的换手情况，本章不再汇报其结果。

表6-3为各投资组合策略在时间跨度为2009年1月1日至2019年12月31日的因子组合数据集上的结果。可以看出，除S2BM3数据集外，MTRL-MV的夏普率表现显著优于MV，Z统计量的结果分别为-1.52、-0.21、-0.80、-1.46、-1.07和-1.30。在S8BM8、S10BM10和S11BM11三个数据集上，MTRL-MV的夏普率表现优于所有其他策略。也就是说，当资产数较多时，MTRL-MV能够在一定程度上抵消样本矩误差增加所带来的影响。在换手率方面，MTRL-MV同样在后几个数据集上表现更好，在资产数量较多的情形下保证了权重估计量的稳定性。值得注意的是，MTRL-MV在所有数据集上的表现均超过了依赖于正态分布假设估计加权权重的TZ策略，表明前者在误差和方差上有着更好的权衡，更能适应实际数据的变化。MTRL-GMV的结果与表6-2基本一致，即无法获得优于GMV的表现，但除了S20数据集外，Z统计量的数值均比较小，表明其相对于GMV没有统计意义上的差异。

表6-3　　因子组合数据集下的稳健检验结果

数据集	评估指标	MTRL-GMV	MTRL-MV	GMV	MV	TZ	EW	BS
S2BM3	SR	0.0313	0.0723	0.0350	0.0764	0.0542	0.0315	0.0766
	Z-value	(0.3010)	(0.2047)	-	-	-	-	-
	Turnover	0.3791	0.4252	0.1631	0.4915	0.3232	0.0826	0.5945
BM20	SR	0.0465	0.0830	0.0466	0.0840	0.0601	0.0538	0.0887
	Z-value	(0.6594)	(−1.5170)	-	-	-	-	-
	Turnover	0.5782	0.8572	0.4637	0.8536	0.2108	0.0657	0.8342
S20	SR	0.0384	0.0408	0.0570	0.0409	0.0209	0.0174	0.0443
	Z-value	(1.7157)	(−0.2058)	-	-	-	-	-
	Turnover	0.5086	1.0151	0.2551	0.8507	0.2256	0.0495	0.9262
S5BM5	SR	0.0411	0.0903	0.0446	0.0939	0.0521	0.0203	0.0950
	Z-value	(0.5904)	(−0.7956)	-	-	-	-	-
	Turnover	0.5243	0.8764	0.2950	0.5106	0.3356	0.0869	0.6538
S8BM8	SR	0.0608	0.0963	0.0500	0.0837	0.0503	0.0214	0.0863
	Z-value	(−0.2115)	(−1.0653)	-	-	-	-	-
	Turnover	0.5544	0.9279	0.4414	0.9539	0.4840	0.0903	0.9249
S10BM10	SR	0.0551	0.0926	0.0586	0.0766	0.0475	0.0214	0.0795
	Z-value	(0.5003)	(−1.0653)	-	-	-	-	-
	Turnover	0.6469	1.1077	0.4323	1.3031	0.6179	0.0930	1.2757
S11BM11	SR	0.0559	0.0961	0.0556	0.0846	0.0497	0.0224	0.0888
	Z-value	(0.1038)	(−1.3037)	-	-	-	-	-
	Turnover	0.6232	1.0505	0.4363	1.2299	0.5541	0.0951	1.1611

注：相比于表6-2，本表仅汇报主要的结果。

表6-4为沪深300数据集下的稳健检验结果。可以看出，MTRL-MV的样本外夏普率均显著高于MV，Z统计量分别为-2.00、-1.43、-1.84和-1.20；MTRL-GMV的夏普率表现则随着资产数的增加而差于GMV，但样本外的标准差的表现更优。这些结果与表6-2和表6-3基本相符。至于EW策略，表6-2和表6-3的结

果均表明，其即便是在个股层面也无法获得优于GMV策略的表现，但在资产数较多时能够战胜MV和BS策略，这在一定程度上表明MV和BS策略在方差方面的控制较差。

表6-4　　沪深300数据集下的稳健检验结果

数据集	评估指标	MTRL-GMV	MTRL-MV	GMV	MV	TZ	EW	BS
Rand10	SR	0.0194	0.0208	0.0190	0.0108	0.0248	0.0242	0.0145
	Z-value	(−0.1608)	(−1.9958)	-	-	-	-	-
	Std.	0.0217	0.0282	0.0219	0.0348	0.0222	0.0221	0.0294
	Avg.(r)	0.0005	0.0004	0.0005	0.0001	0.0006	0.0006	0.0002
Rand40	SR	0.0417	0.0296	0.0422	0.0219	0.0234	0.0213	0.0203
	Z-value	(1.6286)	(−1.4308)	-	-	-	-	-
	Std.	0.0176	0.0236	0.0177	0.0315	0.0204	0.0203	0.0265
	Avg.(r)	0.0007	0.0005	0.0008	0.0005	0.0004	0.0004	0.0003
Rand70	SR	0.0333	0.0230	0.0339	0.0154	0.0209	0.0194	0.0164
	Z-value	(1.3919)	(−1.8412)	-	-	-	-	-
	Std.	0.0170	0.0226	0.0172	0.0305	0.0205	0.0204	0.0252
	Avg.(r)	0.0006	0.0005	0.0006	0.0003	0.0004	0.0004	0.0003
Rand100	SR	0.0301	0.0135	0.0329	0.0130	0.0192	0.0177	0.0112
	Z-value	(2.2914)	(−1.1962)	-	-	-	-	-
	Std.	0.0161	0.0224	0.0161	0.0311	0.0201	0.0198	0.0250
	Avg.(r)	0.0005	0.0003	0.0006	0.0002	0.0004	0.0004	0.0002

注：此表由于组合成分股不定，无法汇报换手率结果。

此外，本章使用美股数据进一步验证了MTRL策略对于市场结构变化的稳健性①。表6-5为美股多个因子组合数据集上的投资结果，这些用于分类的因子包括市值、账面市值比以及盈利能力

① 本章使用Kenneth R. French公开数据库1926-07-01至2020-10-30的美股2×3和5×5因子组合收益率数据集。

（operating profitability，OP）。从结果看，可以得知MTRL-MV在美股的样本外夏普率同样显著高于MV，相比A股的Z统计量更小，分别达到-2.46、-1.48、-2.68和-2.82。虽然MTRL-GMV相比GMV并未显著提升，但换手率降低了，这说明MTRL-GMV权重估计量具有更高的稳定性。在标准差方面，MTRL-MV低于基准策略MV，而MTRL-GMV与GMV不存在明显差异。总体来说，美股数据的结果与A股基本类似，能够表明MTRL-MV不易受到市场结构变化的影响。

表6-5　　美股因子组合数据集下的结果

数据集	评估指标	MTRL-GMV	MTRL-MV	GMV	MV	TZ	EW	BS
S2BM3	SR	0.0855	0.0862	0.0888	0.0771	0.0767	0.0733	0.0801
	Z-value	(-1.2018)	(-2.4559)	-	-	-	-	-
	Std.	0.0085	0.0099	0.0082	0.0109	0.0098	0.0098	0.0103
	Turnover	0.2839	0.9862	0.4889	1.1378	0.3225	0.0396	1.1315
S2OP3	SR	0.0805	0.0816	0.0904	0.0754	0.0721	0.0715	0.0771
	Z-value	(1.8642)	(-14758)	-	-	-	-	-
	Std.	0.0084	0.0096	0.0080	0.0101	0.0094	0.0094	0.0098
	Turnover	0.2736	0.9551	0.3116	1.2096	0.3405	0.0408	1.1243
S5BM5	SR	0.0931	0.0876	0.0916	0.0684	0.0763	0.0749	0.0726
	Z-value	(-2.1360)	(-2.8265)	-	-	-	-	-
	Std.	0.0080	0.0107	0.0078	0.0131	0.0101	0.0100	0.0112
	Turnover	0.5050	1.2847	0.7687	1.5082	0.3919	0.0486	1.5339
S5OP5	SR	0.0945	0.0827	0.0986	0.0653	0.0733	0.0753	0.0678
	Z-value	(0.8703)	(-2.6819)	-	-	-	-	-
	Std.	0.0077	0.0094	0.0075	0.0104	0.0094	0.0093	0.0103
	Turnover	0.4738	1.3107	0.7250	1.5254	0.4517	0.0434	1.5357

注：同表6-2。

6.4 本章小结

本章在不依赖于分布假设的前提下，引入MTRL算法框架对两种经典投资组合策略GMV和MV做了同步估计，得到了两个新的权重估计量：MTRL-GMV和MTRL-MV。通过引入多任务相关学习的思想，即利用多个相关任务间的相关性来提升单个任务的泛化表现，本章继承了以往一些关于估计量不确定性研究的假设，即将不同任务（策略）的系数（权重）视为随机变量，并引入这些权重之间的协方差矩阵来同时实现对权重的更优估计。从资产配置的结果来看，虽然在估计阶段并未直接进行策略权重的加权，但MTRL-MV在重要资产上的权重分配基本介于GMV策略和MV策略之间，因此同样实现了更好的加权效果。本章发现MTRL-MV策略能够在夏普率、标准差和换手率上取得优于MV、EW、TZ以及BS策略的表现，而MTRL-GMV的表现则与GMV相当。至于进一步的研究计划，将考虑尝试利用MTRL对多个策略（如GMV、MV、TZ、BS等）同时估计，以期实现更好的加权效果。

附录：本章策略代码实现

扫码获取
本章策略代码

```
%% data processing
clear
% 处理用于检验FF或投资组合绩效的 按因子分的 n x n组合
rawdapath='X:\原始数据';
datapath=' X:\A股数据';% 数据所在路径
savepath=' X:\A股数据\因子组合数据'; % 数据存储路径
%%%%%%%%%%% 将原始股票数据处理为“日期
.csv' %%%%%%%%%%%%%%%
di=dir([rawdapath,'\A股日数据']);
di(1:2)=[];
tic
for i=1:size(di,1)
  [~,~,da]=xlsread([di(i).folder,'\',di(i).name]);
  hearerline=da(1,:);
  da(1,:)=[];
  uni_date=unique(da(:,1));

  for j=1:size(uni_date,1)
    [num2str(i/size(di,1)*100),' ',num2str(j/size(uni_date,1)*100)]
    temp=da(ismember(da(:,1),uni_date(j)),[1 2 4 5 6]);
    date_string=datestr(datetime(uni_date(j)),'yyyy-mm-dd');
    file=fopen([datapath,'\A股日数据\',date_string,'.csv'],'a');
    if exist([datapath,'\A股日数据\',date_string,'.csv'],'file')~=0
     writecell([temp],[datapath,'\A股日数据\',date_string,'.csv'],'FileType','text','W
riteMode','append');
    else
    writecell([hearerline(:,[1 2 4 5 6]);temp],[datapath,'\A股日数据\',date_string,'.
csv'],'FileType','text');
    end
  end
  fclose all
end
```

```
toc
%选择时间段
start_date='2000-01-04';
end_date='2019-12-31';
%%%%%%%%%% 得到全样本的所有股票代码 %%%%%%%%%%
%%%%%%%%
di=dir([datapath,'\A股日数据']);
di(1:2)=[];
temp=struct2cell(di);
filename=temp(1,:)';
start_loc=find(ismember(filename,{[start_date,'.csv']})~=0); % 想要的开始日期
end_loc=find(ismember(filename,{[end_date,'.csv']})~=0); % 想要的结束日期
stk_list=[];
kk=1;
total_cic=end_loc-start_loc+1;
for i=start_loc:end_loc
   % 进度条
   percent=kk/total_cic*100;
   kk=kk+1;
   perc = sprintf('%3.0f%%', percent); % 4 characters wide, percentage
     disp([repmat(char(8), 1, (50+9)), char(10), perc, '[', repmat('=', 1,
round(percent*50/100)), '>', repmat(' ', 1, 50 - round(percent*50/100)), ']']);
   file=fopen([di(i).folder,'\',di(i).name]);
    da=textscan(file,'%{yyyy/MM/dd}D %f %f %f %f','Delimiter',',','HeaderLin
es',1);
   fclose(file);
   temp=[da{1,2} da{1,3} da{1,4} da{1,5}];
   temp(find(isnan(temp(:,2))+isnan(temp(:,3))==1),:)=[]; % 删除有缺失值的股票
   temp((floor(temp(:,1)./100000)==2)|(floor(temp(:,1)./100000)==9),:)=[]; % 删除
B股股票
   % 为全样本的数据收集做准备
   stk_list=unique([stk_list;temp(:,1)]); % 更新股票列表 构建全样本的所有股票
组成
end
save([savepath,'\过程数据\daily_stk_list_all.mat'],'stk_list')

%%%%%%%% 生成全部股票收益率数据/市值数据/账面市值比数据 %%%%%
%%%%%
```

```
load([savepath,'\过程数据\daily_stk_list_all.mat']);
di=dir([datapath,'\A股日数据']);
di(1:2)=[];
temp=struct2cell(di);
filename=temp(1,:)';
start_loc=find(ismember(filename,{[start_date,'.csv']})~=0); % 想要的开始日期
end_loc=find(ismember(filename,{[end_date,'.csv']})~=0); % 想要的结束日期

kk=1;
daily_re=nan(size(stk_list,1),end_loc-start_loc+1);
daily_size=nan(size(stk_list,1),end_loc-start_loc+1);
daily_bm=nan(size(stk_list,1),end_loc-start_loc+1);
k=1;
total_cic=end_loc-start_loc+1;
for i=start_loc:end_loc
  % 进度条
  percent=kk/total_cic*100;
  kk=kk+1;
  perc = sprintf('%3.0f%%', percent); % 4 characters wide, percentage
   disp([repmat(char(8), 1, (50+9)), char(10), perc, '[', repmat('=', 1,
round(percent*50/100)), '>', repmat(' ', 1, 50 - round(percent*50/100)), ']']);

  file=fopen([di(i).folder,'\',di(i).name]);
   da=textscan(file,'%{yyyy/MM/dd}D %f %f %f %f','Delimiter',',','HeaderLin
es',1);
  fclose(file);
  temp=[da{1,2} da{1,3} da{1,4} da{1,5}];
  temp(find(isnan(temp(:,2))+isnan(temp(:,3))==1),:)=[]; % 删除有缺失值的股票
  temp((floor(temp(:,1)./100000)==2)|(floor(temp(:,1)./100000)==9),:)=[]; % 删除
B股股票
  if ~isempty(temp(abs(temp(:,4))>=2,:))
  temp(abs(temp(:,4))>=2,4)=0; % 删除涨跌幅过大的股票（可能未除权）
  end
  daily_re(ismember(stk_list,temp(:,1)),k)=temp(:,4);
  daily_size(ismember(stk_list,temp(:,1)),k)=temp(:,3);
  daily_bm(ismember(stk_list,temp(:,1)),k)=1./temp(:,2);
  date{:,k}=datestr(unique(da{1,1}),'yyyymmdd');
  k=k+1;
```

```
end
save([savepath,'\过程数据\daily_re.mat'],'daily_re','date','stk_list')
save([savepath,'\过程数据\daily_size.mat'],'daily_size','date','stk_list')
save([savepath,'\过程数据\daily_bm.mat'],'daily_bm','date','stk_list')
%% main
clear
% 读取数据
addpath(' X:\因子组合数据\')
load('BM20.mat') % 不存在收益率缺失的组!
data(1).BM20=date;
data(2).BM20=re_group;
load('S20.mat') % 不存在收益率缺失的组!
data(1).S20=date;
data(2).S20=re_group;
load('S2BM3.mat')  % 不存在收益率缺失的组!
data(1).S2BM3=date;
data(2).S2BM3=re_group;
load('S5BM5.mat');  % 不存在收益率缺失的组!
data(1).S5BM5=date;
data(2).S5BM5=re_group;
load('S6BM6.mat')  % 存在收益率缺失的组有14个，删去这些组.
loc=find(sum(isnan(re_group),1)>0);
re_group(:,loc)=[];
data(1).S6BM6=date;
data(2).S6BM6=re_group;
load('S8BM8.mat')  % 存在收益率缺失的组有14个，删去这些组.
loc=find(sum(isnan(re_group),1)>0);
re_group(:,loc)=[];
data(1).S8BM8=date;
data(2).S8BM8=re_group;
load('S10BM10.mat')  % 存在收益率缺失的组有14个，删去这些组.
loc=find(sum(isnan(re_group),1)>0);
re_group(:,loc)=[];
data(1).S10BM10=date;
data(2).S10BM10=re_group;
load('S11BM11.mat')  % 存在收益率缺失的组有14个，删去这些组.
loc=find(sum(isnan(re_group),1)>0);
re_group(:,loc)=[];
```

```
data(1).S11BM11=date;
data(2).S11BM11=re_group;
% 参数设置
% 参数
% rolling_names={'day','week','month'};
% rolling_window=[240 100 48]; % 不同步长 日 周 月
% day=[1 5 20]; % 不同步长分别对应多少天
% eva_window=[120 50 12]; % 评估步长
rolling_names={'day'};
rolling_window=[240]; % 不同步长 日 周 月
train_window=5; % 是rolling_window的几倍?
day=[1]; % 不同步长分别对应多少天
eva_window=[120]; % 评估步长
tic
strategy={'MTL_GMV','GMV','MV'}; %
fname=fieldnames(data);
para_lambda_1=[1];
para_lambda_2=[1];
num_para=1;
for num_para_i=1:size(para_lambda_1,2)
for num_para_j=1:size(para_lambda_2,2)
   lambda_1=para_lambda_1(num_para_i);
   lambda_2=para_lambda_2(num_para_j);
% lambda_1=0;
% lambda_2=0;
for i=1:size(fname,1)
   temp=data(2).(fname{i});
   % 选择实际步长最长的rolling_window 来选择起点日期
   [est_index]=max(rolling_window.*day);
   % 选择评估步长最长的来确定结束的日期
   [eva_index]=max(eva_window.*day);
   % 初始化
   post_r={};
   date_est=[];
   weight=struct;
   % 初始化进度条
   tt=1;
   total_cic=size(temp,1)-eva_index-est_index+1;
```

```
  for t=est_index:est_index+100 % :size(temp,1)-eva_index

    % 进度条
    percent=tt/total_cic*100;
    perc = sprintf('%3.0f%%', percent); % 4 characters wide, percentage
      disp([repmat(char(8), 1, (50+9)), char(10), perc, '[', repmat('=', 1,
round(percent*50/100)), '>', repmat(' ', 1, 50 - round(percent*50/100)), ']']);
    est_r={};
    Y={};
    % 将日数据矩阵转换为3D阵以便于转化为不同频率的数据
    for k=1:size(rolling_window,2)
      est_r{k}=exp(squeeze(sum(permute(reshape(log(1+temp(t-rolling_window
(k)*day(k)+1:t,:))',[],day(k),rolling_window(k)),[2 1 3]),1))')-1;
      Y{k}=est_r{k}*inv(est_r{k}'*est_r{k})*ones(size(temp,2),1);
      post_r{k}(:,:,tt)=temp(t+1:t+eva_window(k)*day(k),:);
      date_est{tt}=date(t,:);
    end
    %%%%%%%%% 输入投资组合策略，得到权重 %%%%%%%%%%
    for stra_num=1:size(strategy,2)
        [weight.(strategy{stra_num})(:,:,tt),omegainv{stra_num}]=Port_weight_
calcu(Y,est_r,strategy{stra_num},lambda_1,lambda_2);
    end
   tt=tt+1;
  end
  weight.MTL_MV=weight.MTL_GMV(:,2,:);
  weight.MTL_GMV(:,2,:)=[];
  %%%%%%%%%%%% 评估投资策略 %%%%%%%%%%%
  [perf.(fname{i}),perf_detail.(fname{i})]=Port_evaluation(weight,post_r,rolling_
names);
end
result(num_para).(fname{i})=perf.(fname{i});
result(num_para).lambda1=lambda_1;
result(num_para).lambda2=lambda_2;
num_para=num_para+1;
end
end
toc
function [w,omegainv]=Port_weight_calcu(Y,est_r,strategy_
```

```
type,lambda_1,lambda_2)
% 计算权重
switch strategy_type
   case 'MTL_GMV'
      [w,~,omegainv]=MTL_strategies(Y,est_r,lambda_1,lambda_2,1e-05);
   case 'GMV'
      opts = optimoptions('quadprog','Display','off');
      for i=1:size(est_r,2)
         V=cov(est_r{i}); % *(size(est_r{i},1)-1)/(size(est_r{i},1))
         w(:,i)=quadprog((V+V')/2,[],[],[],ones(size(V,1),1)',1,zeros(size(V,1),1),[],o
nes(size(V,1),1)./size(V,1),opts);
      end
      omegainv=nan;
   case 'MV'
      opts = optimoptions('quadprog','Display','off');
      for i=1:size(est_r,2)
         V=cov(est_r{i}); % *(size(est_r{i},1)-1)/(size(est_r{i},1))
         mu=mean(est_r{i},1);
            w(:,i)=quadprog((V+V')/4,-mu',[],[],[],[],zeros(size(V,1),1),[],ones(size
(V,1),1)./size(V,1),opts);
         w(:,i)=w(:,i)./sum(w(:,i),1);
      end
      omegainv=nan;
end

end
function [perf,perf_detail]=Port_evaluation(weight,post_r,rolling_names)
perf=table;
% 统计投资组合的样本外绩效
fnames=fieldnames(weight);
for i=1:size(fnames,1)
      realized_r=[];
      reb_w=[];
      kk=1;
      t=1;
      for t=1:size(post_r{1},3)
         realized_r(:,:,t)=post_r{1}(:,:,t)*weight.(fnames{i})(:,:,t);
         % 每隔一个评估期间 重新平衡投资组合
```

```
        %           if mod(t-1,size(post_r{i},1))==0
        %             kk=kk+1;
        %             temp=exp(sum(log(1+post_r{i}(:,:,t)),1))'.*weight.(fnames{i})
(:,:,t);
        %              reb_w(kk,:)=sum(abs(temp./sum(temp,1)-weight.(fnames{i})
(:,:,t)),1);
        %           end
        % 每隔t天 平衡一次投资组合
        T=10;
        if t<=size(post_r{1},3)-T
                temp=exp(sum(log(1+post_r{1}(1:T,:,t)),1))'.*weight.(fnames{i})
(:,:,t);
                  reb_w(kk,:)=sum(abs(temp./sum(temp,1)-weight.(fnames{i})
(:,:,t+T)),1);
              kk=kk+1;
        end
      end
      if ~isempty(reb_w)
        rownames=cellfun(@(x,y) [x,'_',y],repmat(fnames(i),size(rolling_
names,2),1),rolling_names','UniformOutput',false);
      perf=[perf;table(mean(squeeze(mean(realized_r,1)./std(realized_r,1)),1),...
        mean(squeeze(std(realized_r,1)),1),...
        mean(squeeze(mean(realized_r,1)),1),...
        mean(reb_w,1)','VariableNames',{'sharpe','std','m_r','turnover'},'rownames',r
ownames)];
      perf_detail.(fnames{i})={'sharpe','std','m_r','turnover';...
          squeeze(mean(realized_r,1)./std(realized_r,1))',squeeze(std(realized_
r,1))',squeeze(mean(realized_r,1))',reb_w};
      else
        rownames=cellfun(@(x,y) [x,'_',y],repmat(fnames(i),size(rolling_
names,2),1),rolling_names','UniformOutput',false);
      perf=[perf;table(mean(squeeze(mean(realized_r,1)./std(realized_r,1)),1),...
        mean(squeeze(std(realized_r,1)),1),...
          mean(squeeze(mean(realized_r,1)),1),'VariableNames',{'sharpe','std','m_
r'},'rownames',rownames)];
      perf_detail.(fnames{i})={'sharpe','std','m_r';...
          squeeze(mean(realized_r,1)./std(realized_r,1))',squeeze(std(realized_
r,1))',squeeze(mean(realized_r,1))'};
```

```
    end
end
end


%% main2
% 提前估计omegainv
% 参数
rolling_names={'day'};
rolling_window=[240]; % 不同步长 日 周 月
train_size=2; % 是rolling_window的几倍?
day=[1]; % 不同步长分别对应多少天
eva_window=[120]; % 评估步长
interval=60;
strategy={'MTL','GMV','MV','TZ','EW','BS'}; %
MTL_substr={'MTL_GMV','MTL_MV'}; %
%%%%%%%%%%%% 第一步：提前估计omegainv %%%%%%%%%%%%
pct_data=0.5; % 用来估计omegainv的数据比例
% 读取数据
fname=fieldnames(data);
tic
for i1=1:size(fname,1)
  temp=data(2).(fname{i1});
  temp(round(size(temp,1)*pct_data)+1:end,:)=[]; % 删去第二步的数据

  total_cic=floor((size(temp,1)-rolling_window)/interval)+1; % 循环次数
  pre_weight=struct;
  for i=1:total_cic
    % 将日数据矩阵转换为3D阵以便于转化为不同频率的数据
    est_r=temp((i-1)*interval+1:(i-1)*interval+rolling_window,:);
    for j=1:size(MTL_substr,2)
        pre_weight.(MTL_substr{j}(5:end))(:,i)=Port_weight_calcu([],{est_
r},MTL_substr{j}(5:end),[],[]);
    end
  end
  Omegainv.(fname{i1})(1,1)=mean(var(pre_weight.GMV,0,2));
  Omegainv.(fname{i1})(2,2)=mean(var(pre_weight.MV,0,2));
  for i=1:size(temp,2)
```

```
        temp=cov(pre_weight.GMV(i,:),pre_weight.MV(i,:));
        nondiag(i)=temp(1,2);
    end
    Omegainv.(fname{i1})(1,2)=mean(nondiag);
    Omegainv.(fname{i1})(2,1)=mean(nondiag);
end
%%%%%%%%%% 第二步：插入估计好的omegainv 进行样本外投资 %%%%%%%%%%%
% 读取数据
fname=fieldnames(data);
date(1:round(size(temp,1)*pct_data),:)=[]; % 删去第1步的数据
tic
for i1=1:size(fname,1)
    temp=data(2).(fname{i1});
    temp(1:round(size(temp,1)*pct_data),:)=[]; % 删去第1步的数据
    % 初始化
    post_r={};
    date_est=[];
    weight={};
    % 初始化进度条
    %     tt=1;
     total_cic=size(temp,1)-eva_window-train_size*(rolling_window+eva_window)+1;
    lambda_log=[];
    weight_MTL=[];
    weight_normal=[];
    %     profile on
    parfor_progress(size([1:total_cic],2));
    num_loop=1;
    omegainv={};
    err={};
    parfor i=1:total_cic
        pause(rand); % Replace with real code
        parfor_progress;
        if mod(i-1,interval)~=0
            continue
        end
        t=i+train_size*(rolling_window+eva_window)-1;
```

```
    est_r={};
    Y={};
    % 训练,寻找最优的超参数
    test_r=temp(t-(train_size*(rolling_window+eva_window))+1:t,:);% 训练集
    lambda_reuslt=[];
    for stra_num=find(cellfun(@(x) strcmp(x(1:2),'MT'),strategy,'UniformOutput'
,true)==1) % 只对MTL进行训练
        for num_train=1:train_size
            temp_test=test_r((num_train-1)*(rolling_window+eva_
window)+1:num_train*(rolling_window+eva_window),:);
            train_weight=[];
            perf=[];
            % 先令lambda_1为0，寻找sharpe率最优的lambda_2
            for para_searc=1:50 % 50
                lambda_1=0;
                lambda_2(para_searc)=0+2e-05*(para_searc-1);  % 2e-05
                    train_weight.(strategy{stra_num})(:,:,1)=Port_weight_calcu({temp_
test(1:rolling_window,:)},strategy{stra_num},lambda_1,lambda_2(para_searc)); %
得到投资权重
                    [perf(para_searc,:),~]=Port_evaluation_train(train_weight,{temp_
test(rolling_window+1:rolling_window+eva_window,:)},rolling_names); % 得到
评估
            end
            % 再固定lambda_2，寻找最优的lambda_1
            [~,loc]=max(sum(perf,2));
            lambda_2=lambda_2(loc);
            for para_searc=1:50 % 50
                lambda_1(para_searc)=0+2e-05*(para_searc-1);  % 2e-05
                    train_weight.(strategy{stra_num})(:,:,1)=Port_weight_calcu({temp_
test(1:rolling_window,:)},strategy{stra_num},lambda_1(para_searc),lambda_2); %
得到投资权重
                    [perf(para_searc,:),~]=Port_evaluation_train(train_weight,{temp_
test(rolling_window+1:rolling_window+eva_window,:)},rolling_names); % 得到
评估
            end
            [~,loc]=max(sum(perf,2));
            lambda_1=lambda_1(loc);
            lambda_reuslt(num_train,:)=[lambda_1 lambda_2];
```

```
        end
    end
    temp_lamda=[mean(lambda_reuslt,1)];
    lambda_log=[lambda_log;temp_lamda];
    lambda_1=temp_lamda(1,1);
    lambda_2=temp_lamda(1,2);
    %       lambda_1=lambda_log(num_loop,1);
    %       lambda_2=lambda_log(num_loop,2);
    %
    % 将日数据矩阵转换为3D阵以便于转化为不同频率的数据
    k=1;
    est_r=exp(squeeze(sum(permute(reshape(log(1+temp(t-rolling_window(k)*da
y(k)+1:t,:))',[],day(k),rolling_window(k)),[2 1 3]),1))')-1;
    Y=est_r*inv(est_r'*est_r)*ones(size(temp,2),1);
    date_est=[date_est;{date(t,:)}];
  %%%%%%%% 输入投资组合策略，得到权重 %%%%%%%%%%
    for stra_num=1:size(strategy,2)
        if strcmp(strategy{stra_num},'MTL')
                [temp_w]=Port_weight_calcu(Y,{est_r},strategy{stra_
num},lambda_1,lambda_2);
            weight_MTL=[weight_MTL temp_w];
        else
            [temp_w]=Port_weight_calcu(Y,{est_r},strategy{stra_num},lambda_1,
lambda_2);
            weight_normal=[weight_normal temp_w];
        end
    end
    %   num_loop=num_loop+1;
  end
  for ii=1:total_cic
    if mod(ii-1,interval)~=0
        continue
    end
    t=ii+train_size*(rolling_window+eva_window)-1;
    post_r=[post_r;{temp(t+1:t+eva_window(1)*day(1),:)}];
  end
  % 分别存储不同策略的权重
  kk_1=1;
```

```
  kk_2=1;
  for num_stra=1:size(strategy,2)
    if strcmp(strategy{num_stra},'MTL')
      for j=1:size(MTL_substr,2)
        weight.(MTL_substr{j})=weight_MTL(:,j:2:end);
      end
    else
        weight.(strategy{num_stra})=weight_normal(:,kk_2:(size(strategy,2)-
1):end);
      kk_2=kk_2+1;
    end
  en
  %%%%%%%%%%%% 评估投资策略 %%%%%%%%%%%
   [performance.(fname{i1}),perf_detail.(fname{i1}),total_r.(fname{i1})]=Port_
evaluation(weight,post_r,rolling_names); %
  clear post_r
   save([' X:\临时数据\interval_',num2str(interval),'\给定omega\lam1和lam2均不
固定\parfor_result_',fname{i1},'.mat'])
end
toc
function [w]=Port_weight_calcu(Y,est_r,strategy_type,lambda_1,lambda_2,
Omega)
% 计算权重
switch strategy_type
  case 'MTL'
    [w]=MTL(est_r,lambda_1,lambda_2,Omega);
  case 'GMV'
    opts = optimoptions('quadprog','Display','off');
    for i=1:size(est_r,2)
      V=cov(est_r{i}); % *(size(est_r{i},1)-1)/(size(est_r{i},1))
       w(:,i)=quadprog((V+V')/2,[],[],[],ones(size(V,1),1)',1,zeros(size(V,1),1),[],o
nes(size(V,1),1)./size(V,1),opts);
    end
  case 'MV'
    opts = optimoptions('quadprog','Display','off');
    for i=1:size(est_r,2)
      V=cov(est_r{i}); % *(size(est_r{i},1)-1)/(size(est_r{i},1))
      mu=mean(est_r{i},1);
```

```
        w(:,i)=quadprog((V+V')/4,-mu',[],[],ones(size(V,1),1)',1,zeros(size(V,1),1),[
],ones(size(V,1),1)./size(V,1),opts);
      end
    case 'TZ' % Tu and Zhou (2011)
      gamma=1;
      opts = optimoptions('quadprog','Display','off');
      for i=1:size(est_r,2)
        T=size(est_r{i},1);
        V=cov(est_r{i}); % *(size(est_r{i},1)-1)/(size(est_r{i},1))
        num_asset=size(V,1);
        mu=mean(est_r{i},1);
        mv_w=quadprog((V+V')/4,-mu',[],[],ones(size(V,1),1)',1,zeros(size(V,1),1),
[],ones(size(V,1),1)./size(V,1),opts); % mv
        eq_w=ones(size(V,1),1)./size(V,1); % EW
        theta=mu*inv(V)*mu';
        pi1=eq_w'*V*eq_w-(2/gamma)*eq_w'*mu'+(1/gamma^2)*theta^2;
        c=(T-2)*(T-num_asset-2)/((T-num_asset-1)*(T-num_asset-4));
        pi2=(1/gamma^2)*(c-1)*theta^2+(c/gamma^2)*(num_asset/T);
        delta=pi1/(pi1+pi2);
        w(:,i)=(1-delta).*eq_w+delta.*mv_w; % 组合权重
      end

    case 'EW'
      for i=1:size(est_r,2)
        num_asset=size(est_r{i},2); % *(size(est_r{i},1)-1)/(size(est_r{i},1))
        w(:,i)=ones(num_asset,1)./num_asset;
      end
    case 'BS'
      gamma=1;
      opts = optimoptions('quadprog','Display','off');
      for i=1:size(est_r,2)
        T=size(est_r{i},1);
        V=cov(est_r{i}); % *(size(est_r{i},1)-1)/(size(est_r{i},1))
        num_asset=size(V,1);
        re=mean(est_r{i},1)';
          Y0=ones(1,num_asset)*(T-1)*inv(V)/(T-num_asset-2)*re/(ones(1,num__
asset)*(T-1)*inv(V)/(T-num_asset-2)*ones(num_asset,1)); % 收益率的shrinkage
target
```

```
        si=(num_asset+2)/((num_asset+2)+(re-Y0*ones(num_asset,1))'*T*(T-
1)*inv(V)/(T-num_asset-2)*(re-Y0*ones(num_asset,1))); % shrinkage intensity
        mu=(1-si)*re+si*ones(num_asset,1)*Y0; % 收益率的shrinkage估计量
            lambda=(num_asset+2)/((re-Y0*ones(num_asset,1))'*(T-1)*inv(V)/
(T-num_asset-2)*(re-Y0*ones(num_asset,1)));
        % 协方差的shrinkage估计量
            coVar=((T-1)*V/(T-num_asset-2))*(1+1/(T+lambda))+(lambda/
(T*(T+1+lambda)))*ones(num_asset,1)*ones(1,num_asset)/(ones(1,num_
asset)*(T-1)*inv(V)/(T-num_asset-2)*ones(num_asset,1));
        w=quadprog(gamma.*coVar,-mu,[],[],ones(size(V,1),1)',1,zeros(size(V,1),1
),ones(size(V,1),1),ones(size(V,1),1)./size(V,1),opts);
    end
end
end
function [perf,perf_detail,total_r]=Port_evaluation(weight,post_r,rolling_names)
perf=table;
% 统计投资组合的样本外绩效
fnames=fieldnames(weight);
for i=1:size(fnames,1)
  realized_r=[];
  reb_w=[];
  kk=1;
  t=1;
  for t=1:size(post_r,1)
    realized_r(:,:,t)=post_r{t}*weight.(fnames{i})(:,t);
    total_r.(fnames{i})(:,t)=exp(sum(log(1+realized_r(:,:,t))))-1;
    %      sum_realized_post_r=
    % 每隔一个评估期间 重新平衡投资组合
    if t<=size(post_r,1)-1 && size(post_r,1)>1
      temp=exp(sum(log(1+post_r{t}),1))'.*weight.(fnames{i})(:,t);
      reb_w(kk,:)=sum(abs(temp./sum(temp,1)-weight.(fnames{i})(:,t+1)),1);
      kk=kk+1;
    end
    % 每隔t天 平衡一次投资组合
    %      T=10;
    %      if t<=size(post_r,1)-T
    %          temp=exp(sum(log(1+post_r{t}(1:T,:)),1))'.*weight.(fnames{i})
(:,t);
```

```
        %             reb_w(kk,:)=sum(abs(temp./sum(temp,1)-weight.(fnames{i})
(:,t+T)),1);
      %         kk=kk+1;
      %       end
    end
    if ~isempty(reb_w)
        rownames=cellfun(@(x,y) [x,'_',y],repmat(fnames(i),size(rolling_
names,2),1),rolling_names','UniformOutput',false);
      perf=[perf;table(mean(squeeze(mean(realized_r,1)./std(realized_r,1)),1),...
        mean(squeeze(std(realized_r,1)),1),...
        mean(squeeze(mean(realized_r,1)),1),...
        mean(reb_w,1)','VariableNames',{'sharpe','std','m_r','turnover'},'rownames',r
ownames)];
      perf_detail.(fnames{i})={'sharpe','std','m_r','turnover';...
          squeeze(mean(realized_r,1)./std(realized_r,1))',squeeze(std(realized_
r,1))',squeeze(mean(realized_r,1))',reb_w};
    else
      perf=mean(squeeze(mean(realized_r,1)./std(realized_r,1)),1);
      perf_detail=[];
    end
end
end
function [perf,perf_detail]=Port_evaluation_train(weight,post_r,rolling_names)
% 统计投资组合的样本外绩效
for i=1:size(weight.MTL,2)
    realized_r=[];
    for t=1:size(post_r,1)
      realized_r(:,:,t)=post_r{t}*weight.MTL(:,i);
    end
    perf(1,i)=mean(squeeze(mean(realized_r,1)./std(realized_r,1)),1);
    perf_detail=[];
end
end

%% MTRL
function [w,err]=MTL(Y,X,lambda_1,lambda_2,tol)
% X <------ cell数组，包含m个数据集
m=size(X,2); % 数据集个数
```

```
n=size(X{1},2); % 求解向量的维度
% 分两步求解优化问题
err=1;
% tol=1e-04;
XY=zeros(n*m,m);
XX=zeros(n*m,n*m);
for i=1:m
  %   XY((i-1)*n+1:i*n,i)=-2*X{i}'*Y{i}/size(Y{i},1); % 回归形式
  %   XX((i-1)*n+1:i*n,(i-1)*n+1:i*n)=X{i}'*X{i}/size(X{i},1); % 回归形式
  XX((i-1)*n+1:i*n,(i-1)*n+1:i*n)=cov(X{i}); % 直接使用二次型
end

omegainv=eye(m)/m; % Omega的初始值
k=1;
opts = optimoptions('quadprog','Display','off');
while err>=tol
  % 第一步：omegainv假设为常数
  %   H=XX+lambda_1/2*eye(m*n)+lambda_2/2*kron(omegainv,eye(n)); % 回
归形式
  %   vec_w=quadprog((H+H')/2,XY*ones(m,1),[],[],[],[],zeros(n*m,1),[],zeros(
n*m,1),opts); % 回归形式
   H=XX+lambda_1/2*eye(m*n)+lambda_2/2*kron(omegainv,eye(n)); % 直接使
用二次型
  vec_w=quadprog((H+H')/2,[],[],[],kron(eye(m),ones(1,n)),ones(m,1),zeros(n*m,
1),[],zeros(n*m,1),opts); % 直接使用二次型
  % 第2步：已知w，求omegainv的解析解
   temp=(reshape(vec_w,n,m)'*reshape(vec_w,n,m))^(1/2)/trace((reshape(vec_
w,n,m)'*reshape(vec_w,n,m))^(1/2));
  err(k)=sqrt(sum(sum((omegainv-temp).^2,1),2));
  k=k+1;
  omegainv=temp;
  if k>1000
    break
  end
end

w=reshape(vec_w,n,m);
% w=w./sum(w,1);
```

```
end

%% facotr
% 数据集1:因子组合
di = dir(' X:\因子组合收益率');
di(1:2) = [];
for i = 1:size(di,1)
    [~,~,da ] = xlsread([di(1).folder,'\',di(i).name]);
    temp_re = cell2mat(da(2:end,2:end)) * 0.01;
    loc = find(sum(isnan(temp_re),1) > 0 | sum(temp_re < -0.9,1));
    temp_re(:,loc) = [];
    temp_date = da(2:end,1);
    data(1).(di(i).name(1:end-4)) = temp_date;
    data(2).(di(i).name(1:end-4)) = temp_re;
end
save(' X:\临时数据\data.mat','data')
% 参数
rolling_names={'day'};
rolling_window=[240]; % 不同步长 日 周 月
train_size=2; % 是rolling_window的几倍？
day=[1]; % 不同步长分别对应多少天
eva_window=[120]; % 评估步长
interval=120; % 评估的间隔 120结果已有
strategy={'MTL','GMV','MV','TZ','EW','BS'}; %
MTL_substr={'MTL_GMV','MTL_MV'}; %
% 读取数据
fname=fieldnames(data);
tic
for i1=1:size(fname,1)
    temp=data(2).(fname{i1});
    % 初始化
    post_r={};
    date_est=[];
    weight={};
    % 初始化进度条
    %     tt=1;
     total_cic=size(temp,1)-eva_window-train_size*(rolling_window+eva_
window)+1;
```

```
  lambda_log=[];
  weight_MTL=[];
  weight_normal=[];
  %    profile on
  parfor_progress(size([1:total_cic],2));
  num_loop=1;
  omegainv={};
  err={};
%    numIterations = total_cic;
%    ppm = ParforProgressbar(numIterations,'showWorkerProgress',true,'progress
BarUpdatePeriod',3,'title',['第',num2str(i1),'个数据集']);
%    pauseTime = 60/numIterations;
  for i=1:total_cic
%    pause(pauseTime);
  % increment counter to track progress
%    ppm.increment();
    if mod(i-1,interval)~=0
      continue
    end
    t=i+train_size*(rolling_window+eva_window)-1;
    est_r={};
    Y={};
    % 训练,寻找最优的超参数
    test_r=temp(t-(train_size*(rolling_window+eva_window))+1:t,:);% 训练集
    lambda_reuslt=[];
    for stra_num=find(cellfun(@(x) strcmp(x(1:2),'MT'),strategy,'UniformOutput'
,true)==1) % 只对MTL进行训练

      for num_train=1:train_size
            temp_test=test_r((num_train-1)*(rolling_window+eva_
window)+1:num_train*(rolling_window+eva_window),:);
        train_weight=[];
        perf=[];
        % 先令lambda_1为0，寻找sharpe率最优的lambda_2
        for para_searc=1:50 % 50
          lambda_1=0;
          lambda_2(para_searc)=0+2e-05*(para_searc-1);  % 2e-05
          train_weight.(strategy{stra_num})(:,:,1)=Port_weight_calcu(Y,{temp_
```

```
test(1:rolling_window,:)},strategy{stra_num},lambda_1,lambda_2(para_searc)); %
得到投资权重
                [perf(para_searc,:),~]=Port_evaluation_train(train_weight,{temp_
test(rolling_window+1:rolling_window+eva_window,:)},rolling_names); % 得到
评估
        end
        % 再固定lambda_2，寻找最优的lambda_1
        [~,loc]=max(sum(perf,2));
        lambda_2=lambda_2(loc);
        for para_searc=1:50 % 50
          lambda_1(para_searc)=0+2e-05*(para_searc-1);  % 2e-05
          train_weight.(strategy{stra_num})(:,:,1)=Port_weight_calcu(Y,{temp_
test(1:rolling_window,:)},strategy{stra_num},lambda_1(para_searc),lambda_2); %
得到投资权重
                [perf(para_searc,:),~]=Port_evaluation_train(train_weight,{temp_
test(rolling_window+1:rolling_window+eva_window,:)},rolling_names); % 得到
评估
        end
        [~,loc]=max(sum(perf,2));
        lambda_1=lambda_1(loc);
        lambda_reuslt(num_train,:)=[lambda_1 lambda_2];
      end
    end
    temp_lamda=[mean(lambda_reuslt,1)];
    lambda_log=[lambda_log;temp_lamda];
    lambda_1=temp_lamda(1,1);
    lambda_2=temp_lamda(1,2);
    % 将日数据矩阵转换为3D阵以便于转化为不同频率的数据
    k=1;
    est_r=exp(squeeze(sum(permute(reshape(log(1+temp(t-rolling_window(k)*da
y(k)+1:t,:))',[],day(k),rolling_window(k)),[2 1 3]),1))')-1;
    Y=est_r*inv(est_r'*est_r)*ones(size(temp,2),1);
%     date_est=[date_est;{date(t,:)}];

    %%%%%%%%%% 输入投资组合策略，得到权重 %%%%%%%%%%
    for stra_num=1:size(strategy,2)
      if strcmp(strategy{stra_num},'MTL')
        [temp_w,vargout1,vargout2]=Port_weight_calcu(Y,{est_r},strategy{stra_
```

```
num},lambda_1,lambda_2);
            err=[err;{vargout1{1,1}}];
            omegainv=[omegainv;{vargout2{1,1}}];
            weight_MTL=[weight_MTL temp_w];
         else
                    [temp_w]=Port_weight_calcu(Y,{est_r},strategy{stra_
num},lambda_1,lambda_2);
            weight_normal=[weight_normal temp_w];
         end
      end
%     num_loop=num_loop+1;
   end
   for ii=1:total_cic
      if mod(ii-1,interval)~=0
         continue
      end
      t=ii+train_size*(rolling_window+eva_window)-1;
      post_r=[post_r;{temp(t+1:t+eva_window(1)*day(1),:)}];

   end
%      load([' X:\临时数据\interval_',num2str(interval),'\lam1和lam2均不固定\
parfor_result_',fname{i1},'.mat'],...
%        'weight_MTL','weight_normal')
   % 分别存储不同策略的权重
   kk_1=1;
   kk_2=1;
   for num_stra=1:size(strategy,2)
      if strcmp(strategy{num_stra},'MTL')
         for j=1:size(MTL_substr,2)
            weight.(MTL_substr{j})=weight_MTL(:,j:2:end);
         end
      else
            weight.(strategy{num_stra})=weight_normal(:,kk_2:(size(strategy,2)-
1):end);
         kk_2=kk_2+1;
      end
   end
   %%%%%%%%%%%% 评估投资策略 %%%%%%%%%%%
```

```
    [performance.(fname{i1}),perf_detail.(fname{i1}),total_r.(fname{i1})]=Port_
evaluation(weight,post_r,rolling_names); %
%     clear post_r
end
    save([' X:\投资结果\interval_',num2str(interval),'.mat'],...
        'performance','perf_detail','total_r')
toc
function [w,varargout]=Port_weight_calcu(Y,est_r,strategy_
type,lambda_1,lambda_2)
% 计算权重
switch strategy_type
   case 'MTL'
      [w,err,omegainv]=MTL_strategies(Y,est_r,lambda_1,lambda_2,1e-07);
      varargout{1}={err};
      varargout{2}={omegainv};
   case 'GMV'
      opts = optimoptions('quadprog','Display','off');
      for i=1:size(est_r,2)
         V=cov(est_r{i}); % *(size(est_r{i},1)-1)/(size(est_r{i},1))
          w(:,i)=quadprog((V+V')/2,[],[],[],ones(size(V,1),1)',1,zeros(size(V,1),1),[],o
nes(size(V,1),1)./size(V,1),opts);
      end
   case 'MV'
      opts = optimoptions('quadprog','Display','off');
      for i=1:size(est_r,2)
         V=cov(est_r{i}); % *(size(est_r{i},1)-1)/(size(est_r{i},1))
         mu=mean(est_r{i},1);
          w(:,i)=quadprog((V+V')/4,-mu',[],[],ones(size(V,1),1)',1,zeros(size(V,1),1),[
],ones(size(V,1),1)./size(V,1),opts);
      end
   case 'TZ' % Tu and Zhou (2011)
      gamma=1;
      opts = optimoptions('quadprog','Display','off');
      for i=1:size(est_r,2)
         T=size(est_r{i},1);
         V=cov(est_r{i}); % *(size(est_r{i},1)-1)/(size(est_r{i},1))
          num_asset=size(V,1);
         mu=mean(est_r{i},1);
```

```
        mv_w=quadprog((V+V')/4,-mu',[],[],ones(size(V,1),1)',1,zeros(size(V,1),1),
[],ones(size(V,1),1)./size(V,1),opts); % mv
        eq_w=ones(size(V,1),1)./size(V,1); % EW
        theta=mu*inv(V)*mu';
        pi1=eq_w'*V*eq_w-(2/gamma)*eq_w'*mu'+(1/gamma^2)*theta^2;
        c=(T-2)*(T-num_asset-2)/((T-num_asset-1)*(T-num_asset-4));
        pi2=(1/gamma^2)*(c-1)*theta^2+(c/gamma^2)*(num_asset/T);
        delta=pi1/(pi1+pi2);
        w(:,i)=(1-delta).*eq_w+delta.*mv_w; % 组合权重
    end

  case 'EW'
    for i=1:size(est_r,2)
        num_asset=size(est_r{i},2); % *(size(est_r{i},1)-1)/(size(est_r{i},1))
        w(:,i)=ones(num_asset,1)./num_asset;
    end
  case 'BS'
    gamma=1;
    opts = optimoptions('quadprog','Display','off');
    for i=1:size(est_r,2)
        T=size(est_r{i},1);
        V=cov(est_r{i}); % *(size(est_r{i},1)-1)/(size(est_r{i},1))
         num_asset=size(V,1);
        re=mean(est_r{i},1)';
    Y0=ones(1,num_asset)*(T-1)*inv(V)/(T-num_asset-2)*re/(ones(1,num_asset)*(T-
1)*inv(V)/(T-num_asset-2)*ones(num_asset,1)); % 收益率的shrinkage target
        si=(num_asset+2)/((num_asset+2)+(re-Y0*ones(num_asset,1))'*T*(T-
1)*inv(V)/(T-num_asset-2)*(re-Y0*ones(num_asset,1))); % shrinkage intensity
    mu=(1-si)*re+si*ones(num_asset,1)*Y0; % 收益率的shrinkage估计量
       lambda=(num_asset+2)/((re-Y0*ones(num_asset,1))'*(T-1)*inv(V)/(T-num_
asset-2)*(re-Y0*ones(num_asset,1)));
    % 协方差的shrinkage估计量
        coVar=((T-1)*V/(T-num_asset-2))*(1+1/(T+lambda))+(lambda/
(T*(T+1+lambda)))*ones(num_asset,1)*ones(1,num_asset)/(ones(1,num_
asset)*(T-1)*inv(V)/(T-num_asset-2)*ones(num_asset,1));
     w=quadprog(gamma.*coVar,-mu,[],[],ones(size(V,1),1)',1,zeros(size(V,1),1),o
nes(size(V,1),1),ones(size(V,1),1)./size(V,1),opts);
    end
```

```
end
end


%% result
% 用美股的FF3因子组合作为稳健性结果
load(' X:\投资结果\interval_120.mat')
fnames=fieldnames(performance);
for i=1:size(fnames,1)
  % 提取7个策略的样本外实现的收益率
%    temp_total_r=structfun(@(x) x{2,3},perf_detail.(fnames{i}),'UniformOutput',
false); % 每个评估区间的收益率均值
  temp_total_r=total_r.(fnames{i}); % 每个评估区间的总收益率
  re=[];
  ffnames=fieldnames(temp_total_r);
  for j=1:size(ffnames,1)
    re=[re;temp_total_r.(ffnames{j})];
  end
  % 计算Jobson-Korkie的Z值
  base=[1 2]'; % 基准策略
  target=[3 4]'; % 基准策略对应的目标策略
  mu_base=mean(re(base,:),2);
  std_base=std(re(base,:),0,2);
  mu_target=mean(re(target,:),2);
  std_target=std(re(target,:),0,2);
  for j=1:size(base,1)
    temp=cov(re(base(j),:),re(target(j),:));
    covar(j)=temp(1,2);
    rho=(2*std_target(j)^2*std_base(j)^2-2*std_base(j)*std_target(j)*covar(j)+...
      0.5*mu_target(j)^2*std_base(j)^2+0.5*mu_base(j)^2*std_target(j)^2-...
      mu_base(j)*mu_target(j)*covar(j)^2/(std_target(j)*std_base(j)))/size(re,2);
    Z(j)=(std_base(j)*mu_target(j)-std_target(j)*mu_base(j))/sqrt(rho);
    if Z(j)>=0
    pvalue(j)=1-normcdf(Z(1)); % 单边p值 H0:GMV-MTL_GMV=0
    else
    pvalue(j)=normcdf(Z(j)); % 单边p值 H0:GMV-MTL_GMV=0
    end
  end
```

```
  % 表格
  temp_result=performance.(fnames{i});
  temp_new=table2array(temp_result)';
   result=array2table([temp_new(1,:);[Z nan(1,size(temp_new,2)-size(pvalue,2))];[pvalue nan(1,size(temp_new,2)-size(pvalue,2))];temp_new(2:end,:)]);
   result.Properties.VariableNames=cellfun(@(x) x(1:end-4),temp_result.Properties.RowNames,'UniformOutput',false);
  result.Properties.RowNames={'SR','Z-value','p','Std.','Avg.(r)','Turnover'};
  table2latex({result},fnames{i},' X:\robust_US_interval_120.tex')
end

%% portfolio strategy
function [weight,StrategyType] = PortfolioStrategy(reEst,coVar,T,varargin)
% coVar-协方差估计量
% reEst-收益率均值估计量(num_asset*1)向量
% vargin{1,1} 为自定义各策略的组合权重 需要1 * num_strategies
% 若vargin为空，那么默认为1/n
% T为样本数量
gamma=3;
opts = optimoptions('quadprog','Display','off');
weight=[];
weight = [weight GMV(coVar,opts,'no')];
weight = [weight MV(reEst,coVar,gamma,opts)];
weight = [weight TzCmb(reEst,coVar,gamma,T,opts)];
% temp=KZCmb(reEst,coVar,gamma,T);
% weight = [weight temp./sum(temp)];
% weight{1,4} = KZCmb(reEst,coVar,gamma,T);
% weight{1,4} =weight{1,4}./sum(weight{1,4}); % KZ策略默认有无风险资产
weight = [weight BS(reEst,coVar,gamma,T,opts)];
weight = [weight ones(size(coVar,1),1)./size(coVar,1)]; % 等权重策略
% 混合权重
if ~ isempty( varargin ) % 是否输入了策略之间的自定义权重?
weight =[weight (varargin{1,1}*weight')'];
else
  weight =[weight (ones(1,size(weight,2))/size(weight,2)*weight')'];
end
StrategyType={'GMV','MV','TZ','BS','EW','MIXED'}; % 'KZ',
```

```
end
% 以下为投资组合策略
% 1、Global Minimum Variance Portfolio
function w = GMV(V,opts,SHORTSELL)
switch SHORTSELL
  case 'no'
     w=quadprog(V*1000000,[],[],[],ones(size(V,1),1)',1,zeros(size(V,1),1),ones(si
ze(V,1),1),ones(size(V,1),1)./size(V,1),opts);
     w((w<1e-8))=0;
     w((w>1-1e-8))=1; % 消除浮点误差
  case 'yes'
       w=quadprog(V*1000000,[],[],[],ones(size(V,1),1)',1,[],[],ones(size(V,1),1)./
size(V,1),opts);
     % w((w<1e-8))=0;
     % w((w>1-1e-8))=1; % 消除浮点误差
end
end
% 2、Markowitz's mean-variance model
function w = MV(re,V,gamma,opts)
w=quadprog(gamma.*V*1000000,-re'*1000000,[],[],ones(size(V,1),1)',1,zeros(siz
e(V,1),1),ones(size(V,1),1),ones(size(V,1),1)./size(V,1),opts);
w((w<1e-8))=0;
w((w>1-1e-8))=1; % 消除浮点误差
end
% 3、Tu and Zhou (2011)'s combination of MV and Equally-weighted stragtegies
function w = TzCmb(re,V,gamma,T,opts)
num_asset=size(V,1);
mv_w=quadprog(gamma.*V*1000000,-re'*1000000,[],[],ones(num_
asset,1)',1,zeros(num_asset,1),ones(num_asset,1),ones(num_asset,1)./num_
asset,opts); % MV
mv_w((mv_w<1e-8))=0;
mv_w((mv_w>1-1e-8))=1; % 消除浮点误差
eq_w=ones(size(V,1),1)./size(V,1); % EW
% Tu和Zhou文中的系数
theta=re'*inv(V)*re;
pi1=eq_w'*V*eq_w-(2/gamma)*eq_w'*re+(1/gamma^2)*theta^2;
c=(T-2)*(T-num_asset-2)/((T-num_asset-1)*(T-num_asset-4));
pi2=(1/gamma^2)*(c-1)*theta^2+(c/gamma^2)*(num_asset/T);
```

```
delta=pi1/(pi1+pi2);
w=(1-delta).*eq_w+delta.*mv_w; % 组合权重
end
% 4、Kan and Zhou (2007)'s three-fund optimal portfolio weights
function w=KZCmb(re,V,gamma,T)
num_asset=size(V,1);
mu_g=(re'*inv(V)*ones(num_asset,1))./(ones(1,num_asset)*inv(V)*ones(num_
asset,1));
psi2=(re-mu_g*ones(num_asset,1))'*inv(V)*(re-mu_g*ones(num_asset,1));
hat_psi2_a=((T-num_asset-1)*psi2*-num_asset+1)/T+(2*psi2^((num_asset-
1)/2)*(1+psi2)^(-(T-2)/2))./(T*betainc(psi2/(psi2+1),(num_asset-1)/2,(T-num_
asset+1)/2)*beta((num_asset-1)/2,(T-num_asset+1)/2));
c3=(T-num_asset-1)*(T-num_asset-4)/(T*(T-2));
w=(c3/gamma)*(hat_psi2_a/(hat_psi2_a+num_asset/T)*inv(V)*re+((num_asset/
T)/(hat_psi2_a+(num_asset/T)))*mu_g*inv(V)*ones(num_asset,1));
w=w./sum(w); % 归一化为1 默认仅为风险资产权重
end
% 5、Jorion (1986)'s Bayes-Stein Shrinkage Porfolio Strategy
function w=BS(re,V,gamma,T,opts) % 公式参考自Kan and Zhou (2007)
num_asset=size(V,1);
Y0=ones(1,num_asset)*(T-1)*inv(V)/(T-num_asset-2)*re/(ones(1,num_asset)*(T-
1)*inv(V)/(T-num_asset-2)*ones(num_asset,1)); % 收益率的shrinkage target
si=(num_asset+2)/((num_asset+2)+(re-Y0*ones(num_asset,1))'*T*(T-1)*inv(V)/
(T-num_asset-2)*(re-Y0*ones(num_asset,1))); % shrinkage intensity
mu=(1-si)*re+si*ones(num_asset,1)*Y0; % 收益率的shrinkage估计量
lambda=(num_asset+2)/((re-Y0*ones(num_asset,1))'*(T-1)*inv(V)/(T-num_asset-
2)*(re-Y0*ones(num_asset,1)));
coVar=((T-1)*V/(T-num_asset-2))*(1+1/(T+lambda))+(lambda/
(T*(T+1+lambda)))*ones(num_asset,1)*ones(1,num_asset)/(ones(1,num_
asset)*(T-1)*inv(V)/(T-num_asset-2)*ones(num_asset,1));
w=quadprog(gamma.*coVar*1000000,-mu*1000000,[],[],ones(size(V,1),1)',1,zero
s(size(V,1),1),ones(size(V,1),1),ones(size(V,1),1)./size(V,1),opts);
w((w<1e-8))=0;
w((w>1-1e-8))=1; % 消除浮点误差
end

%% MTL_strategies
function [w,err,omegainv]=MTL_strategies(Y,est_r,lambda_1,lambda_2,tol)
```

```
mu=mean(est_r{1},1);
V=cov(est_r{1});
m=2;% 任务个数
n=size(V,2); % 求解向量的维度
%% 分两步求解优化问题
err=1;
% tol=1e-04;
omegainv=eye(m)/m; % Omega的初始值
k=1;
opts = optimoptions('quadprog','Display','off');
while err>=tol
   % 第一步：omegainv假设为常数
%     H=XX+lambda_1/2*eye(m*n)+lambda_2/2*kron(omegainv,eye(n)); % 回归
形式
%     vec_w=quadprog((H+H')/2,XY*ones(m,1),[],[],[],[],zeros(n*m,1),[],zeros(n*
m,1),opts); % 回归形式
    H=kron(eye(m),0.5*V)+lambda_1/2*eye(m*n)+lambda_2/2*kron(omegainv,ey
e(n)); % 直接使用二次型
   A=[ones(n,1);mu'];
   if ~isreal(H)
       vec_w=ones(m*n,1);
  else
    vec_w=quadprog((H+H')/2,-A,[],[],[],[],zeros(n*m,1),[],zeros(n*m,1),opts); %
直接使用二次型
   end
   % 第2步：已知w，求omegainv的解析解
    temp=(reshape(vec_w,n,m)'*reshape(vec_w,n,m))^(1/2)/trace((reshape(vec_
w,n,m)'*reshape(vec_w,n,m))^(1/2));
   err(k)=sqrt(sum(sum((omegainv-temp).^2,1),2));
   k=k+1;
   omegainv=temp;
   if k>1000
     break
   end
end
w=reshape(vec_w,n,m);
w=w./sum(w,1);
end
```

机器学习是否提升了经典策略的表现

随着数字科学技术的发展，移动互联网、云计算和区块链等新兴技术为金融产品、金融业务模式创新做出了极大贡献，推动金融市场的蓬勃发展；信息系统和机器学习的发展也为实现高频甚至超高频的金融交易提供了可能。在这样的发展环境下，证券市场中的交易数据呈现高频、高维、动态的数据特征。传统的统计模型处理海量金融数据的效果不佳，基于经典假设的投资组合模型也因此不再适用。

在此背景下，本书结合机器学习在模型预测和优化领域的优势，将三种机器学习算法引入投资组合的优化过程中，以更好地适应当下金融市场中交易数据的高频、高维和动态特征，为金融科技时代下投资组合策略的构建提供思路。

具体而言，本书聚焦两个方向：基于风险侧的策略优化和加权策略优化。

对于基于风险侧的投资组合优化，本书提出了两个策略。第一个是结合OWE算法的高频协方差矩阵估计与预测及投资组合优化，该策略引入RSCOV作为风险度量进行波动率预测和投资组合研究，将RSCOV应用于两种常见的风险分散投资策略——ERC和GMV策略，并将OWE算法用于提升已实现波动率预测方法HAR-RV的样本外预测表现。通过研究发现，相比起已有的其他风险衡量方式，仅包含负向波动信息的下半RSCOV能够更好地平衡组内各资产的风险贡献。基于A股市场2011-2018年的高频数据，通过实证研究发现，OWE-HAR-RV在月度预测步长下的效果优于HAR-RV，而下半RSCOV则能够使ERC策略以及GMV策略在保证一定平均收益的同时，降低组合收益的极端损失。第二个是结合RCM算法的高频高维协方差矩阵估计与投资组合优化。为了解决行业分类门限法的主观性问题，该策略使用RCM算法对剔除了主要成分的残差矩阵重新排序并进行分块对角化门限处理。首先在数值模拟中设定残差矩阵包含分块对角结构并将其顺序打乱，随后使用RCM算法进行重新排序，结果表明RCM算法能够还原乱序残差矩阵中所包含的分块对角结构；然后基于2015年股灾期间和2018全年的高频数据，将预平均法和使用RCM进行分块对角处理的POET方法结合，并在实证研究中对包括该估计量在内的多种协方差估计量进行了样本外预测效果的比较。结果显示改进后的估计量具有更好的预测能力，进行含总敞口约束的最小方差组合投资时的日内波动率整体较低。

在加权策略优化中，本书提出了结合MTRL算法的“加权”策略。该策略结合MTRL算法框架，通过相关性矩阵同步估计了GMV和MV切点组合的权重，从而实现了加权估计的类似效果。在实证检验方面，使用A股2000年至2019年的全样本日数据，构建了两个数据集：因子组合以及从沪深300指数成分股中随机抽取的个股组合。基于因子组合数据集的样本外结果，发现基于MTRL的

MV切点策略（MTRL-MV）能够在夏普率、标准差和换手率上取得显著优于原MV切点组合策略、等权重以及其他几种加权策略的表现。最后，使用A股的因子组合子样本、随机抽样的个股组合以及美股因子组合共3个数据集进行了稳健性检验，结果表明MTRL-MV相对于基准策略MV具有比较显著的提升。

大数据时代已经来临，高维、高频、动态的数据特征既是现状也是趋势。事实上，本书提出的三种投资组合策略仅仅是机器学习模型在投资组合应用场景的冰山一角，之后我们将在此基础上继续研究，一方面基于金融和统计知识在理论上改进投资组合模型，另一方面发掘其他合适的机器学习算法。

具体而言，理论模型方面，在本书聚焦的基于风险侧的优化方向和加权策略优化方向中，仅仅考虑了高频高维协方差矩阵估计量的构造问题，而事实上还有很多其他优化角度有待进一步尝试，如可考虑针对多种协方差矩阵估计量的加权方法，即协方差矩阵的收缩估计量，或者考虑对高频高维协方差矩阵的动态建模问题等等。此外，本书的研究重心在于对高频高维投资环境下风险的估计与预测，而作为经典投资组合模型的另一个重要参数，如何提升投资组合模型中对期望收益率的估计精度将是下一步的研究重点。当在投资组合模型中考虑期望收益的估计问题时，常常需要结合线性的因子模型或者其他一些非参估计方法，这时，协方差矩阵估计量的构造过程也会相应地改变，这将会涉及一些更复杂的数学和统计理论。

机器学习算法方面，针对下一步研究的优化方向中，无论是期望收益率的估计还是协方差矩阵的动态建模都涉及时间序列的预测问题。此外，在高频高维数据环境中，除了构建适合高频高维数据的协方差矩阵之外，如何降维也是我们做模型优化所关心的一个重要问题。因此，后续研究中将从时间序列预测和降维两方面考虑引入机器学习模型。在降维方面，可考虑将正则化方法引入回归模型中以实现参数降维，避免过度拟合；也可考虑基于PCA的PCR模型实现降维。在时间序列预测方面，可考虑使用回归树，包括提升树、随机森林等来实现对期望收益率的非线性估计，更复杂的可进一步考虑神经网络系列的机器学习算法以捕捉更加复杂的数据结构。

最后，需要强调的是，虽然机器学习模型在分析处理大体量数据、发掘隐藏信息方面具有天然的优势，但不可将其滥用于投资组合理论中。最优投资组合的构造过程不等于数据挖掘，实现机器学习算法和金融、数学、统计理论的有机结合才是本书及后续研究的目的。因此，后续研究依然会遵循本书的原则，即以金融逻辑为起点，以数学和统计学为理论基础，利用机器学习技术开发适合当下金融市场数据特征的投资组合策略。

参考文献

[1] 巢文，邹辉文．基于藤 Copula 方法的巨灾风险条件 VaR 预测 [J]. 系统科学与数学，2017, 37(11): 2222–2231.

[2] 陈声利，关涛，李一军．基于跳跃、好坏波动率与百度指数的股指期货波动率预测 [J]. 系统工程理论与实践，2018, 38(2): 299–316.

[3] 冯春山，蒋馥，吴家春．应用半参数方法计算市场风险的受险价值 [J]. 系统工程理论方法应用，2005, 14(4): 379–381.

[4] 江涛．基于 GARCH 与半参数法 VaR 模型的证券市场风险的度量和分析：来自中国上海股票市场的经验证据 [J]. 金融研究，2010 (6): 103–111.

[5] 龚旭，曹杰，文凤华，等．基于杠杆效应和结构突变的 HAR 族模型及其对股市波动率的预测研究 [J]. 系统工程理论与实践，2020, 40(5): 1113–1133.

[6] 黄金波，仲飞，姚海祥．基于 CVaR 两步核估计量的投资组合管理 [J]. 管理科学学报，2016, 19(5): 114–126.

[7] 黄琼，朱书尚，姚京．投资组合策略的有效性检验：基于中国市场的实证分析 [J]. 管理评论，2011, 23(7): 3–10+33.

[8] 黄嵩，倪宣明，钱龙，等．基于集成学习的在线高维投资组合策略 [J]. 系统科学与数学，2020, 40(1): 29–40.

[9] 李俊儒，汪寿阳，魏云捷．基于波动率测量误差的波动率预测模型 [J]. 系统工程理论与实践，2018, 38(8): 1905–1918.

[10] 刘丽萍. 大维数据背景下金融协方差阵的估计及应用 [J]. 系统工程理论与实践, 2017, 37(3): 597–606.

[11] 刘丽萍. 高维投资组合风险的估计 [J]. 系统科学与数学, 2018, 38(8): 919–930.

[12] 刘丽萍. 基于混合频率数据的大维协方差阵的估计及其应用 [J]. 系统科学与数学, 2017, 37(6): 1532–1540.

[13] 钱龙, 彭方平, 沈鑫圆, 等. 基于已实现半协方差的投资组合优化 [J]. 系统工程理论与实践, 2021, 41(1): 34–44.

[14] 倪宣明, 钱龙, 赵慧敏, 等. 高频数据下高维协方差阵的 RCM 算法估计与应用 [J]. 系统工程理论与实践, 2019, 39(8): 1943–1953.

[15] 倪宣明, 邱语宁, 赵慧敏. 基于因子特征的高维稀疏投资组合优化 [J]. 系统科学与数学, 2021, 10(1): 1–11.

[16] 倪宣明, 沈鑫圆, 赵慧敏, 等. 基于多任务相关学习的投资组合优化 [J]. 系统工程理论与实践, 2021, 41(6): 1428–1438.

[17] 唐勇, 张世英, 张瑞锋. 基于高频方差持续的资本资产定价模型研究 [J]. 系统工程理论与实践, 2006(10): 9–16.

[18] 魏凤荣. 具有特殊协方差结构的 SURE 模型中参数估计的若干结果 [J]. 系统科学与数学, 1999(1): 86–94.

[19] 吴文生, 韩其恒, 曹志广. 基于数据窥查效应下资产配置有效性的评估研究 [J]. 系统工程理论与实践, 2018, 38(11): 2762–2775.

[20] 叶五一, 缪柏其. 已实现波动与日内价差条件下的 CVaR 估计 [J]. 管理科学学报, 2012, 15(8): 60–71.

[21] 赵钊. 高维条件协方差矩阵的非线性压缩估计及其在构建最优投资组合中的应用 [J]. 中国管理科学, 2017, 25(8): 46–57.

[22] Ait–Sahalia Y, Xiu D. Using principal component analysis to estimate a high dimensional factor model with high–frequency data[J]. Journal of Econometrics, 2017, 201(2): 384–399.

[23] Ait–Sahalia Y, Xiu D. Principal component analysis of high–frequency data[J].

Journal of the American Statistical Association, 2019, 114(525): 287–303.

[24] Allison P D. Logistic regression using SAS: Theory and application[M]. Cary: SAS institute, 2012.

[25] Amor N B, Benferhat S, Elouedi Z. Naive bayes vs decision trees in intrusion detection systems[C]//Proceedings of the 2004 ACM symposium on Applied computing. 2004: 420–424.

[26] Andersen T G, Bollerslev T, Diebold F X, et al. Modeling and forecasting realized volatility[J]. Econometrica, 2003, 71(2): 579–625.

[27] Andersen T G, Bollerslev T, Diebold F X, et al. The distribution of realized exchange rate volatility[J]. Journal of the American Statistical Association, 2001, 96(453): 42–55.

[28] Antoniadis A, Fan J. Regularization of wavelet approximations[J]. Journal of the American Statistical Association, 2001, 96(455): 939–967.

[29] Ao M, Yingying L, Zheng X. Approaching mean–variance efficiency for large portfolios[J]. The Review of Financial Studies, 2019, 32(7): 2890–2919.

[30] Artzner P, Delbaen F, Eber J M, et al. Coherent measures of risk[J]. Mathematical Finance, 1999, 9(3): 203–228.

[31] Artzner P, Delbaen F, Eber J M, et al. Thinking coherently[J]. Journal of Risk, 1997, 10: 68–71.

[32] Baillie R T, Bollerslev T, Mikkelsen H O. Fractionally integrated generalized autoregressive conditional heteroskedasticity[J]. Journal of Econometrics, 1996, 74(1): 3–30.

[33] Bai X, Scheinberg K, Tutuncu R. Least–squares approach to risk parity in portfolio selection[J]. Quantitative Finance, 2016, 16(3): 357–376.

[34] Barndorff–Nielsen O E, Hansen P R, Lunde A, et al. Designing realized kernels to measure the ex post variation of equity prices in the presence of noise[J]. Econometrica, 2008, 76(6): 1481–1536.

[35] Basak S, Shapiro A. Value–at–risk–based risk management: optimal policies and

asset prices[J]. The Review of Financial Studies, 2001, 14(2): 371–405.

[36] Best M J, Grauer R R. On the sensitivity of mean–variance–efficient portfolios to changes in asset means: Some analytical and computational results[J]. The Review of Financial Studies, 1991, 4(2): 315–342.

[37] Black F. Capital market equilibrium with restricted borrowing[J]. The Journal of Business, 1972, 45(3): 444–455.

[38] Black F, Jensen M C, Scholes M S. The capital asset pricing model: Some empirical tests[M]// M.C. Jensen. Studies in the Theory of Capital Markets. New York: Praeger, 1972: 72–194.

[39] Blair B J, Poon S H, Taylor S J. Forecasting S&P 100 volatility: the incremental information content of implied volatilities and high–frequency index returns[J]. Journal of Econometrics, 2001, 105(1): 5–26.

[40] Bianchi D, B ü chner M, Tamoni A. Bond risk premiums with machine learning[J]. The Review of Financial Studies, 2021, 34(2): 1046–1089.

[41] Bishop C M. Pattern Recognition and Machine Learning[M]. New York: Spring, 2006.

[42] Bollerslev T. Generalized autoregressive conditional heteroskedasticity[J]. Journal of Econometrics, 1986, 31(3): 307–327.

[43] Bollerslev T, Li J, Patton A J, et al. Realized semicovariances[J]. Econometrica, 2020, 88(4): 1515–1551.

[44] Brandt M W, Santa–Clara P, Valkanov R. Parametric portfolio policies: Exploiting characteristics in the cross–section of equity returns[J]. The Review of Financial Studies, 2009, 22(9): 3411–3447.

[45] Brown S J. Optimal portfolio choice under uncertainty: a Bayesian approach[M]. Chicago: The University of Chicago, 1976.

[46] Cai T, Liu W. Adaptive thresholding for sparse covariance matrix estimation[J]. Journal of the American Statistical Association, 2011, 106(494): 672–684.

[47] Carhart M M. On persistence in mutual fund performance[J]. Journal of Finance,

1997, 52(1): 57–82.

[48] Chen J, Dai G, Zhang N. An application of sparse–group lasso regularization to equity portfolio optimization and sector selection[J]. Annals of Operations Research, 2020, 284(1): 243–262.

[49] Chen L, Pelger M, Zhu J. Deep learning in asset pricing[J]. Available at SSRN 3350138, 2020.

[50] Chen Z, Strebulaev I A. Macroeconomic risk and idiosyncratic risk–taking[J]. The Review of Financial Studies, 2018, 32(3): 1148–1187.

[51] Chiriac R, Voev V. Modelling and forecasting multivariate realized volatility[J]. Journal of Applied Econometrics, 2011, 26(6): 922–947.

[52] Cho B H, Yu H, Lee J, et al. Nonlinear support vector machine visualization for risk factor analysis using nomograms and localized radial basis function kernels[J]. IEEE Transactions on Information Technology in Biomedicine, 2008, 12(2): 247–256.

[53] Choueifaty Y, Coignard Y. Toward maximum diversification [J]. The Journal of Portfolio Management, 2008, 35(1): 40–51.

[54] Christensen K, Kinnebrock S, Podolskij M. Pre–averaging estimators of the ex–post covariance matrix in noisy diffusion models with non–synchronous data[J]. Journal of Econometrics, 2010, 159(1): 116–133.

[55] Constantinides G M, Malliaris A G. Chapter 1: Portfolio theory [M]//Jarrow R A, et al. Handbooks in Operations Research and Management Science. Elsevier. 1995: 1–30.

[56] Corsi F. A simple approximate long–memory model of realized volatility[J]. Journal of Financial Econometrics, 2009, 7(2): 174–196.

[57] Cuthill E, McKee J. Reducing the bandwidth of sparse symmetric matrices[C]// Proceedings of the 1969 24th national conference. 1969: 157–172.

[58] DeMiguel V, Garlappi L, Uppal R. Optimal versus naive diversification: How inefficient is the 1/n portfolio strategy?[J]. The Review of Financial studies, 2007,

22(5): 1915–1953.

[59] Donoho D L, Johnstone J M. Ideal spatial adaptation by wavelet shrinkage[J]. Biometrika, 1994, 81(3): 425–455.

[60] Donoho D L, Johnstone I M, Kerkyacharian G, et al. Wavelet shrinkage: asymptopia?[J]. Journal of the Royal Statistical Society: Series B (Methodological), 1995, 57(2): 301–337.

[61] Engle R F. Autoregressive conditional heteroscedasticity with estimates of the variance of United Kingdom inflation[J]. Econometrica: Journal of the Econometric Society, 1982: 987–1007.

[62] Engle R F, Bollerslev T. Modelling the persistence of conditional variances[J]. Econometric Reviews, 1986, 5(1): 1–50.

[63] Fama E F, French K R. A five-factor asset pricing model[J]. Journal of Financial Economics, 2015, 116(1): 1–22.

[64] Fama E F, French K R. Common risk factors in the returns on stocks and bonds[J]. Journal of Financial Economics, 1993, 33(1): 3–56.

[65] Fama E F, French K R. The capital asset pricing model: Theory and evidence[J]. Journal of Economic Perspectives, 2004, 18(3): 25–46.

[66] Fama E F, MacBeth J D. Risk, return, and equilibrium: Empirical tests[J]. Journal of Political Economy, 1973, 81(3): 607–636.

[67] Fan J, Fan Y, Lv J. High dimensional covariance matrix estimation using a factor model[J]. Journal of Econometrics, 2008, 147(1): 186–197.

[68] Fan J, Furger A, Xiu D. Incorporating global industrial classification standard into portfolio allocation: A simple factor–based large covariance matrix estimator with high–frequency data[J]. Journal of Business & Economic Statistics, 2016, 34(4): 489–503.

[69] Fan J. Comments on «Wavelets in statistics: A review» by A. Antoniadis[J]. Journal of the Italian Statistical Society, 1997, 6(2): 131.

[70] Fan J, Liao Y, Mincheva M. Large covariance estimation by thresholding principal

orthogonal complements[J]. Journal of the Royal Statistical Society: Series B (Statistical Methodology), 2013, 75(4): 603–680.

[71] Fan J, Li R. Variable selection via nonconcave penalized likelihood and its oracle properties[J]. Journal of the American statistical Association, 2001, 96(456): 1348–1360.

[72] Fan J, Li Y, Yu K. Vast volatility matrix estimation using high-frequency data for portfolio selection[J]. Journal of the American Statistical Association, 2012, 107(497): 412–428.

[73] Feng G, He J, Polson N G. Deep learning for predicting asset returns[J]. arXiv preprint arXiv:1804.09314, 2018a.

[74] Feng G, Polson N, Xu J. Deep factor alpha[J]. arXiv preprint arXiv:1805.01104, 2018b.

[75] Ferson W E. Chapter 5: Theory and empirical testing of asset pricing models[M]// Jarrow R A, et al Handbooks in Operations Research and Management Science. Elsevier. 1995: 145–200.

[76] Freyberger J, Neuhierl A, Weber M. Dissecting characteristics nonparametrically[J]. The Review of Financial Studies, 2020, 33(5): 2326–2377.

[77] Gibbons M R, Ross S A, Shanken J. A test of the efficiency of a given portfolio[J]. Econometrica, 1989, 57(5): 1121–1152.

[78] Golosnoy V, Gribisch B, Liesenfeld R. The conditional autoregressive Wishart model for multivariate stock market volatility[J]. Journal of Econometrics, 2012, 167(1): 211–223.

[79] Gouri é roux C, Jasiak J, Sufana R. The Wishart autoregressive process of multivariate stochastic volatility[J]. Journal of Econometrics, 2009, 150(2): 167–181.

[80] Green R C, Hollifield B. When will mean-variance efficient portfolios be well diversified?[J]. The Journal of Finance, 1992, 47(5): 1785–1809.

[81] Gu S, Kelly B, Xiu D. Empirical asset pricing via machine learning[J]. The Review

of Financial Studies, 2020, 33(5): 2223–2273.

[82] Harrell F E. Regression modeling strategies: with applications to linear models, logistic regression, and survival analysis[M]. New York: Springer, 2001.

[83] Hicks J R. Value and capital[M]. New York, NY: Oxford University Press, 1939.

[84] Higham N J. Computing the nearest correlation matrix—A problem from finance[J]. IMA journal of Numerical Analysis, 2002, 22(3): 329–343.

[85] Higham N J, Strabic N. Anderson acceleration of the alternating projections method for computing the nearest correlation matrix[J]. Numerical Algorithms, 2016, 72(4): 1021–1042.

[86] Hochreiter S, Schmidhuber J. Long short–term memory[J]. Neural Computation, 1997, 9(8): 1735–1780.

[87] Jacod J, Li Y, Mykland P A, et al. Microstructure noise in the continuous case: the pre–averaging approach[J]. Stochastic Processes and Their Applications, 2009, 119(7): 2249–2276.

[88] Jagannathan R, Ma T. Risk reduction in large portfolios: Why imposing the wrong constraints helps[J]. The Journal of Finance, 2003, 58(4): 1651–1683.

[89] James W, Stein C. Estimation with quadratic loss[M]. New York: Springer, 1992: 443–460.

[90] Jiang C, Du J, An Y. Combining the minimum–variance and equally–weighted portfolios: Can portfolio performance be improved?[J]. Economic Modelling, 2019, 80: 260–274.

[91] Jobson J D, Korkie B. Estimation for Markowitz efficient portfolios[J]. Journal of the American Statistical Association, 1980, 75(371): 544–554.

[92] Jobson J D, Korkie B M. Performance hypothesis testing with the Sharpe and Treynor measures[J]. The Journal of Finance, 1981, 36(4): 889–908.

[93] Jorion P. Bayes–Stein estimation for portfolio analysis[J]. Journal of Financial and Quantitative Analysis, 1986, 21(3): 279–292.

[94] Jorion P. Value at Risk: The new benchmark for controlling market risk[M]. New

York: McGraw–Hill, 2000.

[95] Kan R, Zhou G. Optimal portfolio choice with parameter uncertainty[J]. Journal of Financial and Quantitative Analysis, 2007, 42(3): 621–656.

[96] Karoui N E. Operator norm consistent estimation of large–dimensional sparse covariance matrices[J]. The Annals of Statistics, 2008, 36(6): 2717–2756.

[97] Kelly B T, Pruitt S, Su Y. Characteristics are covariances: A unified model of risk and return[J]. Journal of Financial Economics, 2019, 134(3): 501–524.

[98] Keynes J M. The general theory of employment, interest and money[M]. New York, NY: Harcourt Brace and Company, 1936.

[99] Kim D, Kong X–B, Li C–X, et al. Adaptive thresholding for large volatility matrix estimation based on high–frequency financial data[J]. Journal of Econometrics, 2018, 203(1): 69–79.

[100] Kim D, Wang Y, Zou J. Asymptotic theory for large volatility matrix estimation based on high–frequency financial data[J]. Stochastic Processes and their Applications, 2016, 126(11): 3527–3577.

[101] Kinnebrock S, Podolskij M. A note on the central limit theorem for bipower variation of general functions[J]. Stochastic Processes and Their Applications, 2008, 118(6): 1056–1070.

[102] Kolm P N, T ü t ü nc ü R, Fabozzi F J. 60 years of portfolio optimization: Practical challenges and current trends[J]. European Journal of Operational Research, 2014, 234(2): 356–371.

[103] Kozak S, Nagel S, Santosh S. Shrinking the cross–section[J]. Journal of Financial Economics, 2020, 135(2): 271–292.

[104] Kremer P J, Lee S, Bogdan M, et al. Sparse portfolio selection via the sorted l1–Norm[J]. Journal of Banking & Finance, 2020, 110: 105687.

[105] Krokhmal P, Palmquist J, Uryasev S. Portfolio optimization with conditional value–at–risk objective and constraints[J]. Journal of Risk, 2002, 4: 43–68.

[106] Ledoit O, Wolf M. A well–conditioned estimator for large–dimensional covariance

matrices[J]. Journal of Multivariate Analysis, 2004a, 88(2): 365–411.

[107] Ledoit O, Wolf M. Honey, I shrunk the sample covariance matrix[J]. The Journal of Portfolio Management, 2004b, 30(4): 110–119.

[108] Ledoit O, Wolf M. Improved estimation of the covariance matrix of stock returns with an application to portfolio selection[J]. Journal of Empirical Finance, 2003, 10(5): 603–621.

[109] Ledoit O, Wolf M. Nonlinear shrinkage estimation of large-dimensional covariance matrices[J]. The Annals of Statistics, 2012, 40(2): 1024–1060.

[110] Ledoit O, Wolf M. Nonlinear shrinkage of the covariance matrix for portfolio selection: Markowitz meets Goldilocks[J]. The Review of Financial Studies, 2017, 30(12): 4349–4388.

[111] Ledoit O, Wolf M. Optimal estimation of a large-dimensional covariance matrix under Stein's loss[J]. Bernoulli, 2018, 24(4B): 3791–3832.

[112] Ledoit O, Wolf M. Spectrum estimation: A unified framework for covariance matrix estimation and PCA in large dimensions[J]. Journal of Multivariate Analysis, 2015, 139: 360–384.

[113] Lettau M, Pelger M. Factors that fit the time series and cross-section of stock returns[J]. The Review of Financial Studies, 2020, 33(5): 2274–2325.

[114] Lintner J. Security prices, risk, and maximal gains from diversification[J]. The Journal of Finance, 1965, 20(4): 587–615.

[115] Lintner J. The valuation of risk assets and the selection of risky investments in stock portfolios and capital budgets[J]. The Review of Economics and Statistics, 1965, 47(1): 13–37.

[116] MacKinlay A C, P á stor L'. Asset pricing models: Implications for expected returns and portfolio selection[J]. The Review of Financial Studies, 2000, 13(4): 883–916.

[117] Maillard S, Roncalli T, Teïletche J. The properties of equally weighted risk contribution portfolios[J]. The Journal of Portfolio Management, 2010, 36(4): 60–70.

[118] Markowitz H. Portfolio selection[J]. The Journal of Finance, 1952, 7(1): 77–91.

[119] Markowitz H. Portfolio selection: Efficient diversification of investments[M]. New York, NY: Wiley, 1959.

[120] Marschak J. Money and the theory of assets[J]. Econometrica, Journal of the Econometric Society, 1938: 311–325.

[121] Masci J, Meier U, Cireşan D, et al. Stacked convolutional auto-encoders for hierarchical feature extraction[C]. Heidelberg: Springer, 2011: 52–59.

[122] Merton R C. On estimating the expected return on the market: An exploratory investigation[J]. Journal of Financial Economics, 1980, 8(4): 323–361.

[123] Messmer M. Deep learning and the cross-section of expected returns[J]. Available at SSRN 3081555, 2017.

[124] Michaud R O, Michaud R O. Efficient asset management: a practical guide to stock portfolio optimization and asset allocation[M]. New York: Oxford University Press, 2008.

[125] Montgomery D C, Peck E A, Vining G G. Introduction to linear regression analysis[M]. New York: John Wiley & Sons, 2021.

[126] Mossin J. Equilibrium in a capital asset market[J]. Econometrica: Journal of the econometric society, 1966: 768–783.

[127] M ü ller U A, Dacorogna M M, Dav é R D, et al. Volatilities of different time resolutions—Analyzing the dynamics of market components[J]. Journal of Empirical Finance, 1997, 4(2–3): 213–239.

[128] Patton A J, Sheppard K. Good volatility, bad volatility: Signed jumps and the persistence of volatility[J]. Review of Economics and Statistics, 2015, 97(3): 683–697.

[129] Pelger M. Understanding systematic risk: A high-frequency approach[J]. The Journal of Finance, 2020, 75(4): 2179–2220.

[130] Protter P, Stochastic Integration and Differential Equations: A New Approach(Second Edition)[M]. New York: Springer Verlag, 1992.

[131] Qiana E. On the financial interpretation of risk contribution: Risk budgets do add up[J]. Journal of Investment Management, 2006, 4(4): 41–51.

[132] Rockafellar R T. Convex Analysis[M]. Princeton: Princeton University Press, 1970.

[133] Rockafellar R T, Uryasev S. Conditional value–at–risk for general loss distributions[J]. Journal of Banking and Finance, 2002, 26(7): 1443–1471.

[134] Rockafellar R T, Uryasev S. Optimization of conditional value–at–risk[J]. Journal of Risk, 2000, 2(3): 21–41.

[135] Roll R. A critique of the asset pricing theory's tests part I: On past and potential testability of the theory[J]. Journal of Financial Economics, 1977, 4(2): 129–176.

[136] Rossi A G. Predicting stock market returns with machine learning[J]. Working paper, Georgetown University, 2018.

[137] Ross S. The arbitrage theory of capital asset pricing[J]. Journal of Economic Theory, 1976, 13(3): 341–360.

[138] Rothman A J, Levina E, Zhu J. Generalized thresholding of large covariance matrices[J]. Journal of the American Statistical Association, 2009, 104(485): 177–186.

[139] Roy A D. Safety first and the holding of assets[J]. Econometrica: Journal of the econometric society, 1952: 431–449.

[140] Rubinstein M. Markowitz's "portfolio selection" : A fifty–year retrospective[J]. The Journal of Finance, 2002, 57(3): 1041–1045.

[141] Samuel A L. Some studies in machine learning using the game of checkers[J]. IBM Journal of Research and Development, 1959, 3(3): 210–229.

[142] Schneider K M. A comparison of event models for naive bayes anti–spam e–mail filtering[C]. Budapest: Association for Computational Linguistics, 2003.

[143] Sharpe W F. A simplified model for portfolio analysis[J]. Management Science, 1963, 9(2): 277–293.

[144] Sharpe W F. Capital asset prices: A theory of market equilibrium under conditions

of risk[J]. The Journal of Finance, 1964, 19(3): 425–442.

[145] Sharpe W F. Mutual Fund Performance[J]. Journal of Business. 1966, 39 (1): 119 - 138.

[146] Shi F, Shu L, Yang A, et al. Improving minimum variance portfolios by alleviating over-dispersion of eigenvalues[J]. Journal of Financial and Quantitative Analysis, 2019: 1–62.

[147] Simon N, Friedman J, Hastie T, et al. A sparse-group lasso[J]. Journal of Computational and Graphical Statistics, 2013, 22(2): 231–245.

[148] Soares S G, Ara ú jo R. An on-line weighted ensemble of regressor models to handle concept drifts[J]. Engineering Applications of Artificial Intelligence, 2015, 37: 392–406.

[149] Suykens J A K, Vandewalle J. Least squares support vector machine classifiers[J]. Neural Processing Letters, 1999, 9(3): 293–300.

[150] Tobin J. Liquidity preference as behavior towards risk[J]. The Eeview of Economic Studies, 1958, 25(2): 65–86.

[151] Tibshirani R. Regression shrinkage and selection via the lasso[J]. Journal of the Royal Statistical Society: Series B (Methodological), 1996, 58(1): 267–288.

[152] Tong S, Koller D. Support vector machine active learning with applications to text classification[J]. Journal of Machine Learning Research, 2001, 2(11): 45–66.

[153] Tu J, Zhou G. Markowitz meets Talmud: A combination of sophisticated and naive diversification strategies[J]. Journal of Financial Economics, 2011, 99(1): 204–215.

[154] Von Neumann J, Morgenstern O. Theory of games and economic behavior[M]. 2nd Rev. Ed. US: Princeton University Press, 1947.

[155] Wang Y, Zou J. Vast volatility matrix estimation for high–frequency financial data[J]. The Annals of Statistics, 2010, 38(2): 943–978.

[156] Williams C, Bonilla E V, Chai K M. Multi–task Gaussian process prediction[J]. Advances in Neural Information Processing Systems, 2007: 153–160.

[157] Williams J B. The theory of investment value[M]. Cambridge, MA: Harvard University Press, 1938.

[158] Yuan M and Lin Y. Model selection and estimation in regression with grouped variables[J]. Journal of the Royal Statistical Society: Series B (Statistical Methodology), 2007, 68(1): 49 - 67.

[159] Zellner A, Chetty V K. Prediction and decision problems in regression models from the Bayesian point of view[J]. Journal of the American Statistical Association, 1965, 60(310): 608–616.

[160] Zhang L. Efficient estimation of stochastic volatility using noisy observations: A multi–scale approach[J]. Bernoulli, 2006, 12(6):1019–1043.

[161] Zhang L, Mykland P A, Ait–Sahalia Y. A tale of two time scales: Determining integrated volatility with noisy high–frequency data[J]. Journal of the American Statistical Association, 2005, 100(472): 1394–1411.

[162] Zhang Y, Yeung D Y. A regularization approach to learning task relationships in multitask learning[J]. ACM Transactions on Knowledge Discovery from Data (TKDD), 2014, 8(3): 1–31.

[163] Zou H, Hastie T. Regularization and variable selection via the elastic net[J]. Journal of the Royal Statistical Society: Series B (Statistical Methodology), 2005, 67(2): 301–320.

[164] Zou H. The adaptive lasso and its oracle properties[J]. Journal of the American statistical association, 2006, 101(476): 1418–1429.